James F. Twyman

Philip Gruber

Der Kabbala-Code

Ein wahres Abenteuer

Aus dem Amerikanischen von Nayoma de Haën

KOHA

Titel der amerikanischen Originalausgabe:
»The Kabbalah Code –
A True Adventure«
Copyright © 2009 by James Twyman
Originally published in 2009 by
Hay House, Inc. California, USA
Deutsche Ausgabe: © KOHA-Verlag GmbH Burgrain
Alle Rechte vorbehalten – 1. Auflage 2010

Lektorat: Birgit-Inga Weber
Gesamtherstellung: Karin Schnellbach
Druck: CPI Moravia Books

ISBN 978-3-86728-122-5

Für Debbie Ford und Andrew Harvey

Eure Liebe und eure Unterstützung
haben mich mehr gelehrt,
als Worte ausdrücken können,
und ihr habt mich immer wieder
auf eine Art vorwärtsgeschubst,
die mir geholfen hat, zu wachsen.
Für jeden Teil der Reise,
die wir miteinander unternommen haben,
werde ich ewig dankbar sein.

von James Twyman

Die wichtigsten Lektionen im Leben kommen häufig durch Abenteuer zu uns, die unser Leben verändern. Das Abenteuer, das ich in diesem Buch beschreibe, stellte eine große Überraschung für mich dar. Nichts von den Dingen, die Sie hier lesen werden, hatte ich zuvor geplant; ich hatte auch nicht damit gerechnet, dass daraus eine für andere wertvolle Lektüre entstehen könnte. Je länger ich jedoch über die Einzelheiten dieser beiden erstaunlichen Tage im April 2008 nachsann, desto mehr erkannte ich, dass dieses Abenteuer nicht nur Phil und mich anging. Es war angenehm, die Reise mit jemandem gemeinsam zu machen – nicht nur um die erstaunlichen Details miteinander zu teilen, sondern auch um sich ihrer später zu vergewissern. Wenn man sich an etwas Außerordentliches erinnert, ist es gut, einen Zeugen zu haben.

Dies ist eine wahre Geschichte, auch wenn es manchem schwerfallen mag, es zu glauben. Ich habe das Glück, die Welt als Friedenstroubadour bereist und dabei viele derartige Abenteuer erlebt zu haben, doch der eine oder andere mag trotzdem denken: Ob das wohl *wirklich* passiert ist? Die Antwort lautet: Ja – doch so einfach ist es auch wieder nicht. Viele der beschriebenen Ereignisse sind sehr subjektiver Art, weil es eben meine persönlichen Erfahrungen sind. Wären Sie dabei gewesen, hätten Sie sicherlich eine andere Erfahrung gemacht. Aber so ist es eigentlich immer.

Viele von uns kennen das berühmte Beispiel, dass fünf Leute, die denselben Autounfall beobachtet haben, hinterher völlig unterschiedliche Geschichten darüber erzählen. Das liegt in der menschlichen Natur. Doch vor allem geht es mir darum, eine tiefere Wahrheit aufzuzeigen. Einige Erfahrungen, von denen ich hier erzähle, werden Ihnen vielleicht unglaublich erscheinen, doch die Wahrheit ist: Wir haben zurzeit die Chance, diese universellen Weisheiten zu nutzen, um die Welt zu verändern und dauerhaften Frieden herbeizuführen. Die einzig offene Frage bleibt: Sind wir bereit, uns der Herausforderung zu stellen?

Ich lernte Philip Gruber vor zwölf Jahren kennen und habe ihn seitdem oft um Rat und Unterstützung gebeten. Er hat inzwischen sein eigenes Publikum gefunden: Menschen, die wie ich den Umfang und die Bedeutung seines enormen Wissens und seiner tiefgründigen Klugheit erkannt haben. Es ist schwer zu sagen, was sein Spezialgebiet ist, denn er scheint über praktisch jedes spirituelle Thema eine Menge zu wissen. Sollten Sie etwas über die historische Bedeutung der Tempelritter erfahren wollen, könnte er Ihnen tagelang Vorträge halten, genauso gut wie über die verschiedenen Inkarnationen des göttlichen Weiblichen in den letzten dreihundert Jahren. Ihn einen interessanten Typen zu nennen, wäre eine Untertreibung. Er hat einen ansteckenden Sinn für Humor und ein tiefes spirituelles Verständnis, doch am kostbarsten ist mir seine Freundschaft.

Als ich hörte, dass er unter einem weiteren starken Anfall von Depressionen litt, machte ich mir Sorgen und zögerte, ihn anzurufen, obwohl ich mit ihm einige Fragen zu besprechen hatte, über die ich mir Gedanken machte. (Mehr darüber im 1. Kapitel.) Doch sobald ich ihm von meinem Dilemma berichtete, wurde er aktiv, und in diesem Buch können Sie lesen, was dabei herauskam. Von dem Augenblick an, da Phil in Genf auftauchte, bis zum Ende der Geschichte in Paris, orchestrierte er eine Reihe der unglaublichsten Erfahrungen meines Lebens.

Ich hoffe, dass diese Lektüre Ihnen genauso viel Genuss bereitet, wie es mir Freude machte, dies alles mit ihm gemeinsam zu erleben. Ohne Phil wäre nichts davon möglich gewesen.

Die Kabbalistik, die Lehre vom mystischen Weg des Judentums, wurde in letzter Zeit durch einige berühmte Anhänger wie Madonna bekannt. Ich weiß bereits seit vielen Jahren davon, doch ehrlich gesagt fühlte ich mich nie besonders zur Kabbala hingezogen, weil sie mir sehr intellektuell und »verkopft« erschien. Wie ich heute weiß, lag ich mit dieser Einschätzung völlig daneben. Sicher ist eine ausführliche Darstellung der Kabbala geeignet, unseren Verstand extrem herauszufordern, doch es gibt auch eine Ebene der tiefen Erfahrungen, die ich nicht erwartet hatte.

In meinem letzten Buch *Der Moses-Code* schrieb ich über den ersten Namen Gottes »EHYEH ASHER EHYEH«[1], der Moses vor dreitausendfünfhundert Jahren am brennenden Dornbusch übermittelt worden war. Zu jener Zeit wusste ich nicht, dass ich damit in verschiedenen wichtigen kabbalistischen Themen herumfuhrwerkte. Erst als mir meine Unwissenheit öffentlich vor Augen geführt wurde, begann ich mit den Nachforschungen, die zum Schreiben dieses Buches geführt haben. Ich bin auf dem Gebiet sicherlich immer noch ein Neuling, doch ich glaube, ich bin ein wenig weiser und sehr viel erfahrener geworden.

---

[1] Gebräuchlich ist auch die Umschrift EHJEH ASHER EHJEH oder AHYH ASR AHYH; sprich: »Ähjäh aschär ähjäh.« Die Umschrift der hebräischen Sprache wird (auch innerhalb Deutschlands) bisher kaum einheitlich gehandhabt. (Anm. d. Red.)

Lehnen Sie sich also zurück und seien Sie auf eine Geschichte gefasst, die Ihr Leben verändern könnte. Zumindest wird sie Ihnen Türen öffnen und Schätze zeigen, von denen Sie nicht wussten, dass Sie sie haben. Ich weiß, dass die alten Lehren der Kabbala heute genauso wichtig sind wie eh und je, und diese Geschichte könnte ein erster Schritt sein, um die weit greifende Bedeutung zu erkennen. Wie Sie bald merken werden, behaupte ich in keiner Weise, auf diesem großen Gebiet eine Autorität zu sein, aber ich hatte die Gelegenheit, einen Blick in den Tempel zu erhaschen. Mehr war nicht nötig, um mich für den Rest meines Lebens dafür einzunehmen.

1

Die Weltpremiere des Films *Der Moses-Code,* der auf meinem Buch gleichen Titels beruht, sollte für mich ein folgenschweres Ereignis werden. Liz Dawn, eine der Eigentümerinnen von Mishka Productions, war überzeugt, dass ich ihr nicht genug Zeit gegeben hatte, um ein großes Publikum zu versammeln. Ich hatte sie zweieinhalb Wochen vorher angerufen und ihr die Idee unterbreitet, die Dokumentation zwei Wochen vor dem offiziellen Filmstart bei ihr in Scottsdale, Arizona, zu zeigen. Aus ihrer Sicht war die Zeit viel zu knapp, um etwas vorzubereiten, wie ich es mir vorstellte, doch ich hatte ein gutes Gefühl und wusste, dass es ein Erfolg würde. Ich hatte an dem Film über ein Jahr lang gearbeitet und fragte mich gespannt, wie es sein würde, die endgültige Version mit einem echten Publikum zu sehen. Ich versicherte ihr, dass die Leute schon kommen würden. Und ich hatte recht: An jenem Abend war der Saal mit mehr als sechshundert Menschen rappelvoll, und während ich mich nach vorne drängte, spürte ich die Erregung der Menge.

»James, kann ich mit dir reden?«

Ich kannte das Gesicht des Mannes, aber sein Name war wie weggeblasen. Nach zwölf Jahren Reisen rund um die Welt tue ich mich manchmal schwer, mich an Namen zu erinnern. Mit Gesichtern habe ich weniger Probleme, und ich war mir sicher, wenn ich mein Gegenüber zum Reden brachte, würde mir der Name auch wieder einfallen.

»Hallo«, grüßte ich ihn und reichte ihm meine Hand. »Wie geht's?«

»Prima. Ich habe mich sehr gefreut, als ich gehört habe, dass du hier deinen neuen Film zeigst.«

Er war jung, vielleicht dreißig, und ich war mir sicher, dass wir uns schon mal begegnet waren, vielleicht sogar mehrmals. Doch je mehr ich versuchte, mich an ihn zu erinnern, desto mehr entzog sich sein Name meinem Gedächtnis. Mein Blick muss ihm meine Verwirrung verraten haben.

»Mike«, stellte er sich bereitwillig vor, »Mike Larson. Ich war vor ungefähr zwei Jahren bei einem Workshop von dir auf der ›Celebrate Your Life‹-Konferenz. Hinterher haben wir uns unterhalten. Ich weiß nicht mehr genau, worüber.«

»Ich auch nicht«, erwiderte ich. Ich versuchte, weiter nach vorne zu gelangen, damit die Vorführung beginnen konnte. »Aber ich erinnere mich an dein Gesicht, selbst nach zwei Jahren. Das ist doch gar nicht schlecht.«

»Das ist sogar ziemlich gut«, meinte er, ohne meine Hand loszulassen. »Ich kann es kaum erwarten, den Film kennen-zulernen. Ich habe im Internet die Vorschau gesehen, und es sah großartig aus – genau das, was die Welt braucht.«

»Was die Welt braucht?«

»Du weißt schon, nach *The Secret* und alldem. Ich glaube, dieser Film wird der nächste Schritt sein. Ich werde es dir sagen, wenn ich ihn gesehen habe.«

Mit meiner linken Hand befreite ich meine rechte aus seinem Griff, ohne dass er es merkte. Im Lauf der Jahre bin ich ziemlich gut darin geworden, ein Gespräch höflich zu beenden, ohne dass sich der andere zurückgewiesen fühlt. In Situationen wie dieser ist das sehr hilfreich. »Ich hoffe, ich treffe dich danach noch«, sagte ich zu ihm, während ich mich entfernte. »Ich möchte gerne wissen, was du davon hältst.«

»Ich werde dir auf jeden Fall die Wahrheit sagen, darauf kannst du dich verlassen«, versprach er über die Schulter einer dunkelhaarigen Frau hinweg, die sich zwischen uns gedrängt hatte. »Jemand wie du muss die Wahrheit gesagt bekommen.«

Der letzte Satz irritierte mich, sodass ich innehielt. »Wie meinst du das?«, hakte ich nach.

»Na, du weißt schon, die meisten Leute sagen dir, was du ihrer Meinung nach hören willst. Das trifft nicht nur auf dich zu, aber auch in deinem Fall würde es mich nicht überraschen. Du gehörst zu den Menschen, bei denen andere Leute gerne Eindruck machen wollen. Deswegen verschweigt man es dir vielleicht, wenn einem ein Film oder ein Buch von dir nicht gefällt.«

Ich nahm wahr, dass er sich bei diesen Worten unwohl fühlte und es doch nicht lassen konnte, sie auszusprechen.

»Ich weiß, was du meinst«, versicherte ich ihm, um ihn aus seiner Bedrängnis zu erlösen. »Zum Glück habe ich viele Menschen um mich herum, die brutal ehrlich zu mir sind. Genau genommen wären wir heute Abend nicht hier, wenn dem nicht so wäre.«

»Ach, wirklich?«

»Ich habe ein Jahr an diesem Film gearbeitet, und als ich dachte, ich sei fertig, habe ich ihn ein paar Freunden gezeigt. Sie haben mir die Wahrheit gesagt, obwohl sie für mich nicht leicht zu verdauen war. Sie meinten, der Film sei in Ordnung, aber nicht besonders großartig. Natürlich hatte ich nicht ein Jahr meines Lebens dafür aufgewendet, einen mittelmäßigen Film zu machen, also gingen wir wieder an die Arbeit, obwohl unser Abgabedatum bereits verstrichen war. Zwei Wochen lang haben wir ihn wieder auseinandergenommen, fast fünfundsiebzig Prozent neu gefilmt und alles neu zusammengesetzt.«

»Ihr habt all das in zwei Wochen gemacht?«, fragte er erstaunt.

Ich setzte meinen Weg in Richtung Bühne fort. »Weißt du, wenn wir gewusst hätten, wie viel noch zu tun war, hätten wir es wohl nicht gewagt. Manchmal ist es besser, nicht zu wissen, worauf man sich einlässt. Es passierte einfach. Ich kann nur sagen, es begann damit, dass mir ein paar Freunde die Wahrheit sagten, und zum Glück habe ich auf sie gehört.«

Liz stieg gerade auf die Bühne und war bereit, den Abend zu eröffnen. Ich setzte mich in die erste Reihe und wartete, bis alle ihre Plätze eingenommen hatten. Endlich würde ich erleben, ob all die Arbeit, die in diesem Film steckte, nicht nur erfolgreich ankommen, sondern den Menschen auch als Inspiration zur Veränderung der Welt dienen würde.

Das Buch *Der Moses-Code* entstand lange vor dem Film. Ich war über die Idee gestolpert, als ich drei Jahre zuvor an einem anderen Buch arbeitete: *The Art of Spiritual Peacemaking,* das ich für meine bislang größte Leistung halte. Während der Arbeit daran erinnerte ich mich an die Geschichte von Moses und der Befreiung der Israeliten, die ich in meiner Kindheit gehört hatte.

Gott erschien Moses in Form eines brennenden Dornbusches und beauftragte ihn, etwas Unmögliches zu tun: Er sollte zu Ramses dem Großen gehen und den Pharao auffordern, die israelitischen Sklaven freizulassen. Moses war sich dessen bewusst, dass der Erfolg dieser Mission höchst unwahrscheinlich war, und stellte Gott eine Frage, die noch kein Israelit je gestellt hatte: Er wollte Gottes Namen wissen. Bis zu diesem Zeitpunkt der Geschichte kannten die Israeliten ihren Gott nur unter dem Begriff »der Gott Abrahams« oder »der Gott unserer Väter«. Moses wusste, dass er für diese Aufgabe etwas brauchte, um sein Volk zu inspirieren. Und Gott nannte ihm seinen Namen.

Der Name, der in der Regel im Zusammenhang mit dieser Geschichte erwähnt wird, lautet EHYEH ASHER EHYEH, was gewöhnlich mit »ICH BIN DER ICH BIN[2]« übersetzt wird. Obwohl mir dieser »Name« seit meiner Kindheit geläufig war, hatte ich ihn nie verstanden und ihm deshalb auch keine Bedeutung beigemessen. Aus der Geschichte geht jedoch hervor, dass dieser Name von größter Bedeutung ist. Die Wunder, die Moses vollbrachte und die letztlich zur Freilassung der Israeliten führten, beruhen auf der Anwendung der Kraft des göttlichen Namens und der effektiven Nutzung dieser Kraft. Mir wurde klar, dass es einen Aspekt gab, der mir unbekannt war und der eines der größten Geheimnisse der Weltgeschichte begreifbar machen würde. Doch was war es?

Ich hielt mich in Israel auf, als sich das Rätsel zu lösen begann. Während eines Besuchs am Toten Meer hatte ich eine Erfahrung, die zu meinem Buch *The Art of Spiritual Peacemaking* führte, in dem Moses' Gespräch mit Gott am brennenden Dornbusch eine wesentliche Rolle spielte. Ich meditierte auf den Namen ICH BIN DER ICH BIN, als sich plötzlich etwas veränderte. Vielleicht sollte ich lieber sagen: als *ich* mich plötzlich veränderte – oder meine Sicht der Dinge. Auf einmal fand alles seinen richtigen Platz – insbesondere ein Komma.

---

[2] Wörtliche Übersetzung der englischen Version (»I AM, THAT I AM«). Andere Bibelübersetzungen wählen hier Versionen wie »Ich bin der Ich-bin-da« (Einheitsübersetzung) oder »Ich werde sein, der ich sein werde« (Luther). »That« kann als Relativpronomen für alle Genera *(der, die, das)* stehen. Später im Text wird meist *ICH BIN DER ICH BIN* verwendet, weil es besser in den Kontext passt.

Während ich mir innerlich den Namen Gottes (JAHWE) vergegenwärtigte, sah ich ein Komma herabsegeln, und es landete unerwartet hinter einem der Wörter: Jetzt sah ich den Satz als *I AM THAT, I AM.* Im gleichen Augenblick begriff ich die Bedeutung des Namens. Dies war keine unergründliche Gleichung, wie ich bis dahin gedacht hatte; es war ein Liebesbrief Gottes an die Menschheit, der das Geheimnis der Manifestation all unserer Wünsche enthielt.

Und das war nur die erste Ebene. Dahinter verbargen sich weitere Mysterien, tiefere Lehren, die – richtig verstanden – die Menschheit zu einer direkten Erfahrung Gottes führen konnten. Dieses simple Komma hatte mir das Geheimnis der größten Gabe Gottes erschlossen: die Formel, um Wunder zu vollbringen.

Die Worte für *Der Moses-Code* strömten aus mir, als wären sie bereits geschrieben. In gewisser Weise war es schwer für mich, zu glauben, dass niemand dies vorher erkannt haben sollte. Es schien so einfach, doch sooft ich es anwandte, ereigneten sich Wunder. Ich wählte den Untertitel »The Most Powerful Manifestation Tool in the History of the World«[3]. Das war ein hoher Anspruch, doch je mehr ich damit arbeitete, desto mehr war ich davon überzeugt, dass es stimmte.

Der Ausdruck ICH BIN DER ICH BIN findet sich in vielen Religionen und esoterischen Traditionen. Es ist ein Ausdruck der heiligen Vereinigung, der Anerkennung der Einheit mit allem, was so vereinzelt und allein zu sein scheint. Das war es, was Gott Moses vermittelte, als er ihn aufforderte, zum Pharao zu gehen: »ICH BIN diese Freiheit.« Und da wir untrennbar mit unserer göttlichen Quelle verbunden

---

[3] Wörtlich: »Das mächtigste Manifestationswerkzeug der Weltgeschichte«; Untertitel der deutschen Ausgabe: »Der Schlüssel zur Manifestation«. (Anm. d. Red.)

sind, sind auch *wir* diese Freiheit. Das ist nichts, was wir wünschen oder was wir eines Tages zu erreichen hoffen. Gott sagt: »Du bist das bereits.«

Es war die gleiche Macht, die Jesus in seiner dreijährigen Zeit des Lehrens nutzte. Er sagte: »ICH BIN – noch bevor Abraham wurde.« Da es als höchste Gotteslästerung galt, den Namen Gottes auszusprechen, erzählt der nächste Satz des Evangeliums, dass die Leute Steine nach ihm warfen. Ich konnte die gleiche Kraft spüren, während ich das Buch schrieb, und genau wie bei Moses und Jesus begann mein Leben, sich mit Wundern zu füllen.

Dann kam der Film. Das Buch war bereits geschrieben und Hay House hatte die Rechte erworben. Um die gleiche Zeit kam der Film *The Secret* heraus und eroberte den Planeten. Millionen von Menschen interessierten sich plötzlich für das Gesetz der Anziehung und es entstand die Illusion, dass dieses Geheimnis von mächtigen Kräften verborgen gehalten wurde. Ob das wahr ist oder nicht – der Film stieß auf große Resonanz und wurde zum erfolgreichsten spirituellen Film aller Zeiten. Endlich würde die Menschheit lernen, wie sie eine neue Welt manifestieren kann.

Doch es sollte anders kommen. Leider konzentrierte sich ein Großteil der Informationen in *The Secret* darauf, wie man mithilfe spiritueller Gesetze mehr materielle Dinge wie Autos, Häuser oder Geld herbeiziehen kann. Einem Ausgleich dieser Wünsche mit der Weisheit der Seele wurde nur wenig Aufmerksamkeit gewidmet. So fühlten sich viele Menschen von der Botschaft entfremdet und schütteten das Kind mit dem Badewasser aus.

In *Der Moses-Code* ging es nun weniger darum, etwas zu *bekommen*, sondern vielmehr darum, alles zu *geben*. Im Mittelpunkt stand jenes, was ich »Seelen-Manifestation«

nenne: ein Erschaffen aus dem Verlangen der Seele, weniger vom Ego her. Man ermunterte mich, die Angelegenheit in die Hand zu nehmen: Ich produzierte einen Film, der dort anfing, wo *The Secret* aufhörte. Im Frühjahr 2007 begann ich mit dem Film *Der Moses-Code;* das Komma rückte wieder in mein Blickfeld.

Ein Jahr später war ich in Scottsdale bei der Premiere des Films. Einige der besten spirituellen Lehrer hatten sich bereit erklärt, bei dem Projekt mitzumachen, und als wir in Arizona ankamen, war alles voll gespannter Erwartung, ob der Film dem hohen Anspruch gerecht würde. Mir ging es nicht anders.

Ich würde den Film zum ersten Mal zusammen mit einem Publikum sehen, das Lachen hören und erleben, wie – hoffentlich – das Begreifen stattfand. Alles lief bestens. Als der Abspann lief, begrüßte uns die Menge mit stehenden Ovationen.

Liz und ihre Helfer bauten Mikrofone und Stühle auf der Bühne auf, damit ich Fragen beantworten und Kommentare entgegennehmen konnte – ein Augenblick, den ich immer gleichermaßen ersehne und fürchte. Es ist großartig, von einem Publikum zu hören, dass ihnen der Film gefallen hat und warum. Wenn es einigen Zuschauern nicht gefallen hat, ist es allerdings eine andere Sache. In jedem Publikum gibt es mindestens einen Meckerer, der gehört werden will, und wenn die Person ihren Standpunkt gut darstellt, kann die Meinung der Menge von einem Moment zum anderen kippen.

Ich setzte mich auf die Bühne und spähte in die Menge. Die meisten, die ich sah, schienen glücklich und zufrieden zu sein, auch die junge Frau in der ersten Reihe, die offenbar fest entschlossen war, als Erste zu sprechen. Ich nickte ihr zu und fragte, ob sie eine Frage habe.

Alles fing nett und freundlich an. Sie stand auf, damit alle sie sehen konnten. »Zuerst möchte ich Sie zu diesem schönen Film beglückwünschen. Ich glaube, dass er erfolgreich sein und viele Menschen berühren wird. Doch es gibt noch etwas, das ich erwähnen möchte.«

Sie wendete ihre Hand, und mir war klar, dass die Zuschauerin eine neue Richtung einschlug. Es war kein gutes Zeichen, dass sie als Erste sprach. Ihr Beitrag würde die Atmosphäre des ganzen Abends bestimmen, und wenn sie etwas Negatives von sich gab, musste ich es schnell abwenden, sonst würde es schwierig werden. Während sie weitersprach, fing ich an, einen Druck im Magen zu spüren.

»Ich bin Jüdin und studiere die Kabbala, die esoterischen Lehren des Judentums«, erklärte sie. »Und ich muss sagen, dass es mich tief beleidigt, Gott auf ein Komma reduziert zu sehen. Ich finde das empörend.«

Ich spürte, dass sie nicht einfach locker lassen würde. Ich musste möglichst schnell eine Wendung herbeiführen. Wenn ich nicht einen Weg fand, mit ihr einig zu werden, würde dies ein langer Abend werden.

»Ich möchte betonen, dass es nicht unsere Absicht war, Gott auf ein Komma zu reduzieren«, unterbrach ich sie. »Das Komma diente uns als Mittel, um die tiefere Bedeutung des Namens Gottes zu verdeutlichen. Wenn das anders wirkte, möchte ich hiermit deutlich zum Ausdruck bringen, dass das nicht unsere Absicht war.«

»Sie sind kein Jude«, fuhr sie mit unvermindertem Tempo fort, »daher erwarte ich nicht, dass Sie verstehen, was ich meine. Jeder Jude weiß, dass das Komma dem Yod sehr ähnlich sieht, dem kleinsten, aber wichtigsten Buchstaben des hebräischen Alphabets. Das Yod ist die Hand Gottes, es steht für den Fluss göttlicher Energie vom Himmel zur Erde. Ich bezweifle, dass Sie das wussten, aber das ändert nichts daran, dass Sie eine der heiligsten Wahrheiten des Universums banalisiert haben. Ich muss an den Spruch von Jesus denken: ›Herr, vergib ihnen, denn sie wissen nicht, was sie tun.‹«

Ich versuchte, irgendwas einzuwerfen, das die Situation mehr zu meinen Gunsten wenden würde, aber sie ließ es nicht zu. Auch andere Leute aus dem Publikum baten sie, aufzuhören, doch das schien sie nur noch mehr anzuspornen.

»Was kann ich denn Ihrer Meinung nach tun, um diese Sache ins Lot zu bringen?«, fragte ich sie schließlich. »Und ich verstehe immer noch schwer, warum das so beleidigend ist.«

»Ich habe keine Ahnung, was Sie tun können!« Ihr Ärger erreichte offenbar seinen Höhepunkt. »Dass Sie nicht einsehen, warum es beleidigend ist, macht die Sache nur schlimmer für mich. Stellen Sie sich vor, ich würde auf christlichen Lehren herumtrampeln, die Ihnen wichtig sind. Es hat mir den ganzen Film verdorben, und das ist schade, denn ansonsten fand ich ihn wirklich gut. Aber diese Sache kann ich nicht gutheißen.«

An diesem Punkt hatte das Publikum die Nase voll und bat sie, endlich das Mikrofon weiterzugeben. Unfähig, ihre Gefühle zu beherrschen, gab sie das Mikrofon dem Nächstbesten und stürmte aus dem Saal.

Nach einem tiefen, reinigenden Atemzug versuchte ich jemanden auszumachen, der freundlich und offen lächelte, um ihm das Wort zu erteilen. Aber im Grunde war es zu spät. Die Veranstaltung ging noch eine halbe Stunde weiter, kam jedoch nicht mehr richtig in Fluss.

Während ich den Saal verließ, sah ich Mike Larson.

»Hey Mann, klasse Film«, sagte er mit einem Lächeln. »Ich meine es ernst.«

»Danke. Heute Abend scheint es ja wirklich darum zu gehen, dass jeder sagen darf, wie ihm zumute ist, auch wenn es nicht immer lustig sein mag.«

Ein paar Tage später kämpfte ich immer noch mit dem unangenehmen Gefühl von jenem Abend. Einerseits tat es mir leid, dass sich die ansonsten perfekte Veranstaltung so gegen mich gewendet hatte, doch da war noch mehr, das unablässig an mein Bewusstsein pochte. Vielleicht hatte die Frau ja recht? Würde meine Erkenntnis über das Komma ausgerechnet die Gruppe verärgern, die das ganze Projekt inspiriert hatte, sowohl das Buch als auch den Film? Würde jeder Jude auf die gleiche Weise reagieren und mich der schamlosen Naivität bezichtigen? Ich hatte so viel Liebe und Energie in dieses Projekt gesteckt, und jetzt schien es von einer dunklen Wolke überschattet zu sein. Ich wusste nicht recht, wie ich weitermachen sollte.

Ein weiterer Gedanke beschäftigte mich noch dringlicher als die Meinung anderer Leute. Natürlich hatte ich vorher noch nie etwas von dem Yod gehört, doch wenn es stimmte, was die Frau behauptete, dann musste es eine Beziehung zwischen dem Komma, mit dem ich den Code erklärt hatte, und dem kleinsten Buchstaben des hebräischen Alphabets geben. Sie hatte von der »Hand Gottes« gesprochen, und dass das Yod den Fluss göttlichen Lichts zur Menschheit bedeutete. Das klang dem Konzept, das ich in *Der Moses-Code* entwickelt hatte, sehr ähnlich.

Manifestation findet nur statt, wenn wir unser Sein mit dem Sein Gottes verbinden. *The Secret* hat sich auf Manifestationen des Egos konzentriert. Wahre Manifestationen stammen jedoch aus der Seele, und die Seele ist der höchste Aspekt dessen, was wir sind. Sie ist der Teil von uns, der ganz in Übereinstimmung mit unserer Quelle ist, die manche »Gott« nennen. Ich begann mich zu fragen, ob es sich hier um mehr als einen Zufall handelte und ob die Frau in Scottsdale vielleicht eine Art Botschafterin war.

Ich beschloss, ein wenig Online-Recherche über das Yod zu betreiben. Wie die Frau gesagt hatte, ist es der kleinste Buchstabe des hebräischen Alphabets und gilt als die ursprüngliche Schwingung des Universums. Die Analogie zur Hand Gottes kommt vor allem durch die Form des Yod, das einen kleinen Schwung aufwärts und einen längeren Schwung abwärts hat, ganz ähnlich einem Komma. Das Yod ist die Hand, die Energie aus dem Himmel zieht und diese dann in der Erde verankert. Es heißt auch, dass alle anderen Buchstaben aus dem Yod entstanden sind. Es ist der einzige Buchstabe, der wegen seiner transzendenten Eigenschaften als über den anderen stehend angesehen wird. Weil es der kleinste Buchstabe ist, repräsentiert es alles, was selbst im winzigsten Ding noch enthalten ist. Doch es gab einen Aspekt, der mich wirklich überraschte.

Das Yod gilt auch als ein Aspekt des kreativen Feuers, eines nicht verzehrenden Feuers. Sofort dachte ich an Moses beim brennenden Dornbusch: War es möglich, dass Moses die Energie des Yod erfuhr – damals, als Gott Moses erschien und zum ersten Mal den heiligen Namen offenbarte? Meine Inspiration, dass der Moses-Code in einem Komma verborgen lag, erschien immer sinnvoller.

Etwa eine Woche nach diesen Entdeckungen fuhr ich zum Sivananda Ashram Yoga Retreat auf Paradise Island in den Bahamas, um dort einen Vortrag zu halten. Ich hatte diesen Ashram schon mindestens fünfmal besucht und liebte es, dort in dieser Atmosphäre zu sein, zu singen, zu beten und am Strand zu sitzen. Es war genau, was ich nach diesen Monaten konzentrierter Arbeit an dem Film brauchte.

Der Leiter des Ashrams heißt Swami Swaroopananda. Er stammt aus Israel und ist einer der intelligentesten Menschen, die mir je begegnet sind, vor allem, wenn es um Spiritualität geht. Er hat viele Jahre bei Swami Vishnu-Devananda gelebt und unmittelbar mit ihm gearbeitet. Swami Vishnu-Devananda hat den Sivananda-Yoga in den Westen gebracht und ist zutiefst dem Frieden verpflichtet. Er wurde »der fliegende Yogi« genannt, weil er mit seiner einmotorigen Maschine oft in gefährliche Gegenden reiste, um für den Frieden zu werben. Auf dem Höhepunkt des Kalten Kriegs flog er über die Berliner Mauer, obwohl man ihn gewarnt hatte, dass sein Flugzeug abgeschossen würde, falls man ihn entdeckte. Swami Swaroopananda hatte an der Organisation dieses Flugs mitgewirkt und mir einmal die Details erzählt; James Bond hätte diese Mission nicht besser durchführen können. Dieser Mensch war mir ein großes Vorbild.

Ein paar Tage lang bemühte ich mich, bei Swami Swaroopananda einen Termin zu bekommen, doch sein Kalender war einfach zu voll. Erst nach meinem Vortrag über den Moses-Code konnte er ein bisschen Zeit für mich finden.

»Damals in Scottsdale hatte ich keine Ahnung vom Yod«, gab ich zu, nachdem ich ihm die Situation erzählt hatte. »Aber seitdem interessiert es mich brennend. Die Verbindungen sind zu erstaunlich, als dass es einfach ein Zufall sein könnte. Es fühlt sich so an, als wäre ich so weit geführt worden, dass ich den Moses-Code nur als Komma bezeichnen konnte. Jetzt sehe ich, dass noch viel mehr dahintersteckt. Dieses Kaninchenloch scheint viel tiefer zu sein, als ich vermutet hatte.«

»Keine Frage«, bemerkte der Swami mit seinem breiten israelischen Akzent. Wir saßen auf harten Holzstühlen am Strand, und der Lärm der vorbeifahrenden Schiffe erschwerte die Verständigung. »Dies sind tiefe Mysterien, und mir ist klar, dass du von Gott geführt wirst.«

»Deswegen wollte ich mit dir darüber sprechen«, fuhr ich fort. »Deine Erfahrung mit der Kabbala könnte mir hilfreich sein. Ich muss einfach mehr wissen. Ich habe das Gefühl, wenn ich mehr Informationen hätte, könnte ich dieses Rätsel lösen und das Ganze endlich vollends verstehen.«

»Aber es gibt nichts zu lösen – und du wirst es niemals verstehen«, erwiderte er. »Du arbeitest zu sehr mit dem Kopf, aber nicht dein Kopf hat dich so weit gebracht, sondern deine Seele. Nur durch direkte Offenbarung bist du so weit gekommen, und nur auf diese Weise kannst du verstehen. Ich könnte dir mehr über das Yod und die Kabbala sagen, aber ich fürchte, das würde dir mehr schaden als nützen.«

»Wie könnte es mir schaden? Würde es mir nicht helfen, all das zu ordnen, was ich bereits gelesen habe?«

»Ich meine, es würde dich nur noch mehr verwirren, und das möchte ich nicht«, antwortete er, während er nach einem Tuch griff, um sich die Stirn abzutupfen. »Aber ich kann dir etwas über die Kabbala sagen, was dir helfen könnte.«

Ich spürte, jetzt würde ich das erfahren, wofür ich gekommen war. In der Vergangenheit hatte ich oft das Gefühl, dass der Swami mit mir spielte, dass er mich prüfte, um abzuwägen, was und wie viel er mir sagen würde. Seine Antworten waren oft voller Hintersinn, und ich erwartete nicht, dass es diesmal anders sein würde. Doch dies war das erste Mal, dass mir wirklich daran lag, von ihm zu lernen. Er war der Einzige, den ich kannte, der über so viel Wissen zu diesem Thema verfügte.

»Es gibt zwei Arten von Kabbala«, begann er und lehnte sich auf seinem Stuhl zurück. »Die erste ist die geschriebene; das ist nicht die wahre Kabbala. Die zweite ist die direkt erfahrene; das ist die wahre Kabbala. Nur was durch direkte Offenbarung empfangen wird, kann wirklich als wahr gelten. Wenn du ein Buch liest oder wenn ich dir sage, was ich weiß, dann erfährst du nur etwas über die Interpretationen der Offenbarungen anderer Leute. Das befriedigt nur den Verstand, der immer die wahre Kabbala zu vermeiden sucht. Ich sehe deutlich, dass du bis zu diesem Punkt geführt worden bist, und ich habe keinen Anlass, anzunehmen, dass das nicht weitergeht. Daher werde ich dir nichts mehr sagen, denn du sollst genauso weitermachen wie bisher. Je mehr du dem vertraust, wie Gott dir alles offenbart, desto mehr wird es geschehen. Dann wirst du alles wissen, was du wissen musst, und die Antworten, die du suchst, werden sich dir zeigen.«

Unzufrieden lehnte ich mich zurück. »Ich verstehe, was du sagst, Swami, aber es muss doch etwas geben, das du mir sagen kannst.«

»Ich sage dir gerade etwas – etwas sehr Wichtiges«, erwiderte er. »Wenn du verstehst, was ich dir gebe, wirst du dich auf eine Weise in dieses Mysterium begeben können, die mit Worten nicht zu fassen ist. Du wirst geführt, wie ich schon sagte. Diese Lehren sitzen nicht im Verstand, sie sitzen in der Seele. Höre auf deine Seele, und sie wird dich dorthin führen, wo du hinmusst – mit denen, die dabei sein müssen. Es geht um eine Reise, nicht um das Reiseziel. Es ist eine Reise in dein Herz, Jimmy. Vertraue, und dir wird vertraut. Verstehst du, was ich meine?«

»Ich bin nicht sicher. Vertraue, und dir wird vertraut?«

»Deine Seele wartet nur auf dein Vertrauen, dann wird sie

dich auf eine Weise führen, die dir jetzt unmöglich erscheint. Sie braucht das Vertrauen, dass du ihr zuhören wirst, und du musst vertrauen, dass sie dir die Wahrheit sagt. Dies ist eine Zeit der großen Entdeckungen, und je mehr du dich dieser Energie hingeben kannst, desto leichter und tiefer wird das Lernen sein.«

Das Gespräch war vorbei. Ich wusste nicht, was ich davon halten sollte. Natürlich verstand ich, was der Swami sagte. Wäre jemand in der gleichen Situation zu mir gekommen, hätte ich wahrscheinlich dasselbe getan. Ich wurde geführt – das war klar –, doch ich hoffte, jemand könnte mir helfen, all das zu ordnen, was ich gelernt hatte, um sicher zu sein, dass ich auf der richtigen Spur war. Ohne den Swami war ich wieder auf mich selbst gestellt. Ich fühlte mich der Wahrheit um keinen Deut näher als zuvor.

Es sei denn, er hätte recht ... Dann war ich natürlich überhaupt nicht auf mich allein gestellt. Wenn es nur darum ging, der Weisheit meiner Seele zuzuhören und ihr zu vertrauen, dann war ich auf dem richtigen Weg.

Mit einer Mischung aus Erleichterung und Anspannung verließ ich die Bahamas. Ich befand mich auf einer heiligen Reise, die immer merkwürdiger wurde, und hoffte nur, dass sie nicht gleich enden würde ... Natürlich tat sie das nicht.

2

Ich beschloss, meinen Freund Phil Gruber anzurufen und um seine Meinung in dieser Angelegenheit zu bitten. Phil hat ein enzyklopädisches Wissen über Metaphysik, und ich war sicher, wenn er mir helfen würde, hätte ich bald alle fehlenden Informationen beisammen. Nach ein paar Tagen erhielt ich eine Antwort von ihm: »So, du willst also etwas über das Yod wissen und wie es mit dem Moses-Code zusammenhängt? Ich treffe dich in der Schweiz und erkläre dir alles. Vielleicht werden wir sogar ein, zwei Abenteuer erleben.«

Es war nicht ungewöhnlich, dass Phil in den merkwürdigsten Situationen auftauchte – und gerade dann, wenn ich es am wenigsten erwartete. Ob im schottischen Hochland oder in einem winzigen israelischen Dorf: Es machte ihm großen Spaß, mich zu überraschen. Ich hatte ihn ein paar Monate zuvor bei den Aufführungen der Rohfassung von *Der Moses-Code* in Madison und Chicago gesehen. Danach war Phil nach Singapur geflogen, um nach einem weiteren Zwischenhalt in Bangkok seine Freundin in Melbourne zu besuchen. Doch in Singapur verfiel er in eine schlimme Depression und musste früher als geplant in die Staaten zurückkehren. Als er mich anrief, um mir zu erzählen, was geschehen war, wohnte er in Austin, Texas, bei seiner Schwester. Eigentlich wollte er mich in Genf treffen, aber angesichts seines labilen Zustands wusste er nicht, ob er es schaffen würde. Nachdem seine erste Ehe in die Brüche gegangen war, war er in eine tiefe Depression gerutscht, und ich wusste, dass er in den letzten Jahren unserer Freundschaft immer wieder unter Anfällen gelitten hatte. Der alte Spruch »Wem viel anvertraut ist, von dem wird man viel fordern« traf voll und ganz auf ihn zu.

Phil gehört zu den brillantesten und interessantesten Menschen, die mir je begegnet sind. Er bezeichnet sich selbst als »Genie mit Macken«, was mir immer merkwürdig vorkam. Als seine Mutter Jahre zuvor erstmals zu einem seiner Vorträge kam – so erzählte er mir –, sagte sie anschließend: »Ich habe kein Wort verstanden, aber du hast glücklich ausgesehen.«

Der schiere Umfang seines Wissens ist unglaublich. Wenn er über ein esoterisches Thema referiert, bringt er meinen Verstand regelmäßig ins Taumeln. Sein Geist ist so scharf und er redet so schnell, dass ich in der Regel nur dreißig Prozent dessen, was er sagt, mitbekomme. Einmal reiste ich durch Australien, und Phil tauchte unerwartet auf. Ich lud ihn ein, zu der Gruppe zu sprechen, die ich anleitete. Er brachte seine Autoharp mit, ein zutiefst beruhigendes, zitherähnliches Musikinstrument. Ich bemerkte, dass es ihm half, langsamer zu reden, wenn er es dabei spielte. Seine Worte waren maßvoller und er war präsenter. Von da an war ich immer glücklich, wenn er seine Autoharp mitbrachte. Es ist ziemlich beeindruckend, ihm zuzusehen, wenn er voll unter Dampf steht, aber ich mag es lieber, wenn seine ruhigere, sanftere Seite zum Ausdruck kommt.

Es überraschte mich also nicht, dass er bereits auf mich wartete, als ich in der Schweiz aus dem Zoll kam. Phils Entscheidung, so kurzfristig alle seine Pläne hintanzustellen und zu mir zu kommen, brachte mich auf die Idee, ob es ihn vielleicht drängte, mir etwas mitzuteilen. Ich fragte mich auch, ob es überhaupt richtig für ihn war, zu kommen, oder ob er sich nicht lieber bei seiner Schwester ausruhen sollte. Andererseits war er möglicherweise hier, weil meine Seele ihn gerufen hatte. So merkwürdig es klingen mag: In diesem Augenblick erschien mir das sehr wahrscheinlich. Ich lächelte ihm zu und wappnete mich für das, was jetzt bevorstand.

»Jimmy, hier bin ich!«, rief er und schwenkte die Arme. Er trug eine rote Baskenmütze und zu große Jeans. Ich sah sein Gepäck neben ihm: einen Rucksack und eine Schultertasche, und auf seiner anderen Seite stand der Koffer mit seiner Autoharp. Ich freute mich, dass er sie mitgebracht hatte.

»Hier, Jimmy!«

Ich ging auf ihn zu und stellte meine Gitarre neben ihm ab, um ihn zu umarmen.

»Ich kann kaum glauben, dass du einfach hier am Flughafen bist«, sagte ich. »Kein überraschender Auftritt mitten im Nirgendwo? Ich bin ein bisschen enttäuscht.«

»Sei nicht enttäuscht«, erwiderte er. »Ich weiß, das ist nicht meine Art, aber ich fand diese Sache so wichtig, dass ich einfach kommen musste. Ich habe dir so viel zu erzählen! Ich hätte deine Einladung um nichts auf der Welt abgeschlagen. Ich glaube, du weißt das. Du steckst hier wirklich in etwas drin, und du kennst mich ja: Solchen Dingen kann ich nicht widerstehen.«

Die Worte strömten beinahe schneller aus seinem Mund, als ich sie hören konnte. Ich wusste, er war erregt, und das war gut. Gleichzeitig wollte ich nicht, dass er sich zu sehr aufregte, sodass er womöglich um die Ruhe käme, die er so dringend brauchte. Ich schaute ihm prüfend in die Augen. Sie waren klar, was mich erleichterte.

»Mister Twyman? Sind Sie James Twyman?«

Ich wandte mich um und sah fünf Leute hinter mir stehen. Die Frau, die mich angesprochen hatte, hatte dunkle Haut und freundliche Augen. Sie schienen alle erleichtert, mich gefunden zu haben.

»Ja, der bin ich.«

»Ich bin Christiane, Ihre Veranstalterin hier in der Schweiz.« Sie reichte mir die Hand. »Ihr Flug hatte Verspätung, wir haben uns schon Sorgen gemacht.«

»Tut mir leid«, erwiderte ich. Ich schüttelte ihre Hand und begrüßte dann ihre Begleiter.

»Dies sind meine Freunde; sie wollten Sie auch empfangen«, erklärte sie.

»Und dies ist mein Freund Phil Gruber. Ich weiß nicht, ob ich Ihnen angekündigt habe, dass er mitkommt.«

»Kein Problem«, sagte der Mann neben Christiane. »Wir sind mit drei Autos da – genug Platz für alle.«

Ich nickte Phil zu. Er sah entspannt aus, aber hinter der tapferen Fassade spürte ich seine Gebrechlichkeit. Wenige Augenblicke später luden wir unser Gepäck in einen Kleinbus und verließen den Flughafen.

»Ich habe dir so viel zu erzählen«, sagte Phil, während wir auf dem Rücksitz Platz nahmen. »Du ahnst ja nicht, wie viel!«

»Ich hatte schon so ein Gefühl. Aber du bist dabei ernster, als ich erwartet hatte.«

Er schwieg eine Weile, als müsste er darüber nachdenken, was und wie viel er mir sagen sollte. »Ich meine einfach, dass wir zu tun haben werden«, fuhr er schließlich fort. »Wir stehen vor einer großen Chance. Natürlich hat es mit dem Yod zu tun, aber das ist nur die Spitze des Eisbergs.«

»Das klingt aber wirklich geheimnisvoll«, warf ich ein.

»Wenn ich jetzt schon alles ausplaudere, schickst du mich vielleicht sofort wieder nach Hause«, frotzelte er. Doch ich wusste, dass es ihm trotz seines Lächelns ernst war. »Ich will dich nicht erschrecken – na, höchstens ein kleines bisschen.

Das hier ist eine ernste Angelegenheit, die mit Vertrauen, Hingabe, Entschlossenheit, Bewusstheit und Überzeugung angegangen werden will.«

Ich setzte mich auf. Wahrscheinlich erhob ich auch meine Stimme ein wenig, denn unsere neuen Freunde vor uns drehten sich um, um zu sehen, was da vor sich ging. Zum Glück war ihr Englisch nicht gut genug, um alles zu verstehen.

»Was redest du da? Ich dachte, du erzählst mir etwas darüber, warum der Moses-Code eigentlich aus einem Yod besteht. Ich hatte gehofft, du hättest die Informationen, die mir fehlen.«

»Dies geht weit über das hinaus, was du den Moses-Code nennst«, bemerkte Phil nur. »Wahrscheinlich ist es mehr, als du im Moment begreifen könntest. Hier sind Kräfte am Werk, die du nicht verstehst.«

»Ich habe mir nach unseren Telefongesprächen und deinen Mails Notizen gemacht«, erwiderte ich und zückte meinen Notizblock. »Du hast gesagt, wir haben es mit alten Mysterien zu tun, die so stark sind, dass manche sie beschützen wollen. Diese Beschützer seien nicht unbedingt Menschen, hast du geschrieben, sondern etwas schwerer Fassbares. Du hast auch etwas über Engel gesagt, die bestimmte Mysterien hüten, wegen irgendwelcher heiligen Siegel oder Pakte mit Gott, und über Dämonen, die in Mustern gefangen sind, denen sie nicht entkommen wollen oder können. Richtig? Du hast von Wesen gesprochen, die in multidimensionalen Feldern gefangen sind, und manchmal wüssten sie noch nicht einmal, dass sie festgehalten werden. Habe ich das richtig verstanden? Du meinst, es sei Zeit für sie, befreit zu werden – es sei Zeit, dass der Pakt der Engel mit Gott endlich erfüllt werde.«

»So ungefähr«, antwortete Phil. Er freute sich offensichtlich, dass ich ernsthaft genug bei der Sache war, um mir Notizen zu machen.

»Aber was hat das mit dem Yod zu tun, Phil? Das hört sich an, als sollten wir in einem Dan-Brown-Roman mitspielen.«

»Dies hier ist kein Roman«, sagte er mit ernstem Ton. »Dies ist Realität, und es ist wichtig. Ich glaube nicht, dass ich übertreibe, wenn ich sage, dass sehr viel daran hängt.«

Ich atmete einmal tief durch und ließ mich wieder zurück in den Sitz sinken. Die Dinge hatten plötzlich eine dramatische Wendung genommen.

Ich begegnete Phil zum ersten Mal 1996 auf einer spirituellen Konferenz in Colorado. Am Montagmorgen nach der Konferenz, während ein doppelter Regenbogen am Himmel stand, trug ich mein voll bepacktes Tablett durch die Cafeteria, als Phil mir plötzlich in den Weg trat. Zuerst war ich etwas irritiert, doch in seinen Augen sah ich etwas, das mich auf einer sehr tiefen Ebene berührte. Sein Blick tanzte umher wie die Flamme einer hellen Kerze, und dahinter schien eine Energie durch, die er scheinbar kaum bei sich behalten konnte.

Er überfiel mich mit einem fünfminütigen Vortrag über die metaphysische Bedeutung meines Namens. Ich könnte Ihnen nichts davon wiedergeben. Am nächsten Tag war ich mit meiner Tochter Angela in Boulder in der City und wartete, während mein Wagen repariert wurde. Ich vertrieb mir die Zeit in einem esoterischen Buchladen – und wieder tauchte Phil auf. Als wäre nur ein Augenblick verstrichen, fuhr er mit seinem Vortrag über meinen Namen genau dort fort, wo wir gestern abgebrochen hatten. Ich wusste, dass wir uns wiedersehen würden.

»Erzähl mir, was du über das Yod weißt«, bat ich Phil, als wir in unserem Hotel in Lausanne angekommen waren. Wir saßen an einem kleinen Tisch in der Lobby, möglichst weit von den anderen Gästen entfernt. »Du hast die Voraufführungen meines Films in Madison und Chicago gesehen, und die Endfassung in Austin, hast du mir erzählt.«

»Das Yod und der Moses-Code sind nur der Anfang«, erwiderte er. »Von dem Moment an, in dem das Komma auf die Leinwand flatterte, wusste ich, dass du einer großen Sache auf der Spur bist. Das Komma oder das Yod sind nur die Spitze des Eisbergs, wie ich schon sagte. Du musst doch zumindest ahnen, dass da noch viel mehr dahintersteckt.«

»Zuerst hatte ich keinen Schimmer«, gab ich zu und nahm einen Schluck Wasser. »Ich dachte wirklich, dass es um das Komma geht. Ich bin kein Jude; insofern hatte ich auch keine Idee, das Yod ist. Seitdem allerdings scheint sich meine ganze Welt darum zu drehen.«

»Das überrascht mich nicht. Ich will dir ein paar Sachen über das Yod erzählen, dann weißt du, wie dicht du dran bist: Das Yod ist der zehnte und kleinste Buchstabe des hebräischen Alphabets. Jeder Buchstabe ist dort eine Kristallisation eines Aspekts des göttlichen Wortes oder göttlichen Namens. Das Yod ist der Baustein, aus dem alle anderen Buchstaben hervorgegangen sind. Alle Buchstaben sollen aus seiner Bewegung entstanden sein.«

Phil nahm einen Notizblock und zeichnete ein Yod für mich. Es erinnerte mich an eine Flamme oder an eine flatternde Fahne. Und es erinnerte mich an ein Komma.

»Jetzt wird's interessant«, meinte ich. »Sprich weiter.«

»Für viele ist das Yod reines Sein – ein Symbol der Allgegenwart Gottes in der Welt. Als kleinster Buchstabe steht es auch für die primäre Schwingung des Universums. Es ist der einzige hebräische Buchstabe, der in der Luft hängt – man könnte ihn als eine Brücke zwischen den Welten bezeichnen. Das Schöne ist, dass das Yod das Potenzial für alle Dinge birgt, die sich manifestieren werden. Es könnte der Lichtpunkt im Herzen und Geist Gottes sein – ein Punkt aus kondensierter Liebe und Licht, manche nennen es auch den ›Mittelpunkt‹. Es lehrt uns, dass in den kleinsten Dingen das größte Schöpfungspotenzial liegt.«

»Ich habe auch gehört, dass das Yod die Hand Gottes repräsentiert«, sagte ich. »Aber die eigentliche Frage ist: Was bedeutet das? Ist es eine echte Hand oder eine metaphorische? Oder beides? Wie sähe die Hand Gottes aus, wenn Gott eine hätte? Würde sie wie ein Albtraum von Michelangelo durch den Himmel fahren, oder würde sie die Schöpfung liebkosen wie ein sanfter Wind?«

»Die Hand Gottes streckt sich derzeit zur Erde, das ist klar«, meinte Phil. »Aber vielleicht nicht so sanft, wie du es gerne hättest. Es gab eine Zeit, da hätte es sanft sein können, aber das ist vorbei. Es gibt keine einfachen Antworten, und die Zeit läuft.«

»Was würdest du sagen, was es ist?«, fragte ich.

Ich spürte in Phils Stimme immer mehr Dringlichkeit.

»Ich würde sagen, das Yod ist wie eine Pause, die mit Möglichkeiten schwanger ist. Die Verwendung des Kommas im Moses-Code war ein brillanter Zug. Es erzeugt die Pause, in der die göttliche Inspiration Raum einnehmen kann. Kommas verbinden auch, sie sind Brücken. Aus meiner Sicht ist die Pause der Schlüssel. Kennst du das Essener Friedensevangelium, die dritte Kommunion mit dem Engel der Luft?«

»Das Essener Friedensevangelium? Ist das nicht von Edmond Bordeaux Szekely übersetzt worden?«

»Szekely hatte Zutritt zu den geheimen Gemächern des Vatikans«, erklärte Phil. »In dem Evangelium, das er entdeckte, ist die Rede vom ›Heiligen Atem, der höher ist als alle erschaffenen Dinge‹. Zwischen dem Einatmen und dem Ausatmen sollen alle Mysterien des unendlichen Gartens enthalten sein. Das Komma schafft diese Pause.«

»Das ist eine interessante Parallele«, merkte ich an. »Kannst du mir noch mehr über das Yod erzählen?«

»Ich sagte ja schon, das Yod ist der kleinste Buchstabe des hebräischen Alphabets und gilt als der Finger Gottes, der den Weg weist. Es kann auch die Hand symbolisieren – die Hand als Symbol der Macht der schöpferischen, gerichteten Energie. Siehst du, die geschlossene Hand, die Faust, steht für Einheit, den Schöpfer. Die offene Hand ist das Symbol des Menschen und unseres angeborenen Potenzials, uns wieder zur Einheit zurück zu entwickeln. Das hebräische Wort für ›Hand‹ lautet *Yad*. Auch das Yin-Yang-Symbol besteht aus zwei Yods, die in einem dynamischen, harmonischen Gleichgewicht miteinander stehen. Wie alle anderen Buchstaben ist das Yod ein Zeichen des Feuers, der Flamme. Alle Buchstaben des Alphabets sind Ausdruck des schöpferischen Feuers, aus dem alles geboren wird und in das alles wieder zurückkehren wird. Jeder Buchstabe ist ein Aspekt dieser schöpferischen Kraft.«

»Deswegen verbrannte der Dornbusch bei Moses auch nicht«, warf ich ein. »Das wollte ich in *Der Moses-Code* vermitteln: Die Informationen, die Moses brauchte, waren bereits in ihm, so wie sie schon in uns sind. Das Feuer bringt die Energie in Bewegung, wie Elektronen, die anfangen, zu feuern und ihre verborgenen Qualitäten zu offenbaren. Das ist es, was jedem von uns widerfahren sollte. Wir müssen innerlich ein wenig brennen.«

»Ein göttlicher Brand.«

»Genau. Wir werden heiß, und wie Popcorn explodieren wir irgendwann und werden zu etwas ganz Neuem.«

»Ich werde Popcorn von nun an mit ganz anderen Augen sehen ...« Phil lachte. »Aber im Ernst: Die Zeit, wie wir sie mit unserem linearen Geist wahrnehmen, beschleunigt sich. Es gilt, keinen Augenblick zu vergeuden. Als ich den Film sah, wusste ich, dass du bereit bist.«

»Bereit wofür?«

»Du bist bereit, sehr viel mehr zu tun, als über den Moses-Code zu reden«, antwortete Phil. »Du bist bereit, sehr viel mehr zu tun, als darüber zu schreiben, wie der heilige Name offenbart wurde und was wir mit den darin verborgenen Geheimnissen anfangen können. Es war ein Schritt, ein großer Schritt, aber jetzt bist du bereit, etwas viel Wichtigeres – und Gefährlicheres – anzugehen.«

»Gefährlich? Du weißt, ich bin kein Feigling, aber ich will wissen, ob es hier um etwas Echtes geht oder ob du mir eine Lehre erteilen willst. Du hast am Telefon von Engeln und Dämonen gesprochen, die alte Siegel hüten oder in komplexen Fallen gefangen sind. Wie viel davon ist wirklich wahr?«

»So viel, wie du als wahr zulassen kannst. Was meinst du?«

»Ich meine, ich muss als Erstes die Bedeutung der Kabbala besser verstehen«, antwortete ich. »Alles scheint darauf hinauszulaufen, aber da ich so wenig darüber weiß, erkenne ich die Zusammenhänge nicht.«

»Also gut, ich will dir eine kurze Einführung in die alten mystischen Lehren der Juden geben.« Phil lehnte sich in seinem Stuhl zurück, um der Situation eine dramatische Note zu geben. »Die Kabbala ist eine rein jüdische Sache. Die frühesten Schriften dazu sind etwa zweitausend Jahre alt, doch ein großer Teil der Quellen dessen, was wir heute unter ›Kabbala‹ verstehen, stammt aus grauer Vorzeit. In alten Texten ist von *Merkaba-Mystikern* die Rede. Das höchste Ziel dieser sogenannten *Merkubalim* war, die sieben Hallen der Schöpfung zu durchdringen, um zum Thronwagen Gottes, der *Merkaba,* zu gelangen.«

»Was ist der Thronwagen Gottes?«

»Es ist ein Gefährt, mit dem man in die höheren himmlischen Reiche aufsteigen kann – was buchstäblich die magnetischen Schleier durchdringt, die uns gewöhnlich daran hindern, Gott vollständiger zu erfahren. Die *Merkaba,* das ›Himmelsgefährt‹ oder ›Gefährt des Aufstiegs‹, wie es auch genannt wird, kann dich bis zum Thron Gottes bringen, bis vor den ›Alten der Tage‹, wie es in manchen Traditionen heißt. Das *Sefer Jezira,* das ›Buch der Formung‹, gilt bei vielen als der erste Text der jüdischen okkulten Mystik, und es wird Abraham zugeschrieben. Unter anderem beschreibt es den Umgang mit den heiligen Buchstaben bei Erschaffung der Welt. Was wir normalerweise unter der Kabbala verstehen, geht auf ein Buch aus dem zwölften Jahrhundert aus der Provence zurück: das *Sefer ha-Bahir,* das ›Buch der Helle‹. Das *Sefer ha-Zohar,* das ›Buch des Glanzes‹, stammt aus dem Spanien des dreizehnten Jahrhunderts. Es wurde dem großen Kabbalisten Moses De León offenbart. Er versammelte darin später sein gesamtes okkultes mystisches Wissen. De León behauptete, dass es die mystischen Schriften des Simeon bar Yohai enthielte, eines Rabbis des zweiten Jahrhunderts. Es gibt Hinweise, dass die Materialien, die De León zusammen-getragen hat und die wir heute als das *Zohar* kennen, noch älteren Ursprungs sind. Doch es gibt ein paar ernste Dinge zu berücksichtigen, bevor wir uns auf diese Reise machen ..., bevor wir die *gefahrvolle Kapelle*[4] betreten.«

»Deswegen sagst du dauernd, dies sei eine gefährliche Reise«, sagte ich und war dem Lachen nahe.

»*Schwierig* wäre ein besseres Wort. Und wenn wir das zusammen machen wollen, wirst du es erheblich ernster nehmen müssen.« Phil sah gesammelt aus und wirkte auf eine Art bestimmt, die ich jetzt erstmals wahrnahm. »Hier geht es nicht um irgendeine esoterische Fantasie. Dies ist eine echte mystische Reise, die extreme Disziplin, Fleiß und Vor-bereitung erfordert. Und das ist erst der Anfang. Was wir vorhaben, ist meines Wissens noch nie erfolgreich vollbracht worden. Wenn wir es schaffen, wird sich viel in der Welt ver-ändern, hoffentlich zum Besseren. Wenn nicht, laufen wir Gefahr, wie die frühen Christen im Kolosseum zerfetzt zu werden. Und dem ganzen Planeten könnte es nicht viel besser ergehen. Ich wünschte, das wäre ein Scherz, aber dem ist nicht so.«

»Okay, machen wir weiter, bevor ich wirklich Angst kriege. Erzähl mir mehr über die Kabbala.«

»Gut. Der Begriff *Kabbala* geht zurück auf Isaak den Blin-den, der im 12./13. Jahrhundert lebte. Er wird gewöhnlich übersetzt mit ›empfangen‹ oder ›annehmen‹, auch mit ›Über-lieferung‹ und ›Tradition‹. Es gibt andere esoterische Bedeu-tungen – das sind nur die bekanntesten. Ich gebe dir aber noch einen kleinen Hinweis. Sie alle haben mit den Bezie-

---

[4] Anspielung auf die Gralskapelle, die in der englischen Version der Legende »Chapel Perilous« (= Gefahrvolle Kapelle) heißt. (Anm. d. Übers.)

hungen zwischen den Worten *Ka, Ba* und *La* zu tun. Die mystische Tradition der Kabbala gilt als eine der ältesten der Welt. In den kabbalistischen Schriften sind alte Geheimnisse verborgen, gut gehütete Schlüssel zur Schöpfung, zur Struktur des Universums und wie sich diese Struktur in uns spiegelt. Die Kabbala bezieht sich auf die tieferen Mysterien des menschlichen Herzens und der menschlichen Seele ..., des Materiellen und des Nichtmateriellen. Sie erkundet das physische und das metaphysische Wesen der Menschheit, unsere Ursprünge und unsere evolutionäre Bestimmung – solche Dinge. Die wahren Ursprünge der Kabbala liegen in den Nebeln der alten Zeiten verborgen. Es heißt, dass Moses am Berg Sinai zusammen mit der Thora eine mündliche Überlieferung erhielt, welche die umfassenden Geheimnisse und Mysterien der Thora erklärt. Vor Moses wurde die direkte Übermittlung des wahren Wesens des Gesetzes durch *Jahwe* nur sehr wenigen Individuen zuteil, um ihnen den Weg zu einem ganz besonderen Ort zu weisen: einem präexistenten Himmel, genannt *Pleroma*. Andere nennen ihn ›das Paradies‹.«

»Ich habe auf den Bahamas mit einem Swami gesprochen«, erzählte ich Phil. »Er ist auch ein Kabbala-Experte und er hat mir erklärt, dass die wahre Kabbala nicht die geschriebene ist, sondern jene, die durch direkte Erfahrung offenbart wird.«

»Das ist richtig. Der Name des Spiels lautet *Gnosis*, direkte Offenbarung. Das war es, was Moses widerfuhr. Es heißt, dass er während des Tages das Gesetz empfing, doch die Erläuterung des Gesetzes erhielt er in der Nacht. Aber er war nicht der Einzige. Manche Kabbalisten sagen, dass es mindestens fünf direkte Übermittlungen der inneren Lehren gab, und einige meinen, dass es mindestens noch eine weitere geben wird. Die erste soll einer Gruppe gefallener Engel übermittelt worden sein. Die zweite wurde Adam von dem gefallenen Engel Raziel, dem Hüter der Geheimnisse, gegeben, als Orientierung für den Weg zurück ins Paradies, obwohl Uriel und Gottes gute Engel anderer Ansicht waren. Wir haben uns einer ursprünglichen Unschuld erfreut und das Geheimnis der Schöpfung verstanden, bevor wir der Illusion der Getrenntheit verfielen. Zu diesem Zeitpunkt unserer Entwicklung wurde uns die Kabbala gegeben. Das meine ich, wenn ich sage, sie wurde Adam gegeben. Nicht unbedingt einem Mann aus Fleisch und Blut, sondern einer Repräsentation unserer ursprünglichen Unschuld. Die dritte Übermittlung galt Abraham, dem Vater der drei großen monotheistischen Religionen – Judentum, Christentum, Islam –, und durch Abraham seinen drei Söhnen. Die vierte Übermittlung empfing Noah, als er mit seinem schwimmenden Zoo auf dem Berg Ararat landete. Und die fünfte erhielt Moses.«

»Meinst du, damit hört es auf?«

»Ich glaube nicht, aber ich will nicht vorgreifen. Ich versuche zu zeigen, dass die wahre Thora aus mehr besteht als dem, was aufgeschrieben wurde. Es gibt esoterische Weisheiten und ewige Mysterien, die im geschriebenen Gesetz verborgen sind. Es blieb nicht bei Moses' Gesetzestafeln.«

»Könnte man sagen, dass auch Jesus die volle Übermittlung der Lehren erfuhr?«

»Das ist ein schwieriges Thema, Jimmy. Jesus ist viel gereist, er saß zu Füßen vieler Meister und als eingeweihter Essener und Adept der ägyptischen und hebräischen geheimen Wissenschaften waren ihm sicher viele esoterische Lehren bekannt. Ich bin sicher, er kannte sich nicht nur in den Geheimnissen der Schöpfung und Wiederschöpfung gut aus, sondern auch im Ursprung und in der Bestimmung aller Seelen. Ich würde also sagen: Ja.«

»Kann es sein, dass Jesus ein vollständigeres Verständnis der Dinge hatte als seine Vorgänger?«, fragte ich.

»Das ist schwer zu sagen. Die meisten Juden erkennen Jesus nicht als den Messias an. Es wird gesagt, dass er das auch nie für sich in Anspruch genommen hat. Seine Worte ›Ich bin nicht gekommen, um die Thora zu brechen, sondern um sie zu erfüllen‹ lassen viel Raum für Interpretationen. Im Tempel hat er gesagt: ›Bevor Abraham wurde, bin ich.‹«

»Er behauptete, er sei eins mit Gott«, bemerkte ich.

»Genau. *ICH BIN* ist das Selbstverständnis Gottes. Ich glaube, dass Jesus Gottes Offenbarung verstand, und das gefiel der priesterlichen Elite jener Zeit nicht besonders. Und was die priesterliche Elite betrifft, solltest du noch etwas verstehen: Zu gewissen Zeitpunkten gab es traditionell strenge Bestimmungen, wer sich mit der Kabbala befassen durfte. Früher und bis in die heutige Zeit war es üblich, dass die Übertragungen nur direkt von einem Meister oder Lehrer an seine auserwählten Schüler weitergegeben wurden. In orthodoxen Kreisen ist es noch heute so, dass Frauen kaum zugelassen werden, obwohl es auch aus alten Zeiten Berichte über Frauen gibt, die in den tieferen Mysterien des Bewusstseins sehr gut bewandert waren. Eine dieser Frauen war Noa, eine der Töchter des Zelophad. Doch auch Sarah, Miriam, Esther, Deborah und viele andere gehörten dazu, ganz zu schweigen von der Magdalena. In bestimmten Kreisen kannst du auch heute noch nur die Kabbala studieren, wenn du männlich, älter als vierzig Jahre, verheiratet und Vater von mindestens drei Kindern bist. Und natürlich musst du Jude sein. All das ist im Wandel, aber vor dem siebzehnten Jahrhundert gab es solche Regeln nicht. Moderne Kabbalisten, die diese Regeln durchsetzen wollen, haben also eigentlich kaum eine historische Grundlage dafür.«

»Das ist ein bisschen wie bei jenen Katholiken, die meinen, Priester hätten schon immer zölibatär gelebt«, warf ich ein. »Dabei trifft das eigentlich nur auf die Hälfte der Lebenszeit der Kirche zu, ungefähr auf die letzten tausend Jahre.«

»Genau«, bestätigte Phil. »Aber bleiben wir beim Thema, sonst verliere ich den Faden. Dies mag wie eine endlose Menge an Informationen erscheinen, doch sie sind wichtig, du wirst es schon merken. Das Letzte, was ich dir im Hinblick auf die historischen Übertragungen der Kabbala sagen möchte, ist vielleicht das Wichtigste. Nicht alle Lehrer sämtlicher Traditionen sind dieser Meinung, aber einige – vielleicht mehr, als man meint. Wie ich bereits sagte, glauben die meisten, dass Gott die wahre Kabbala fünf Mal, vielleicht sechs Mal offenbart hat, aber manche gehen davon aus, dass ein letztes Mal noch aussteht. Dies ist die wichtigste Übertragung und sie wird das Schicksal dieses Planeten bestimmen.«

»Weißt du, wem sie offenbart werden wird?«

»Ich glaube, ja.«

Keiner von uns beiden sprach weiter. Langsam bekam ich eine Gänsehaut. »Also gut, sag es mir.«

Wieder folgte eine lange Pause. Schließlich sah mich Phil an. »Sie wird *dir* offenbart werden.«

»Mir?« Ich schluckte. »Warum mir? Was meinst du?«

Er beugte sich nach vorne und sagte: »Lass mich das erklären. Ich meine dich und mich und alle. Die letzte Offenbarung gilt uns allen: der Menschheit. Alles ist vorbereitet für die große Offenbarung, die alles auf diesem Planeten verändern wird. Ein evolutionärer Sprung steht bevor, ja, er hat schon begonnen. Ob er friedvoll und anmutig erfolgen wird wie der sanfte Wind, von dem du sprachst – ich weiß es nicht. Ich weiß nur, dass er unausweichlich bevorsteht. Der Tisch ist bereitet, die Einladungen sind ergangen. Was früher nur wenigen Privilegierten wie Moses oder Jesus vorbehalten war, wird jetzt allen angeboten. Unser Weiterleben auf dieser Erde steht auf dem Spiel, und wie immer hat Gott unsere Gebete erhört.« Phil schloss die Augen und lehnte sich wieder zurück.

Ein Kellner kam vorbei und fragte, ob wir etwas wünschten. Ich atmete tief durch, freute mich über die Unterbrechung und bestellte einen Cappuccino. Phil schien nichts zu brauchen.

»Weißt du, Phil, das klingt ähnlich wie die Aussagen mancher Leute über die Wiederkunft Christi: Sie sagen, dass Jesus nicht körperlich wiederkommen wird, sondern dass das Christus-Bewusstsein für alle erreichbar sein wird; dass jeder von uns das gleiche Licht und die gleiche Energie erfahren kann, die Jesus vor zweitausend Jahren erlebte. Was meinst du, gibt es da eine Verbindung?«

»Das ist im Prinzip das Gleiche«, erwiderte er. »Letztlich geht es darum, die Lehren von der Freiheit und Wahrheit anzunehmen und zu verkörpern – der inneren, esoterischen als auch der äußeren, exoterischen. Es geht um eine zweite Geburt: die Geburt von etwas Heiligem in jedem von uns. Jesus sagte, dass er die Menge in Form von Geschichten und Parabeln lehre, weil sie ihn anders nicht verstünden. Jesus erkannte, dass auch die meisten seiner Jünger nicht die leiseste Ahnung hatten, worum es ihm ging. Schlag es nur nach. Es hat den Anschein, dass nur Maria Magdalena und einige wenige andere etwas begriffen hatten. Die Zeit ist gekommen, zu der wir alle bereit sein müssen, die Offenbarung der geheimen alten Lehren zu empfangen, und glaub mir, wir brauchen sie dringender denn je. Was zurzeit auf

diesem Planeten passiert, ist meines Wissens noch nie vorge-
kommen. Wir stehen kurz davor, unsere ganze Welt zu zerstören oder eine ganz neue zu erschaffen. Alles was wir im
Lauf von vielen Leben getan haben, hat uns an diesen Punkt
geführt, und wenn wir nur bestimmte Wahrheiten realisie-
ren und in unserem Alltag anwenden würden, könnten wir
wieder Frieden finden. Es ist Zeit, dass wir endlich das wahre
Wesen Gottes erkennen, unsere unauslöschliche Verbundenheit und Beziehung zur Quelle von *Allem, was ist,* und die
höhere Bedeutung unseres Lebens. Darum geht es in der
Kabbala und in allen höheren Werken.«

Ich holte tief Luft und versuchte, Phils Worte in mich aufzunehmen.

»Ich will noch einmal kurz zur Thora zurückkehren«, fuhr
er fort. »Es gibt die offenbarte Thora, das Gesetz, der sogenannte *Pentateuch.* Er besteht aus den ersten fünf Büchern
Mose. Doch es gibt auch eine verborgene, geheime Thora,
genannt *Sod,* die das Wesen Gottes beschreibt, die Ursprünge
und die Bestimmung des Kosmos und das Wesen des Menschen. Alle gläubigen Juden sind davon überzeugt – oder
sollen davon überzeugt sein –, dass die Thora das Wort Gottes
ist, und Hebräisch die Sprache der Schöpfung. Die Kabbala
hingegen ist gemäß der Überlieferung das eingeweihte Verständnis der Thora und all der göttlichen Schöpfungskräfte.
Die Arbeit mit der Kabbala enthüllt ihre Geheimnisse und
führt zu der grenzenlosen Freude, die unser Geburtsrecht ist.
Die Thora ist die Blaupause, der Werkplan der Schöpfung.
Sie offenbart die Gesetze der Schöpfung und Gottes Geheimnisse und zeigt natürlich, wie man im höchsten Sinne Tag
um Tag leben kann. Doch ohne das eingeweihte Verständnis
der Kabbala können wir den Werkplan nicht lesen. Er bleibt
ein Geheimnis, bis alle ihm innewohnenden Lehren erkannt,

erfahren und im Alltag gelebt werden. Das ist die Einweihung und die Herausforderung, vor der wir stehen. Und vergiss nicht: Auch die Kabbala hat esoterische und exoterische Aspekte.«

»Das ist alles sehr spannend«, warf ich dazwischen, »aber auch ein wenig furchterregend. Das klingt, als müssten wir das lernen, sonst ...«

»Genau so meine ich es. Die Frage ist: Was ›sonst‹? Was passiert, wenn wir es nicht tun? Soweit ich weiß, wird harte Liebe eingesetzt, falls es nicht mit sanfter Liebe geht. Die Erde erneuert sich immer wieder, und wenn wir diese Lektionen nicht lernen können, wird sie auch uns erneuern, und wahrscheinlich wird das eher unsanft. Wir sehen es bereits überall um uns herum. Unser Überleben wird ständig weiter aufs Spiel gesetzt, ganz zu schweigen von der durchaus realen Möglichkeit, dass ein Verrückter auf den Knopf drückt und uns samt und sonders vernichtet. Wenn wir nicht aufwachen und anfangen, nach dem göttlichen Gesetz zu leben, sitzen wir bald ziemlich in der Patsche.«

»Was können wir tun?«, fragte ich. »Ich hoffe, du verbreitest hier keine Weltuntergangsstimmung, ohne irgendeine Art von Lösung anzubieten.«

»Das ist nicht meine Art«, versicherte mir Phil. »Hör zu, du hast den Moses-Code entdeckt – jetzt gilt es, einen anderen Code zu entschlüsseln. Bislang hast du nur die Oberfläche berührt. Du hattest recht mit allem, was du gesagt und geschrieben hast: dass der Name Gottes Zugang zur Erfahrung der Einheit und zur Erwirkung von Wundern bietet. Doch das betraf nur einen Namen. Das EHYEH ASHER EHYEH oder ICH BIN DER ICH BIN ist einer, aber es gibt neun weitere Namen, die alle auf unterschiedliche Aspekte des Göttlichen hinweisen. Du musst auch deren Geheimnisse entschlüsseln, und wenn du das tust, werden dir weitere Mysterien enthüllt und mehr liebende Güte kann in und durch diese Welt fließen.«

»Diese Namen, von denen du sprichst, bilden sie eine Art von Code?«, fragte ich.

»Mit Sicherheit. Deshalb hat uns das Schicksal wieder zusammengebracht. In allen höheren Werken gibt es verschiedene, kodierte Ebenen, auch in der Kabbala. Und es gibt eine Reihe von Codes, die wir meiner Meinung nach an ganz besonderen Orten verwenden sollen.«

»Das bringt uns wahrscheinlich zu den Engeln und Dämonen zurück«, sagte ich. »Darauf scheint es immer wieder hinauszulaufen.«

»Ich kann dir im Moment nur sagen, dass dort, wo wir hingehen, viele von ihnen gefangen sind und sich nicht befreien können. Sie sind von Kräften gefangen, die wir nicht ganz verstehen, doch der angemessene Gebrauch der heiligen Namen kann helfen, sie zu lösen, und dabei auch uns befreien. Wenn wir frei sind, sind ganz besondere Energiekanäle wieder offen. Es gibt einen Ort auf diesem Planeten, wo all dies besonders gültig ist, und dorthin reisen wir als Nächstes.«

»Kannst du mir sagen, wo das ist?«, fragte ich.

»Aber sicher. Wir fahren nach Paris.«

3

Drei Tage später, als die Konferenz in der Schweiz vorbei war, fuhren wir im TGV nach Paris. Ich hatte das merkwürdige Gefühl, dass sich mein Leben verändern würde. Phil saß mir gegenüber und schien nicht an einem Gespräch interessiert. Das reizte mich natürlich umso mehr, reden zu wollen. Der Zug hatte so sehr beschleunigt, dass die Landschaft wie ein rasender Pinselstrich an uns vorbeizog. Ab und zu unterbrach ein einsames Bauernhaus die Monotonie – und entschwand meinem Blick im Bruchteil einer Sekunde. War das ein Symbol für mein Leben – für das schnelle Tempo, mit dem ein Kapitel nach dem anderen sich entfaltete? Ich war froh, dass Phil bei mir war, um diesen Neuanfang zu wagen, doch diese Sache war extrem mysteriös, und ich fragte mich, ob ich bereit war, mich auf diesen alten, mystischen Weg der Kabbala einzulassen, über den ich fast nichts wusste. Ich war noch weniger als ein Novize, doch meine Begeisterung ließ sich davon nicht einschränken.

»Ich kann nicht aufhören, über all das nachzudenken, was du mir erzählt hast«, sagte ich zu Phil, nachdem der Schaffner unsere Fahrkarten kontrolliert hatte. »Ich habe den Eindruck, ich berühre gerade mal die Oberfläche. Es erscheint mir so tiefgründig und umfassend, dass ich möglichst viel darüber erfahren möchte.«

»Man kann die Kabbala ein Leben lang studieren, mehrere Leben lang sogar, und trotzdem nicht über die Oberfläche hinauskommen«, erwiderte Phil und rieb sich die Augen, als erwachte er aus einem Traum.

Keiner von uns beiden hatte während der Tage in der Schweiz viel Schlaf bekommen. Wir dachten die ganze Zeit an Paris, doch es fühlte sich an, als kämen wir dem Abenteuer kaum näher.

»Sie ist wie ein Brunnen ohne Boden: Du wirfst einen Stein hinein und wartest auf das Geräusch, wenn er auftrifft, aber es kommt nicht. Das liegt daran, dass sie unergründlich ist – wie Gott. Der traditionellen Kabbala zufolge können wir die Unendlichkeit Gottes nicht wirklich verstehen, da Gott in seiner Essenz unerkennbar, unerreichbar ist. Gleichzeitig heißt es, dass die Kabbala bis in die eigentliche Essenz Gottes führt. In ihrer Matrix sind Landkarten und Schlüssel verborgen, die zu einem Verständnis der Mysterien der kosmischen Schöpfung führen. Dein Swami-Freund hat dir gesagt, die wahre Kabbala könne nicht aufgeschrieben, sondern nur erfahren werden. Nun, ja und nein. Ich stimme ihm zu: Immer wenn etwas aufgeschrieben wird, geht auch etwas verloren, weil man versucht, das Unendliche ins Endliche zu übersetzen. Wer jedoch offen genug ist, es einfach in sich fließen zu lassen, der kann zu seiner Essenz werden. Darum geht es ja letztlich, stimmt's?«

»Du hast mir irgendwann mal gesagt, aus jüdischer Sicht sei es reine Blasphemie, sich als eins mit Gott oder als Verkörperung Gottes zu sehen.«

»Auf jeden Fall«, bestätigte Phil. »Ein jüdischer Mystiker kann höchstens sagen, dass er fähig ist, die göttliche Majestät zu kontemplieren. Zu sagen: ›Ich bin Gott‹, oder: ›Ich bin eins mit Gott‹ – das kommt nicht infrage. Kein gläubiger Jude kann auch nur von der Möglichkeit sprechen, dass ein Mensch in dieser Welt göttlich würde, denn aus seiner Sicht ist die Einheit mit dem Göttlichen unmöglich, solange wir auf der Erde sind. Es wäre Gotteslästerung.«

»Okay, das ist die jüdische Tradition«, sagte ich. »Aber was glaubst du? Was meinst du dazu?«

Phil sah mich grinsend an. »Was meinst du wohl, was ich glaube?«

Ich legte das Buch beiseite, das ich gerade las. »Ich meine, dass wir das Gleiche glauben: dass der Sinn des Lebens darin besteht, zu erkennen, dass wir eins sind mit Gott, schlicht und einfach. Ich glaube, es ist der einzige Sinn und das Ziel unseres Daseins als Seelen auf der Erde, dass wir uns an die Wahrheit unseres göttlichen Wesens erinnern.«

»Im Wesentlichen bin ich einverstanden. Das Ziel ist, Zugang zu finden zum Unendlichen in uns, unsere Dualitäten zu versöhnen, den Zustand des *Devekut* zu erreichen: die spirituelle göttliche Einheit, das Einssein von Mensch und Schöpfer, eine Wiedervereinigung mit Gott, die alles verändert.«

»Eine Wiedervereinigung mit Gott?«

»Aber sicher. Du kannst dich nicht mit etwas verbinden, von dem du nie getrennt warst. Aber du kannst aus einem Schlaf erwachen, aus der Illusion der Getrenntheit, und erkennen, was immer wahr war: dass du eins bist mit Gott. Darin liegt die Macht des Moses-Codes: Er aktiviert die Erinnerung an die Einheit, in der alles in dir enthalten ist und du in allem enthalten bist. Der Name, den Gott Moses gab, das EHYEH ASHER EHYEH oder einfach EHYEH, das heißt: ICH BIN, war die Offenbarung von Gottes persönlichem Sein. Er sollte Moses und uns zeigen, dass Gott in allem und überall ist; dass alles in einem einheitlichen Feld dimensionalisierten Bewusstseins existiert. Und wenn du den Namen tönst, wie du beschrieben hast, kannst du diese Einheit in dir selbst spüren, weil du eins bist mit Gott, und du kannst die Macht Gottes in dir spüren, wie Moses es tat. Du kannst die universale Einheit Gottes nicht wahrnehmen, ohne sie in dir zu erkennen.«

»An diesem Punkt scheinen die meisten Religionen eine Schwäche zu haben«, fügte ich hinzu. »Wenn die Leute wissen, dass sie in direktem Kontakt mit Gott stehen, sind sie viel schwerer zu kontrollieren und zu manipulieren.«

»Und warum liegt den Religionen so viel daran?«

»Damit sich die Leute an die Regeln halten?«

»Richtig. Aber wozu?«

»Weil jede Religion letztlich überleben und sich ausbreiten will, und das geht nur, wenn Regeln oder Dogmen aufgestellt werden, an die sich alle halten müssen. Die Leute lieben das. Sie wollen, dass ihnen jemand sagt, was sie tun und lassen und woran sie glauben sollen, weil sie sich dann nicht mit persönlichen Offenbarungen herumquälen müssen.«

»Ganz zu schweigen von persönlicher Verantwortung.«

»Genau«, stimmte ich zu. »Doch diese Dinge lassen sich nicht vermeiden, weil es in jeder spirituellen Tradition Mystiker gibt, die alle mehr oder weniger nach dem Gleichen streben: nach der Einheit mit Gott.«

»Meinst du also, dass die Erfahrung des Einsseins das Ziel jedes Mystikers ist?«, fragte Phil.

»Ich denke schon. Ein christlicher Mystiker strebt nach Einheit mit dem Bewusstsein Christi, ein Buddhist strebt nach der Buddha-Natur und ein Hindu nach Brahman.«

»Und die organisierten Religionen fördern das nicht gerade. Meinst du, sie wollen die Leute getrennt voneinander und von Gott halten, um alle auszuschließen, die nicht ihrer Ansicht sind?«

»Nimm das Beispiel eines getauften Christen«, sagte ich. »Entweder er bildet einen Teil des Körpers Christi, oder ...«

»Oder es ist Sense, stimmt's?«

»Ich will hier keine absoluten Behauptungen über alle Religionen aufstellen«, fügte ich einschränkend hinzu. Ich begann, mich bei meinen Worten etwas unwohl zu fühlen. »Aber im Allgemeinen trifft es wohl zu.«

»Meinst du also, wir sollten die Religionen meiden und lieber nach eigenen mystischen Erfahrungen streben?« Phil spürte offenbar mein Unwohlsein, doch er schien mich in eine bestimmte Richtung leiten zu wollen.

Erst versuchte ich vorsichtig, in keine Fallen zu tappen, doch dann beschloss ich, mich zu entspannen und einfach das auszusprechen, was mir in den Sinn kam. »Ich werde dir sagen, was ich meine«, erwiderte ich. »Die Antwort lautet: Nein. Ich glaube nicht, dass die Leute nicht eine bestimmte Religion ehren oder ausüben sollten, wenn sie sich davon angezogen fühlen. Gut ausgearbeitete spirituelle Pfade, die seit Jahrtausenden funktionieren, haben zweifellos ihren Wert. Meiner Ansicht nach ist dies eines der größten Probleme vieler esoterischer Kreise: Sie lassen sich auf alles ein, egal wie abgedreht es ist. Die Leute sind heutzutage bereit, alles zu glauben. Letztes Jahr war ich auf einer Messe, wo eine Frau behauptete, ihre Katze zu channeln, die ein Aufgestiegener Meister sei. Und die Leute standen Schlange, um sich anzuhören, was die Katze zu sagen hat! Es macht mich wahnsinnig, zuzusehen, wie die Leute ihren gesunden Menschenverstand über Bord werfen. Meiner Ansicht nach muss es ein Gleichgewicht geben. Wir brauchen die Traditionen der verschiedenen Religionen, um von ihnen zu lernen, aber wir sollten auch offen sein für die Art, wie sich das Göttliche in unserem persönlichen Leben offenbart.«

»Überleg doch mal«, meinte Phil. »Die Kabbala ist das eingeweihte Verständnis der Thora. Ich habe dir erzählt, dass die

Thora als das Wort Gottes gilt und bereits vor der Erschaffung der Welt formuliert war. Ein alter Lehrer von mir hat gesagt, die Kabbala trete nicht nur oberflächlich Wasser, sondern tauche tief in die Mysterien jedes einzelnen Satzes auf jeder Seite ein, um den Menschen zu helfen, ihre eigene Beziehung zum Göttlichen zu finden und eine nähere, persönlichere Beziehung zu Gott zu entwickeln. Die Thora ist buchstäblich der Werkplan der Schöpfung, und die Kabbala definiert ihre innere Bedeutung und Struktur. Sie ist Gottes Offenbarung zu seiner Schöpfung.«

»Meinst du, der Name Gottes, den Moses am brennenden Dornbusch erhielt, bildet das Herz dessen, woraus die drei monotheistischen Religionen wurden, die mit Abraham begannen?«, fragte ich.

»Ich würde sagen, der Name, der Moses am brennenden Dornbusch gegeben wurde – oder genauer gesagt: die Bedeutung des Namens, der Moses an jenem schicksalhaften Tag übermittelt wurde –, ist das Herz aller religiösen und spirituellen Denksysteme. Die Samen der jüdisch-christlichen Tradition liegen noch vor Moses, ja selbst vor Abraham. Doch bei Moses' Erfahrung am Berg Sinai veränderte sich alles – nicht nur für die Anhänger des hebräischen Glaubens, sondern für das ganze Auf und Ab der Geschichte.«

»Bist du also auch der Ansicht, dass dieser Name für unsere moderne Welt von Bedeutung ist?«

»Durchaus«, fuhr Phil fort. »Heute sehen wir die Dinge ganz anders. Auch die Geschichte besteht für uns nicht nur aus biblischen Vorgaben. Doch Moses stellte Gott eine der wichtigsten Fragen: ›Wie ist dein Name?‹ Bis dahin kannten die Kinder Israels die Macht des Allmächtigen nicht als etwas Eigenes. Sie hielten eine gewisse Distanz zum Göttlichen, könnte man sagen. Doch plötzlich rückte Gott nahe heran und wurde persönlich. Die Offenbarung des heiligsten Namens am Berg Sinai entstand aus dem Wunsch, mit seinem auserwählten Volk einen besonderen Bund einzugehen. Gott und sein auserwähltes Volk waren von nun an auf Du und Du. Moses konnte nun die Macht Gottes in sich selbst erkennen. Das ist eine der stärksten Lehren in *Der Moses-Code*. Gott wurde zu etwas, das er begreifen konnte, wenn auch nicht vollständig. Durch die Macht des Namens konnte er im Leben der Menschen, die er in die Freiheit führen sollte, Wunder bewirken.«

»Wie die zehn Plagen?«

»Es waren schreckliche Wunder, das ist klar. Aber sie bewiesen etwas. Sie bewiesen, welch große Macht im Bewusstsein einer ewigen, unverbrüchlichen Verbindung mit der inneren Quelle des Göttlichen liegt – mit der inneren Präsenz Gottes, einer Neubewertung des Konzepts von *Shi'ur Koma*, des ›Maßes des Menschen‹ im Verhältnis zu Gott.«

»Das Wort *Koma* klingt doch sehr nach ›Komma‹«, warf ich ein, als mir plötzlich der Zusammenhang zwischen seinen Worten und meinen Gedanken zum Moses-Code aufging.

»Das ist erst der Anfang. Sie bewiesen, dass die im Namen offenbarte Macht Gottes die ganze Zeit in ihnen ist. Später wurde sie auch das ›himmlische Reich‹ genannt, eine Quelle der Macht und der persönlichen Offenbarung, ein Tor in die sogenannten ›Gewölbe der Adepten‹, der Quelle aller wahren Magie und Wunder.«

»Das war der Name ICH BIN DER ICH BIN.«

»Und da fängt die Sache an, interessant zu werden«, sagte Phil. »EHYEH ASHER EHYEH war nur einer der Namen, die Moses übermittelt wurden. Unmittelbar nach dem EHYEH ASHER EHYEH, das in den meisten Fällen mit ICH BIN DER ICH BIN übersetzt wird, sagte Gott: ›So sollst du zu den Söhnen Israels sagen: ICH BIN hat mich zu euch gesandt.‹ Das ist der wahre Name Gottes, zumindest aus der Sicht des Engels des Herrn, durch den Gott zu sprechen gewählt hat.«

»Der Engel des Herrn?«

»Ja, der gleiche Engel, der Jakob sagte, dass das Geheimnis des Namens erst zur Zeit der Wiederkehr oder des Zweiten Adam, wie Rudolf Steiner es versteht, offenbart werden würde. Du siehst, in dem EHYEH ASHER EHYEH stecken viele Bedeutungen. Meine Lieblingsbedeutung ist: ›Ich bin im Prozess, das zu werden, was ich sein will.‹ Oder: ›Ich werde sein, was ich sein werde.‹ Es geht um die Wahlmöglichkeit, verstehst du, Jimmy? Die Ausübung des freien Willens.«

»Und ist das das Gleiche, als würde ich *Jahwe* sagen?

»Nun, das ist eine andere Geschichte. *Jahwe* ist die Art, wie das Tetragrammaton gewöhnlich ausgeschrieben wird. Es ist der zweite Name, der Moses übermittelt wurde und der mit *ICH BIN* übersetzt wurde. Das Wort *Tetragrammaton* stammt aus dem Griechischen: *Tetra* heißt ›vier‹ und *Gramma* bedeutet ›Buchstabe‹. Dieser Begriff bezeichnet die vier Buchstaben, die es in sich bergen, die stärksten Kräfte der Schöpfung auf den Plan zu rufen, wenn dieser göttliche Name nur richtig ausgesprochen wird. Die vier Buchstaben sind Yod, He, Waw, He. Wir nennen sie auch *Schem ha-Meforesch,* das bedeutet ›der ausgezeichnete Name‹ oder ›der hervorragende Name‹. Dieser Name ist die Quelle aller heiligen Namen und enthält in seiner Struktur den Werkplan der gesamten Schöpfung. Allein die Kontemplation dieses Namens kann in uns unbegreifliche Kräfte freisetzen. Und wie du bereits weißt«, fuhr er fort, »soll er nie ausgesprochen und noch nicht mal aufgeschrieben werden, denn wenn Gottes Name aufgeschrieben wäre, könnte er gelöscht, verändert oder missachtet werden. Aus Respekt vor dem unaussprechlichen Namen Gottes werden im Text für das Tetragrammaton die Worte *Adonai* oder *Elohim* eingesetzt. Der Missbrauch des göttlichen Namens ist verboten, wie es im dritten Gebot heißt. Man lief auch Gefahr, als Gotteslästerer gebrandmarkt zu werden. Manche meinen allerdings, dass es dieses Verbot zur Zeit der Thora und der Propheten noch nicht gab.«

»Aber wie ist diese Regel denn dann aufgekommen?«

»Hör zu, Jimmy, ich finde es durchaus sinnvoll, die Kräfte zu respektieren, die ein so machtvoller Name hervorrufen kann.« Sein Ton hatte eine gewisse Härte angenommen.

»Sicher, doch manchmal kann Respekt auch dazu führen, dass genau die Gaben nicht genutzt werden, die die Welt verändern könnten«, hielt ich dagegen.

»Stimmt. Manche schießen über das Ziel hinaus. Es gibt viele Hinweise im Alten Testament, zum Beispiel in Genesis, Joel und in den Psalmen, dass der Name *Jahwes* gefeiert und erhöht wurde. In Jesaja 12,4 kannst du lesen: ›Danket Jahwe, ruft an seinen Namen.‹ Im *Talmud* und in der *Mischna* gibt es Hinweise auf das Verbot, den Namen auszusprechen, doch es wird viel darum gestritten. Es scheint so, als ob mit Ausnahme bestimmter Gebete oder Segnungen nur der höchste Priester, der *Kohen Gadol,* nach einer Reihe von Reinigungsritualen den Namen zehn Mal rezitierte, und das auch nur an *Yom Kippur.*«

»Wie kann ein Name so viel Macht haben?«

»Du klingst wie Alice im Wunderland, wenn du so fragst. Als Alice Humpty Dumpty fragt, warum ein Name so wichtig ist, antwortet er: ›Mein Name drückt die Form aus, die *ich bin.*‹ Kapierst du es langsam?«

Phil fing an, den verträumten Blick zu kriegen, den ich

schon an ihm kannte, wenn er seine Erläuterungen mit bunten Metaphern aus *Alice im Wunderland* oder *Der Herr der Ringe* auszuschmücken begann. Doch glücklicherweise fing er sich wieder und sprach weiter: »In der Kabbala steht: ›ICH BIN mein Name‹; das legt den Gedanken nahe, dass die Macht Gottes in seinem Namen liegt. In seinem wahren Namen, dem ICH BIN, dem Tetragrammaton. In der *Advaita Vedanta* der Hindus gilt das ICH BIN als eine Abstraktion des Geistes im zustandslosen Zustand, der absoluten, höchsten Wirklichkeit.«

»*Parabrahman.*«

»Genau ..., reines Bewusstsein. In den *Mahavakyas,* den vier großen Sprüchen der *Advaita,* klingt das ICH BIN DAS im *Tat Tvam Asi* an, was mit ›Du bist das‹ übersetzt wird. Es ist eine der großen Aussagen des vedantischen Hinduismus, und es gibt noch mehr Parallelen. Das englische Wort *that* (dt.: *der, die, das)* stammt vom Sanskrit-Wort *tat* ab, das bedeutet: ›grenzenlos‹. Wir sind grenzenlos, nur eingeschränkt durch unsere begrenzenden Überzeugungen.«

»Ja, ich weiß. Und Jesus sagte: ›Alles, um was ihr in meinem Namen bittet, werde ich tun.‹ Er ging im Johannes-Evangelium sogar so weit, sich mit dem ICH BIN zu identifizieren. Er begriff die Macht eines Namens und konnte sie nutzen, um Wunder zu bewirken. Er wurde einige Male fast gesteinigt, weil er ›ICH BIN‹ sagte. Damit berief sich Jesus auf die Macht in Gottes Namen – und dass er eins ist mit Gott, was natürlich die Quelle alles Wissens und aller Weisheit ist.«

»Jetzt möchte ich, dass du dir die Buchstaben des Tetragrammatons anschaust.« Phil schrieb sie auf. »Auf Hebräisch heißen sie: Yod He Waw He. Fällt dir etwas auf?«

Ich konnte nichts Besonderes entdecken. »Was meinst du?«

»Unter diesen Buchstaben gibt es einen, der das größte Schöpfungspotenzial enthalten soll. Wir sprachen schon davon.«

Jetzt sah ich es. »Natürlich, das Yod. Der erste Buchstabe ist ein Yod, das Komma.«

»Genau, dein Komma aus dem Moses-Code. Es ist der erste Buchstabe des Tetragrammatons, des unaussprechlichen persönlichen Namens Gottes, den viele für den höchsten Namen Gottes halten und der laut dem großen Kabbalisten und Philosophen Moses Maimonides sein einzig angemessener Name ist. In Jesaja 42,8 steht: ›Ich bin JHWH, dies ist mein Name‹, und in Exodus 6,3 sagt Gott, dass er Abraham, Isaak und Jakob als *El Shaddai* erschienen sei, das heißt ›Gott, der Allmächtige‹, doch dass er ihnen nicht unter seinem Namen *Jahwe* bekannt gewesen sei. Vielleicht weil Gott mit diesem Namen seinen Bund mit Israel besiegelte, was erst nach der Zeit der Patriarchen geschah. Jedenfalls soll das Tetragrammaton die ursprüngliche Schwingung der gesamten manifesten Existenz enthalten, und das Yod ist die erste Schwingung der Schöpfung. Das Yod ist das Tor zum schöpferischen Feuer, aus dem alles geboren wird und in das alle Dinge unausweichlich zurückkehren – ein fundamentaler Schlüssel zu vielen Mysterien der Schöpfung, vielleicht sogar zu den Geheimnissen Gottes. Aber es gibt noch andere, viele andere Namen, die von großer Kraft und Bedeutung sind, und dahin geht unsere Reise jetzt.«

»Ich dachte immer, dass auf Hebräisch der heiligste Name Gottes das EHYEH ASHER EHYEH sei, der Name, der Moses am brennenden Dornbusch übermittelt wurde«, wandte ich etwas verwirrt ein.

»Das stimmt.«

»Und doch hat Gott noch andere Namen?«

»Das stimmt auch«, bestätigte Phil. Er lächelte und sah aus wie jemand, der gleich ein langwieriges Rätsel aufzulösen gedenkt. »Viele andere Namen. Bedenke, dass die wahre Essenz Gottes transzendent ist, unfassbar, unbeschreiblich. Denk doch mal: Auch du hast mehr als einen Namen, je nachdem, um welches Maß an Nähe es geht oder welche Eigenschaften du in dir zum Ausdruck bringen möchtest. Ich nenne dich ›Jimmy‹, und das klingt ganz anders, als wenn ich ›James‹ zu dir sagen würde. Wenn du in der Öffentlichkeit auftrittst, wenn du Bücher signierst, dann unterschreibst du mit ›James‹, aber deine Freunde nennen dich ›Jimmy‹. Merkst du, wie diese beiden Namen einen Einfluss darauf haben, wie du dich verhältst und wie du reagierst – und ebenso, wie andere Leute auf dich reagieren?«

»Wenn man es von der Seite betrachtet ...«

»Das Wundervolle an den vielen Namen Gottes ist, dass jeder Name einen anderen Aspekt repräsentiert – nicht nur von Gott, sondern auch von uns. In gewisser Weise sind die Namen ein *offenbarter* Aspekt Gottes. Das sich entfaltende Wissen um Gottes Gegenwart wird durch uns offenbar, wenn wir Gott mehr kennen und seine Gegenwart durch die Anwendung dieser Namen zum Ausdruck bringen. Durch diese Übersetzungen der göttlichen Emanationen des grenzenlosen Lichts des *En Sof*[5] macht sich Gott uns bekannt.«

»Ich bin mir nicht sicher, ob ich dich verstehe, Phil. Ich weiß, dass wir uns in dieser Welt gern durch unsere Beziehungen zu anderen identifizieren. Ich dachte immer, dass das mit dem Ego zu tun hat.«

»Du kannst dir das so vorstellen: Wenn wir eins sind mit Gott – oder Verkörperungen Gottes, wie auch immer

---

[5] Auch *Eyn Sof,* das heißt: »Es hat kein Ende.« (Anm. d. Red.)

du diesen Gedanken ausdrücken möchtest –, dann lässt sich nichts über das Göttliche sagen, das nicht auch auf uns zuträfe. Die unzähligen Namen Gottes zeigen uns, wer wir sind. Sie offenbaren uns Aspekte unserer Wahrheit, die uns durch die Beschränkungen unseres egoistischen Geistes verborgen waren.«

»Kannst du ein bisschen deutlicher sagen, was du mit *Ego* meinst? Die Leute verstehen alles Mögliche darunter.«

»Aus kabbalistischer Sicht gilt das Ego als das Verlangen nach Genuss für einen selbst, ohne Rücksicht auf andere. Das ist das Entscheidende. Es ist ein Gewand, das unsere Seele trägt und das unser göttlich inspiriertes Wesen verschleiert. Diese Schleier werden auch mit Vorhängen verglichen, die das Licht Gottes aussperren.«

»Ich mag die Interpretation, dass Ego das Akronym ist für ›**E**dging **G**od **O**ut‹, also: ›Gott an den Rand drängen‹«, fügte ich hinzu. »Ich halte das für sehr passend. Das Ego ist der Teil von uns, der allein und isoliert sein will, weil es meint, dass wir dann stärker seien. Das kann natürlich nicht wahr sein, aber das Ego schert sich nicht sehr um Wahrheit. Seine Logik ist oft ziemlich schräg. Es meint, dass die Akzeptanz der Wahrheit ein Opfer verlange. Doch nichts braucht aufgegeben zu werden, um *alles* zu sein. Das einzige Problem liegt im Hirngespinst, alles aufzugeben. Verstehst du, was ich meine?«

»Durchaus.«

»Und der erste Name, den Gott Moses gab, scheint darauf hinzuweisen«, erklärte ich weiter. »Gott sagte zu Moses, dass alles eins ist und dass wir alle in dieser Einheit enthalten sind. Warum braucht man dann noch andere Namen?«

»Ich will dir ein Beispiel aus dem kabbalistischen *Zohar* erzählen, dem ›Buch des Glanzes‹. Darin steht die Geschichte von Rabbi Eleazar, dem talmudischen Weisen des zweiten Jahrhunderts. Er lebte zusammen mit seinem Vater, dem ebenfalls berühmten Rabbi Simeon, den ich bereits erwähnte.[6] Eines Tages bat Eleazar seinen Vater, ihm die Worte EHYEH ASHER EHYEH zu erklären. Rabbi Simeon antwortete mit den Worten: ›Eleazar, mein Sohn, siehe: Alles ist verbunden in einem Ding, und das Mysterium dieses Dings ist EHYEH ASHER EHYEH. Es enthält alles ..., die Summe von allem, des Verborgenen und des nicht Offenbarten.‹ Das EHYEH gilt in der Kabbala also als der erste unter den heiligen Namen Gottes. Dann kam im zwölften Jahrhundert Maimonides, der die *Zurechtweisung der Verwirrten* schrieb. Er sprach von etwas, das er ›die absolute Einheit Gottes‹ nannte, und versuchte, die vielen göttlichen Namen, die im Alten Testament erwähnt werden, mit dieser absoluten Einheit zu verbinden. Er glaubte, dass das Tetragrammaton YHWH der einzig rechte Name Gottes sei. Selbst innerhalb der kabbalistischen Lehre gibt es also verschiedene Ansichten, doch letztlich geht es immer wieder darum, uns selbst als göttliche, heilige Funken zu begreifen, die nach göttlicher Vereinigung streben, nach dem *Hieros Gamos,* der ultimativen Verbindung zwischen unserem menschlichen und unserem göttlichen Wesen ..., nach einer vollkommenen Beziehung zu Gott.«

»Phil, du hast erwähnt, dass es aus kabbalistischer Sicht viele Namen Gottes gibt, aber du hast auch gesagt, dass das Tetragrammaton der höchste sei. Stammen alle anderen aus dem ersten?«

»Es mag wahr sein, dass alle Namen im heiligsten Namen enthalten sind, doch bestimmte Namen sind Schlüssel, die etwas in uns öffnen, sodass die Gnade in Form göttlicher

---

[6] Siehe S.37: Simeon bar Yohai. (Anm. d. Red.)

Qualitäten in uns und durch uns in die Welt der Formen fließen kann. Das Ironische daran ist, dass wir diese göttlichen Qualitäten bereits in uns tragen. Wir müssen sie nur wieder in unser Bewusstsein holen.«

»Du hast mir auch gesagt, im nächsten Teil unserer Reise gehe es darum, zu lernen, die verschiedenen Namen auf machtvolle Weise einzusetzen.«

»Das habe ich nicht gesagt«, hielt Phil dagegen und seine Stimmung wechselte sofort. »Die Namen Gottes sind nicht dafür da, um Macht auszuüben, jedenfalls nicht um ihrer selbst willen. Das ist unangemessen und möglicherweise sogar gefährlich. Immer wieder hat es irregeleitete Einzelpersonen und Gruppen gegeben, die das probiert haben. Doch die Verwendung der heiligen Namen um der eigenen Macht willen und nicht zum Wohl anderer führt immer in die falsche Richtung. Das ist der Weg des Egos, nicht der Seele. Ich habe dir ja schon erklärt, dass das Ego aus kabbalistischer Sicht nur nach selbstsüchtigem Vergnügen strebt. Das hat eben zum großen Teil zum sogenannten Sündenfall geführt. Wir streben hier nach einem anderen Gebrauch der verschiedenen Namen; wir streben nach einer Gnade, die allen Wesen dient. Ich sagte dir ja schon, wir haben hier eine Aufgabe, aber es geht nicht darum, mächtig zu sein.« Phils Worte klangen härter, als er es wahrscheinlich beabsichtigte.

Ich hatte gar nicht gemeint, dass wir Macht um unserer selbst willen ausüben würden. Er schien das auch zu merken und entspannte sich wieder. »Tut mir leid, dass das so aus mir herausgebrochen ist«, sagte er und wandte sich ab. »Das hier ist eine ernste Angelegenheit, und wenn sie erfolgreich sein soll, müssen wir sie in der richtigen Haltung angehen – man nennt das *Kavanah*.«

»Ich weiß eigentlich gar nicht, was für eine Haltung ich habe, weil ich nicht genau weiß, worum es geht«, gab ich zu.

»Du wirst es schon noch verstehen. In den nächsten Tagen wird alles sehr klar werden.«

»Wie meinst du das?«

»Denkst du, ich bin den ganzen Weg hierher gereist, um dir einen Crashkurs in Kabbala-Weisheit zu geben?« Phil wandte sich mir wieder zu und lächelte. »Du weißt, wohin wir fahren. Nach Paris. Dort soll das Werk geschehen.«

»Was für ein Werk?«

»Es heißt, dass die göttlichen Namen Vehikel der Offenbarung sind, der persönlichen Offenbarung, denn durch den rechten Gebrauch der Namen öffnen sich Tore in dir, und die Gegenwart Gottes kann sich durch dich manifestieren. Wenn du den Namen gemeistert hast, hast du die spirituelle Kraft gemeistert, die sich durch diesen Namen manifestiert. Du kannst zu dem werden, was die Alten einen *Ba'alei Shem* nannten, einen ›Meister der Namen‹. Aber zuerst musst du deinen eigenen Namen meistern.«

»Was bedeutet das: ›meinen eigenen Namen meistern‹?«

»Deine Arbeit mit dem Moses-Code hat dazu beigetragen, dass sich Menschen für eine neue Ebene der Offenbarung öffnen konnten, was dem Wohl der gesamten Menschheit dient. Paris gehört zu den magischsten Städten der Welt. Mir wurde gesagt, dass hier zu dieser Zeit Dinge möglich sind wie nirgends sonst. Ich kann dir nur sagen, dass wir auf unserer Reise von einer besonderen Gruppe spiritueller Krieger begleitet werden.«

»Spirituelle Krieger?«, wiederholte ich mit etwas spitzer Stimme. »Sag mir mehr darüber! Das wird ja echt immer interessanter.«

»Ja, es ist wirklich interessant. Ich spreche von den Tempelrittern. Unter den Schätzen, die sie bei ihren Ausgrabungen im zwölften Jahrhundert unter dem Tempelberg geborgen haben, waren auch Baupläne.«

»Baupläne?«

»Werkpläne, mit deren Hilfe die Steinmetze jener Zeit so großartige Bauwerke wie die gotischen Kathedralen errichten konnten. Diese Tempel der göttlichen Wissenschaft wurden erbaut, um mit bestimmten Bewusstseinsformen in Resonanz zu gehen. Eine Aufgabe dieser energetischen Strukturen lag darin, bestimmte Formen empfindungsfähiger Intelligenz anzuziehen und in sich zu bergen, die, soweit ich weiß, niemals frei auf der Erde herumwandern sollten. Das war eine heilige Mission, das versichere ich dir. Die dahinterstehende Absicht war ehrwürdig, doch selbst die besten Pläne der Menschen ..., nun, sagen wir: Es gab unvorhergesehene Folgewirkungen.«

»Hat das mit den Engeln und Dämonen zu tun, von denen du sprachst?«

»Ja, aber nicht so, wie du denkst. Wir fahren nicht nach Paris, um mit Dämonen zu kämpfen und mit Engeln zu tanzen, oder umgekehrt. Es geht um etwas ganz anderes und viel Wichtigeres.« Er schwieg nun eine ganze Weile.

»Nämlich um was?«, bohrte ich schließlich nach.

»Das ist noch nicht entschieden. Ich warte auf ein Zeichen. Wenn es kommt, werden wir beide Bescheid wissen.«

»Ein weiteres Zeichen?«

»Ja, etwas, das uns zeigt, was als Nächstes geschehen wird. Ich bin nicht sicher, was es sein wird oder wie es sich zeigt. Es könnte etwas völlig anderes sein, als wir beide uns vorstellen können. Du meinst, wir fahren nach Paris, um Engel und Dämonen zu befreien, aber darum geht es nicht. Die Verwendung der heiligen Namen – und das werden wir tun – befreit vielmehr den Willen. Sie befreit dich, nicht sie. Die Namen öffnen Siegel in dir, sodass die Gnade in dich und durch dich in die Welt fließen kann, wo sie ein Feld der Liebe erzeugt, welches das Potenzial hat, alles und jeden zu befreien, der mit ihm in Kontakt kommt. Ich habe immer geglaubt, dass das Tönen der heiligen Namen im Raum-Zeit-Gewebe Tunnel erzeugt, Wurmlöcher. Durch sie kann der Atem des Heiligen Geistes aus der Welt der Fantasie und der Imagination in diese Welt fließen.«

»Eine Brücke zwischen Himmel und Erde.«

»So könnte man das sehen. Genauer gesagt: zwischen Erde und Himmel. Darum geht es in der Kabbala und in allen höheren Werken: Brücken bauen. Jeder Name, den wir anrufen, wird wie eine Sprosse in der Leiter sein – einer Himmelsleiter, wenn du so willst. Und wenn wir diese Brücke richtig errichten, mit genug Integrität, dann wird sich zwischen den Dimensionen eine Tür öffnen, durch die wir alle in eine schöne neue Welt übergehen können, eine Welt erweiterter Möglichkeiten, erfüllt von einer Liebe, die keine irdischen Begrenzungen mehr kennt. Es fängt in Paris an, aber wir können unmöglich wissen, wohin es uns letztlich führt.«

Der Zug beschleunigte noch einmal, genauso wie das Momentum unserer Reise mehr Tempo zu gewinnen schien. Es war unmöglich, anzuhalten oder umzukehren. Was immer uns in Paris erwartete, ob Engel oder Dämonen oder beides: Uns blieb nichts, als vorwärtszugehen.

4

Die Gosse war voll stinkendem Morast. Eine Bande kleiner indischer Kinder im Alter zwischen fünf und zehn Jahren jagte lachend an mir vorüber, um einen dreckigen Ball zu erhaschen. Ihre Freude bildete einen merkwürdigen Kontrast zu dieser schrecklichen Umgebung. Eine mindestens achtzigjährige Frau trat hinter einer kaputten Tür hervor und schüttelte einen fadenscheinigen Teppich aus. Staub und Schmutz wirbelten durch die Luft, sodass ich mein Gesicht verdeckte, um ihn nicht einzuatmen. Ich wollte auf die andere Straßenseite, bemerkte in diesem Moment jedoch nicht den Mann mittleren Alters, der hinter mir ging und dem ich damit abrupt in den Weg trat. Er wich seitwärts aus und lächelte mir zu, als wäre nichts gewesen.

»Tut mir leid, Entschuldigung«, murmelte ich.

»Namaste«, erwiderte er und legte seine Hände in Gebetshaltung zusammen. Dann ging er lächelnd weiter.

Vor mir sah ich einen kleinen Tempel und wusste: Das war mein Ziel. In diesem Augenblick wurde mir auch klar, dass ich träumte. Ich befand mich in Indien, doch das erschien mir nicht ungewöhnlich. Ich sollte dort jemandem begegnen – aber wem und warum? Ich hatte auch das Gefühl, dass dies kein gewöhnlicher Traum war und dass meine Anwesenheit dort einen verborgenen Sinn hatte. Rasch schritt ich auf den Tempel zu – in dem Wissen, dass die Antworten auf alle meine Fragen im Innen liegen.

Als ich mich näherte, rannten drei Ratten durch ein Loch in der Wand. Der Anblick ließ mich frösteln, ich wurde noch vorsichtiger. Die Tür war unerwartet kunstvoll gearbeitet, voll geschnitzter Hindu-Götter, die ich nicht kannte. Drei dieser Figuren befanden sich in einer Art tantrischer Umarmung, beobachtet von Affen, die hinter Säulen und Bäumen hervorlugten. Die anderen Götter saßen in meditativer Haltung auf dem Boden, ohne das amouröse Verhalten ihrer Kollegen zu beachten. Ich berührte die Tür und spürte das raue Holz und die uralten Figuren. Obwohl meine Berührung nur ganz sanft war, schwang die Tür auf, als wären ihre Angeln perfekt geölt.

Sofort umhüllte mich der Duft von süßem Weihrauch und lockte mich in den dunklen Eingang. Als zöge ein Magnet meinen Körper vorwärts, blieb mir gar keine andere Wahl, als einen Fuß vor den anderen zu setzen. Nach einer kleinen Linksbiegung kam ich in die Haupthalle des Tempels. Der Anblick war Ehrfurcht gebietend: ein von Blumen übersäter Altar, farbenfroher als alles, was ich je gesehen hatte, und entlang der Wände Bronzestatuen aus allen Religionen der Welt. Jede Statue schien ihren eigenen Altar zu haben. Meine Aufmerksamkeit wurde sofort von der Statue der Heiligen Mutter angezogen; ich sah, dass vor ihr eine winzige Nonne kniete und betete. Ihr Kopf war vornüber gebeugt. Ich ging, so leise ich konnte, um sie nicht zu stören, doch der knarrende Holzfußboden verriet mich.

»Ich habe auf dich gewartet«, sagte eine Stimme. Ich war mir erst nicht sicher, aber die Worte schienen von der Nonne zu kommen. Sie hatte einen deutlichen Akzent, den ich nicht einordnen konnte. Irgendwas an ihr kam mir jedoch bekannt vor.

»Sie haben auf mich gewartet?«, fragte ich mit leiser Stimme.

Die Nonne sammelte ihre Kräfte, um aufzustehen. »Natürlich. Warum sollte ich sonst hier sein?«

In diesem Augenblick sah ich ihr Gesicht. Mir blieb vor Staunen der Mund offen stehen.

»Mutter Theresa?«, rief ich überrascht. »Was machen Sie denn hier? Warum sollten Sie auf mich warten?«

Mit drei Schritten kam sie auf mich zu und stand plötzlich auf wundersame Weise direkt vor mir. »Wir müssen uns unterhalten.« Sie griff nach meiner Hand und führte mich in eine Ecke, wo eine lange Bank an der Wand stand. Sie bedeutete mir, mich zu setzen, und ließ sich neben mir nieder. »Du brauchst ein paar Informationen und ich möchte sie dir vermitteln.«

»Informationen?« Ich versuchte zu verstehen, was hier geschah.

»Ja, entscheidende Informationen. Dir steht eine Reise bevor, die das Potenzial birgt, entweder die Aufgabe deiner Seele noch klarer zu bestimmen oder dich von innen her zu zerstören. Du hast machtvolle Verbündete an deiner Seite, aber auch Gegner. Du musst lernen, zu unterscheiden, welche gesandt wurden, um dir zu helfen, und welche dich ablenken wollen.«

»Mutter, ich bin so froh, dass Sie hier sind und mir helfen wollen, aber ich habe keine Ahnung, was Sie meinen. Soll das heißen, die Reise, auf der ich mit Phil bin, sei gefährlich? Versucht uns jemand abzuhalten?«

»Nicht *jemand*«, antwortete sie mit ernster Stimme. »*Etwas.* Du wirst Kräften begegnen, die du nie zuvor gesehen oder gekannt hast. Diese Kräfte wollen dir nichts Böses. Sie wollen nur bewahren, was sie immer beschützt haben. Du bist derjenige, der es entwenden könnte, und die Kräfte wissen das. Deswegen bin ich hier: um dir zu raten, dich zu schützen.«

Ihre Worte jagten mir Furcht ein, und obwohl ich wusste, dass ich träumte, fühlte es sich sehr wirklich an, als würde mir etwas mitgeteilt, das mein Leben retten könnte. »Was meinen Sie mit den Kräften und dass sie bewahren wollen, was sie immer beschützt haben?«

»Es gibt Energien – besser kann ich sie nicht beschreiben –, die das Licht fürchten, weil sie meinen, dass sie nicht an der liebevollen Fürsorge der Ewigkeit teilhaben. Sie tun alles, um weiterhin verborgen zu bleiben, weil sie davon überzeugt sind, dass sie bestraft werden, sobald man sie entdeckt. Was du vorhast, wird offenlegen, wo sie verborgen sind, und sie könnten zuschlagen, um das zu vermeiden.«

»Ich verstehe nicht ganz, wovon Sie sprechen; deshalb weiß ich auch nicht recht, was ich tun könnte.«

Die Mutter lächelte und nahm wieder meine Hand. »Deine Liebe wird dein Schutzschild sein. Dein Licht und deine Absicht werden dich leiten. Ich bin hier, um dir das zu sagen. Vertraue deinem Licht, lass dich bei jedem Schritt von deiner Liebe leiten. Wenn du das tust, wirst du unverletzlich sein. Doch wenn du Angst bekommst, wird dein Licht gedämpft und du wirst hilflos sein. Dann können sie angreifen und du bist verloren.«

»Es geht um Paris«, sagte ich, denn ich erinnerte mich plötzlich, wo ich sein würde, sobald ich aufwachte.

»Es geht um dich und darum, wozu du in Paris bist.« Sie erhob sich. »Bitte erinnere dich an das, was ich dir gesagt habe. Fürchte dich nicht, was immer passiert. Lass dich von deiner Liebe leiten, und alles wird sich so entfalten, wie es soll.« Sie begann, zu der Statue zurückzugehen, wo ich sie betend angetroffen hatte.

»Mutter …!«, rief ich, aber sie schien durch eine kleine Tür hinter der Statue zu entschwinden.

Ich stand auf und fragte mich, was ich als Nächstes tun sollte. Sekunden später kam ein Junge in den Tempel gerannt, den ich zuvor bei den spielenden Kindern gesehen hatte. »Mister, kommen Sie mit mir – bitte, schnell!« Er packte meine Hand und zog mich zur Tür hinaus ins pralle Sonnenlicht. Er zog fast schneller, als ich laufen konnte, die Straße hinab und um die Ecke in eine kleine Gasse hinein. Andere rannten an uns vorbei in die entgegengesetzte Richtung, alles schien in Panik zu sein, und ich fragte mich, wo es wohl hinging und warum.

»Kommen Sie, sonst ist es zu spät!«, rief der Junge, während wir in ein Gebäude eilten und eine kurze Treppe hinaufliefen. Verschiedene Gerüche strömten auf mich ein, Currygerichte, brennendes Holz. Ich fragte mich, ob vielleicht das Haus Feuer gefangen hatte; das würde erklären, dass die anderen von diesem Ort weggerannt waren.

Schließlich gelangten wir zu einer Tür, und der Junge öffnete sie. Zuerst erblickte ich mehrere Frauen, die sich weinend vor- und zurückwiegten. Eine von ihnen bemerkte uns und wandte sich um. Dadurch konnte ich sehen, um wen sich alle versammelt hatten: Eine junge Frau, vielleicht Mitte zwanzig, lag auf einer schmalen Bettstatt. Sie war mitten in den Wehen, der Schweiß rann ihr über das schmale Gesicht. Irgendetwas lief offenbar schief. Die Frau, die uns zuerst gesehen hatte, kam schnell auf mich zu und griff nach meiner Hand, die bisher von dem Jungen festgehalten worden war. »Kommen Sie bitte her ..., bitte, tun Sie etwas, um ihr zu helfen!«

Bevor ich mich versah, stand ich neben dem Lager. Die schwangere Frau schaute mit verzweifeltem Blick zu mir auf. Sie war nackt und ihr Bauch, der mit jedem Atemzug auf- und abwogte, erschien mir schrecklich unnormal. Die anderen wiesen auf die Frau und schauten mich bittend an.

»Was soll ich denn tun?«, fragte ich. »Ich weiß nicht, was hier los ist.«

Der Junge trat vor. »Helfen Sie ihr, das Baby zu gebären. Sie sind uns gesandt worden. Sie müssen ihr helfen, das Kind zu gebären.«

»Aber warum? Was soll ich tun? Ich habe keine Ahnung!«

»Vertraue auf das, was du weißt«, stieß die schwangere Frau zwischen ihren schweren Atemzügen mit schwacher Stimme hervor. Das Sprechen bereitete ihr große Mühe. »Das Licht wird dich führen ..., du wirst es wissen.«

Mir brach der Schweiß aus, meine Knie wurden weich. Ich wusste nicht, was sie meinte, und hatte keine Ahnung, was von mir erwartet wurde. Die junge Frau nahm meine Hand und legte sie auf ihren gewölbten Bauch. Augenblicklich spürte ich das Kind darin gegen meine Hand stoßen, als wollte es verzweifelt ins Freie. »Vertraue auf das, was du weißt«, flüsterte sie.

Ich atmete tief ein und ließ meine Hand über ihre Haut streifen, in der Hoffnung, einen Impuls zu empfangen. Nichts. Ich schaute zu dem Jungen. Er lächelte mich an und für einen Augenblick legte sich meine Verwirrung. Ich lehnte mich vor und hielt meinen Mund in die Nähe ihrer Leibesmitte. Zunächst wusste ich nicht genau, was ich tun würde, aber dann war es mir ganz klar. Ich öffnete den Mund und ließ die Worte herausfließen: »EHYEH ASHER EHYEH«, tönte ich sanft. »EHYEH ASHER EHYEH. ICH BIN DER ICH BIN. ICH BIN DER ICH BIN ...[7]

Ich sang diesen Satz immer wieder, bis sich der Bauch der Gebärenden zu entspannen begann. Plötzlich entstand eine

[7] Im Englischen heißt es hier also: I AM THAT, I AM. I AM THAT, I AM ...

Bewegungswelle, als würde die Luft aus einem Ballon gelassen.

»Es geht ..., es geht!«, rief der Junge, und auf dem Gesicht der jungen Frau zeichnete sich tiefe Erleichterung ab. Als ich den Schrei des Kindes hörte, sah ich nach unten. Eine der älteren Frauen wischte das Kind ab. Die anderen Frauen weinten nur noch lauter, aber diesmal vor Freude.

Der Junge nahm mich wieder an die Hand und führte mich vom Lager weg. »Ich habe ihnen gesagt, dass Sie das können! Ich wusste, dass Sie ihr helfen würden.«

»Was ist da gerade passiert?«, fragte ich ihn.

»Was meinen Sie? Das Kind lebt – weil Sie da waren. Anders konnte es nicht geschehen.«

»Ich weiß, dass ich da war, aber ich weiß trotzdem nicht, was ich getan habe. Mir kam der Name Gottes in den Sinn, also habe ich ihn gesungen. Dann spürte ich die Energie, und sie fuhr durch die Frau. Aber warum musste ich das tun? Warum konntest nicht du oder eine der Frauen das tun?«

»Ich weiß nicht, was Sie meinen«, erwiderte der Junge, »aber vielleicht versteht es der heilige Mann.«

»Von welchem Mann redest du?«

»Kommen Sie mit, ich führe Sie zu ihm.«

Er nahm wieder meine Hand und wir verließen den Raum. Ich schaute noch einmal zurück zu der jungen Mutter, die jetzt ihr Kind im Arm hielt, während die anderen die Mutter und das Baby liebevoll streichelten. Wir gingen wieder durch das Haus und die Stufen hinab.

Als wir ins Freie traten, befanden wir uns nicht mehr in Indien, sondern in einer Wüste. Die Sonne blendete, sodass ich meine Augen bedecken musste. In der Ferne hörte ich Stimmen – männliche Stimmen, in einer Sprache, die ich nicht verstand; sie klang zumindest semitisch, vielleicht war es Arabisch oder Hebräisch. Als sich meine Augen an das Licht gewöhnt hatten, sah ich, dass ich vor einer Art offenem Basar stand. Zeltplanen blähten sich im Wind, darunter boten Händler ihre Waren an. Der Duft von Parfüm und anderen Dingen lag in der Luft. Ich wandte mich um und schaute direkt in die Augen eines Kamels. Der Junge war verschwunden.

Ich ging zum Markt. Ich verspürte Durst und suchte etwas zu trinken. Eine Stimme von hinten erschreckte mich ein wenig. »Du bist früh dran.« Ich drehte mich um und erblickte einen älteren Juden, dessen helle Augen mich anstrahlten. Unter dem langen schwarz-grauen Bart erkannte ich ein Lächeln. Um die Schultern des Mannes lag ein weißer Gebetsschal.

»Wo bin ich?«

»Du bist in der heiligen Stadt Jerusalem. Wie kann es sein, dass du nicht weißt, wo du bist? Man sagte mir, du seist ein kluger Mann.«

Ich versuchte zu verstehen, was hier geschah. »Und Ihr, wer seid Ihr?«

»Mein Name ist Eleazar. Eleazar ben Durdia. Du kannst mich ›Rabbi‹ nennen, auch wenn ich nicht das Glück hatte, diesen Titel zu Lebzeiten zu erringen. Macht nichts. Ich bin gekommen, um dir Dinge zu erklären, damit du sie besser verstehst.«

»Was soll ich verstehen?«

»Zuerst musst du mir erklären, was du bis jetzt gelernt hast. Aber entschuldige bitte meine Manieren. Setz dich doch erst einmal. Wir lassen uns Tee bringen.«

Hinter uns stand ein niedriger runder Holztisch, um den bunte Kissen auf alten Teppichen angeordnet waren. Wir ließen uns auf die Kissen nieder. Ein Mann näherte sich.

Eleazar flüsterte ihm etwas ins Ohr, woraufhin der Mann in der Menge verschwand.

»Ihr möchtet, dass ich Euch erzähle, was ich bis jetzt gelernt habe?«, fragte ich. »Das ist eine sehr große Frage und ich weiß nicht recht, wo ich anfangen soll.«

»Beginne mit dem Anfang«, riet er mir. »Das ist doch ein logischer Punkt, meinst du nicht? Erzähl mir, was du über den Namen weißt.«

»Den Namen?«

»Ja, *Ha Schem* – oder genauer gesagt: *Schem ha-Meforesch*, den ›Namen der Namen‹.«

»Ihr meint den heiligen Namen?«

»Alle Namen sind heilig. Ja, über den Namen, den du für den heiligsten hältst. Sag mir, was du dazu meinst.«

Ich wartete einen Augenblick, in der Hoffnung, dass mir irgendeine Inspiration zuflöge. Nach einer Weile schaute mich der Mann an, als würde er langsam ungeduldig. »Also gut, ich weiß, dass es viele Namen gibt, aber der erste Name, der Moses von Gott gegeben wurde, EHYEH ASHER EHYEH, muss wohl der wichtigste sein, richtig?«

»Hmm«, knurrte Eleazar. »Deine Aussprache ist furchtbar. Aber wie auch immer – was hat Gott wohl gemeint, als er seinen Namen offenbarte?«

»Er sagte Moses, dass in allen Dingen Göttlichkeit ist und dass daher alle Dinge göttlich sind.«

»*Oy vez mir!*« Eleazar wiegte sein Haupt hin und her und sah in den Himmel. »Dafür würdest du der Gotteslästerung bezichtigt. Man kann nicht eins sein mit dem Göttlichen, solange man auf der Erde ist ... Das wird zumindest gesagt.« Einen Augenblick lang erinnerte mich das Blinzeln in seinen Augen an Phil. »Hier glaubt man, dass Gott Gott ist und Mensch Mensch. Die beiden sind voneinander getrennt und nicht gleich.« Aber dann beugte er sich vor und lächelte mich an. »Zumindest lautet so die Lehre. Aber wer kann schon wirklich wissen, was Gottes Wille ist? Weder du noch ich. Der Wille Gottes ist unerforschlich. Gott hat sein ewiges Licht verhüllt, damit die Welt entstehen konnte, doch der Mensch verfügt über die Fähigkeit, seine Quelle zu entdecken, den Sinn seiner Schöpfung.«

»Und der ist …?«

»Aus dem Zustand des Exils in den niederen Welten zurückzukehren«, erklärte Eleazar mit dramatischer Stimme. »Aber ich eile mir voraus. Wir sind alle Gottes heilige Funken, die nach Erlösung streben. Zur Zeit des *Tikkun* werden Gottes heilige Funken zur Einheit zurückkehren, aus der sie vor der Erschaffung der Welt gefallen sind. Dies wird in der Kabbala gelehrt und dies ist die Hoffnung der Menschheit. Schau mich an. Ich war einer der größten Sünder, die es je gab. Man sagte, dass es keine Hure gab, bei der ich nicht gelegen hätte. Doch nur wenig wird verstanden. Ich bat um Gnade und weinte mich zu Tode. In meinem Tod erfuhr ich Gnade … Nun, das braucht nicht dein Weg zu sein. Lass die Gelehrten über die Nützlichkeit meines Todes und die Lektionen meines Lebens streiten. Dein Freund wird dir mehr erklären. Ich kehrte zurück in die Gnade – und ihr werdet es auch. Sie wird euch zu der Vereinigung führen, nach der ihr euch so sehnt. Ich weiß es nicht sicher, aber ich kann hoffen.«

»Wir alle können hoffen, Rabbi«, bestätigte ich ihm. »Ich hoffe, dass ich endlich verstehen werde, worum es in diesem Traum geht. Er wandert von einer Szene zur nächsten und scheint keinen Sinn zu ergeben.«

»Aber sicher ergibt er einen Sinn, mein Sohn. Denk darüber nach! Jeder Teil hat einen anderen Aspekt von dir zum

Vorschein gebracht und dich etwas gelehrt. Die Nonne aus Kalkutta lehrte dich ...?«

»... dass die Liebe mein Schutzschild ist.«

»Richtig, sehr gut. Und die Mutter, die in den Wehen lag: Du hast ihr geholfen ...?«

»... indem ich den heiligen Namen sang.«

»Und jetzt bist du hier bei mir. Was meinst du, will dir das sagen?«

»Ich habe wirklich keine Ahnung.«

»Denk nach, mein Sohn. Es gibt eine Verbindung zwischen alldem – die Essenz aller drei Teile.«

Ich überlegte eine Weile und fragte mich: Für was steht Mutter Theresa? Für bedingungslose Liebe, Dienst am Nächsten, Liebe. Und die junge Frau in Wehen? Sie lag im Sterben. Ich tönte den Namen über ihrem ungeborenen Kind, das schließlich ohne Schmerzen zur Welt kam ... »Ich würde sagen: Gnade. Sie steht im Mittelpunkt jeder dieser Erfahrungen. Selbst hier, wo ich mit euch sitze.«

»Und was sagt dir diese Gnade?«

Ich weiß nicht, woher meine nächsten Gedanken kamen. Sie schienen nicht aus meinem Geist zu stammen, sondern von irgendwo weit her zu mir zu gelangen, doch sie fühlten sich wahr an, auch wenn ich ihren Sinn nicht vollständig begriff. »Die Gnade sagt mir, dass alles in göttlicher Ordnung ist. Sie sagt mir: Auch wenn alles aus dem Gleichgewicht geraten und kurz vor der Katastrophe zu stehen scheint, geschieht doch Gottes Wille, vollkommen und in jedem Augenblick.«

»Es ist alles im EHYEH enthalten, im ICH BIN«, bestätigte Rabbi Eleazar meine Worte. »Gott ist in jedem Augenblick, in jeder Situation, in jedem Menschen und jedem Wesen, sei es Engel oder Dämon. Alles ist in Gott, wie du bereits sagtest. Du musst dich daran erinnern. Was auch immer geschieht, du musst dich erinnern, dass Gott der Mittelpunkt all dessen ist. Wir können die Unendlichkeit Gottes noch nicht voll begreifen, weil Gott sein Licht beschränkte, damit die Schöpfung stattfinden konnte. Aber wisse, dass Gott im Zentrum ist, und das Zentrum ist überall. Solange du das weißt, kann dir nichts geschehen.«

»Bin ich in Gefahr? Meint Ihr das?«

»Was ist Gefahr? Ich kann dir sagen, dass dich nichts von dem trennen kann, was du bist. Ich kann dir sagen, dass du mutig sein musst wie ein Krieger, der zur Schlacht in ein fremdes Land zieht. Dinge werden geschehen, ja, aber ich kann nicht noch mehr erklären, weil du es bis jetzt nicht verstehen würdest. Du wirst sie vielleicht nicht einmal verstehen, während sie sich ereignen, aber du wirst wissen, dass Gott im Zentrum steht. Halte dich daran und alles wird gut gehen.«

»Ich fange an, mich zu fürchten«, gab ich zu.

»Ich weiß, mein Sohn, aber euch werden mächtige Verbündete zur Seite stehen, genau wie die Heilige von Kalkutta gesagt hat. Der zu dir gesandt wurde, wird wissen, was zu tun ist. Ich bin auch zu ihm gekommen, aber er erinnert sich nicht daran. Ich werde wieder zu dir kommen. Wir werden uns hier treffen. Und denk daran: Es gibt eine Thora, die für die Augen der Menschen unsichtbar ist. Folge dem Pfad des Yod; er wird dir zeigen, wie Anfang und Ende verbunden sind. Höre inzwischen auf ihn und tue, worum er dich bittet – egal, wie es dir erscheinen mag.«

»Meint Ihr Phil?«

Doch der Traum begann zu verblassen. Ich konnte fühlen, wie sich der Tisch, an dem wir saßen, in den Tiefen meiner Imagination verlor. Sekunden später setzte ich mich senkrecht im Bett auf.

5

Die Morgensonne strömte durchs Fenster und der Lärm von der Straße machte es schwer, weiterzudösen. Ich schaute mich im Zimmer um. Mein Blick landete bei einem merkwürdigen Bild: Ein Mann mittleren Alters wurde von einem langen Speer aufgespießt, den eine Frau hielt; Blut strömte aus ihren Augen. Ich brauchte einen Augenblick, um mich zu orientieren: Ich befand mich in der Wohnung, die Phil für uns mitten im Pariser Viertel Montmartre gemietet hatte, wo sich auch das berühmte Moulin Rouge befindet. Überall in der Wohnung hingen die seltsamsten und groteskesten Gemälde und Fotografien, die ich je gesehen hatte, ergänzt durch bizarre, sexuell aufgeladene Skulpturen, die vom Bruder der Besitzerin gefertigt worden waren.

Mein Schlafzimmer war winzig. Ich konnte Phil im anderen Zimmer hören; offenbar telefonierte er mit seiner Freundin Sharmiila in Australien. Überrascht bemerkte ich, dass alle Details meines Traums glasklar in meinem Bewusstsein standen. Sie schienen immun zu sein gegen die sanfte Verklärung, die ich sonst von meinen Träumen gewohnt bin.

Doch meine Gespräche mit Mutter Theresa und Rabbi Eleazar waren mir Wort für Wort gegenwärtig, und ich wollte Phil möglichst schnell davon erzählen.

»Guten Morgen«, sagte ich, als ich in sein Zimmer trat. Er hatte gerade aufgelegt und goss sich eine merkwürdige grüne

Flüssigkeit in einen Becher. Ich wollte gar nicht genau wissen, was es war.

»Wie hast du geschlafen?« Der Tonfall seiner Frage ließ mich vermuten, dass er die Antwort bereits kannte, doch ich hatte schon vor Jahren aufgehört, zu versuchen, Phils Hintergedanken zu ergründen. Er war in seiner Art einfach ungewöhnlich und unberechenbar.

»Ich weiß nicht genau. Ich glaube, ich habe gut geschlafen, aber ich hatte einen Traum ...«

»Gut! Das hatte ich gehofft. Erzähl mir davon.«

Ich erklärte alles, so gut ich konnte. Phil hörte genau zu, als ich ihm von dem Tempel und meiner Begegnung mit Mutter Theresa erzählte und dann von der gebärenden Frau und all den merkwürdigen Einzelheiten dort. Bevor ich zu der Episode mit dem Rabbi kam, unterbrach er mich jedoch.

»Soll ich dir den Rest erzählen?«, fragte er.

Ich war verblüfft. »Kannst du das? Hast du das Gleiche geträumt?«

»Ja und nein«, erwiderte er. »Du warst auf einem Marktplatz oder etwas dergleichen in einer alten Stadt in der Wüste, glaube ich. Dann warst du in einer Art Café. Ich kann darin niedrige kleine Tische sehen, um die bunte Kissen drapiert sind. Du hast da mit einem alten Mann gesessen, einem Rabbi, glaube ich.«

»Das stimmt alles. Und was hat er mir erzählt?«

»Keine Ahnung, worüber ihr geredet habt«, erklärte er. »Ich sah die ganze Szene von der anderen Straßenseite aus. Ich war dort wie angewurzelt, ich konnte mich nicht vom Fleck rühren. Ich weiß nicht warum, aber ich dachte noch, ich sei wohl irgendwie in deinen Traum geraten.«

»Das ist erstaunlich! Aber du konntest nicht zu uns kommen?«

»Nein. Ich sah euch da sitzen und reden, aber es war mir unmöglich, näher zu kommen. Was hat der alte Mann zu dir gesagt?«

Ich erzählte ihm von Rabbi Eleazar und allem, was ich erfahren hatte. »Ist ein ziemlich interessanter Typ. Stimmt es, dass er ein berüchtigter Zuhälter war?«

»Der ist mehr als interessant«, meinte Phil und trank einen Schluck aus seinem Becher, was ihm einen dünnen grünen Schnurrbart verpasste. »Eleazar ben Durdia galt als großer Sünder. Doch seine Reue am Ende seines Lebens brachte ihm einen Platz in der kommenden Welt ein. Er weinte sich zu Tode; das half ihm, zu der Gnade zu finden, nach der er sich so sehnte. Erst nach seinem Tod verlieh man ihm den Titel ›Rabbi‹, wegen der großen Lehren, die er uns hinterlassen hat.«

»Und die wären?«

»Er hat uns gelehrt, dass jeder von uns der Erlösung würdig ist – auf Hebräisch heißt das *Teschuva*, die ›Rückkehr zu Gott‹.«

»Er sagte, dass alles, was wir tun werden, im ersten Namen enthalten ist, den Gott Moses gab: EHYEH ASHER EHYEH. Wir sprachen über Paris und dass du und ich hier etwas zu tun hätten. Er scheint auch überzeugt, dass wir aufpassen müssen, weil diese Sache potenziell gefährlich ist – wie du schon gesagt hast –, aber dass der Name uns schützen werde.«

»*Die* Namen«, berichtigte Phil.

»Was meinst du?«

»Nicht nur ein Name, sondern zehn, die den *Sephirot*[8] oder göttlichen Emanationen im kabbalistischen ›Baum des Lebens‹ entsprechen. EHYEH ASHER EHYEH ist einer davon, vielleicht der wichtigste, doch auch die anderen sind bedeutend. Ich glaube, dies ist das Zeichen, auf das ich gewartet habe, weil es uns zeigt, dass wir auf der richtigen Spur sind.«

»Du weißt also bereits, was wir tun werden?«, hakte ich nach.

»Ich hatte eine Idee«, antwortete er, »aber ich wusste, dass noch etwas geschehen musste, um meinen Verdacht zu bestätigen. Dein Traum ist diese Bestätigung. Alles was Mutter Theresa zu dir gesagt hat und was sie über die Verbündeten und die Gegner erzählt hat, die uns hier in Paris begegnen könnten, war genau richtig. Es wird welche geben, die dieses Werk vollbracht sehen möchten, und andere, die es verhindern wollen. Sie sind dagegen, weil sie vor den Konsequenzen Angst haben. Jene, die in der Welt der Schatten leben, fürchten immer das Licht, obwohl es sie befreien könnte. Mutter Theresa sagte auch, dass unser größter Schutz die Liebe sei und dass wir immer darauf vertrauen sollten.«

»Und die Gebärende?«

---

[8] *Sephirot* (auch *Sephiroth, Sefirot, Sefiroth;* Singular: *Sephira = Ziffer*): Im Hebräischen die Zahlen von 1 bis 10. In der kabbalistischen Zahlenlehre – siehe zuerst im *Sefer Jezira,* dem ›Buch der Schöpfung‹ – bezeichnen die *Sephirot* die zehn Emanationen aus dem göttlichen Einen *(En Sof),* in denen die Gottheit in ihren unterschiedlichen schöpferischen Aspekten offenbar wird (z.B. Weisheit, Gnade, Gerechtigkeit, Pracht, Ewigkeit, Majestät, Herrschaft usw.). Die *Sephirot* bzw. Emanationen werden in Form eines Baumes angeordnet und sind durch insgesamt 22 Pfade miteinander verbunden. (Quelle: Brockhaus-Enzyklopädie in 24 Bänden; eine Abbildung des Lebensbaums siehe z.B. bei Wikipedia unter dem Stichwort »Sephiroth«; Anm. d. Red.)

»Die Gebärende ist auch sehr bedeutsam. In der Welt geschieht derzeit eine große Geburt – besser gesagt: eine Wiedergeburt, und der Wehenschmerz dieser neuen Geburt mag überwältigend erscheinen. Manchmal fühlt es sich an, als würden wir alle vergehen und als könnte die Menschheit diesen Übergang nicht schaffen. Wir stemmen uns dagegen, weil wir keine Veränderung wollen. Wir befinden uns in der kritischsten Phase unserer Zeit als verkörperte Seelen. Wir müssen uns verändern, wenn wir uns weiterentwickeln wollen, aber für viele Menschen ist das eine furchterregende Sache, weil sie nicht wissen, was auf sie zukommt. Doch es gibt etwas, das unseren Übergang in das nächste Goldene Zeitalter leichter und sanfter machen könnte.«

»Die Namen Gottes?«, vermutete ich.

»Eher die Gegenwart Gottes, die durch den rechten Gebrauch der Namen Gottes hervorgerufen werden kann. Nochmals: Was wir hier vorhaben, wird nicht durch einen Namen, sondern durch zehn Namen erwirkt. Es gibt viele heilige Namen, die alle verschiedene Aspekte des Göttlichen repräsentieren. Wie Rabbi Simeon erklärte: Alles ist in *einem* verbunden, und dieses eine ist EHYEH. Doch dies ist nur einer der Namen, die wir verwenden werden; andere spiegeln andere göttliche Qualitäten oder andere Aspekte des schöpferischen Feuers wider. Vielleicht ist es jetzt Zeit, dass ich dir genauer erkläre, was wir in den paar Tagen tun werden.«

»Ja!«, rief ich begeistert und erleichtert. »Das ist eine großartige Idee.«

»Ich weiß nicht genau, wie ich das am besten beschreiben soll, aber alles sagt mir, dass dies der beste Ort ist, an dem wir uns zurzeit befinden können. Keine andere Stadt der Welt hat im Hinblick auf unser Vorhaben so viel zu bieten wie Paris. Ich habe gehört, dass Isis die Schutzgöttin von Paris ist und dass das Wort ›Paris‹ von *Para Isidos* abstammt, das bedeutet ›nahe dem Tempel der Isis‹.«

»Gibt es einen Isis-Tempel hier bei Paris?«, fragte ich.

»Jetzt, wo du fragst, fällt mir ein, dass dort, wo heute die Kirche Saint-Germain-des-Prés steht, einst eine Isis-Statue gestanden haben soll.«

»Irgendwie überrascht es mich nicht mehr, dass du das auch weißt.«

»Dabei ist Überraschung doch eine wundervolle Erfahrung, findest du nicht?«

»Wie lange beschäftigst du dich schon mit dieser Sache?«, fragte ich, ohne auf seine Frage einzugehen.

»Länger, als ich zugeben möchte.«

»Also gut, dann sag mir, was wir tun werden.«

Phil setzte sich mir gegenüber auf einen Stuhl und holte tief Luft. Jetzt würde er mir endlich den ganzen Sinn und Zweck unserer Unternehmung erklären, und das Abenteuer würde richtig losgehen. »Nun gut, ich weiß, du hast diesen Augenblick sehnlichst erwartet. Fangen wir also an! Es gibt bestimmte Orte in Paris – Kirchen, Kathedralen, sogar ein Park –, in denen gewisse Energien gefangen sind ..., man könnte sagen: wie Geiseln festgehalten werden. In manchen Fällen, weil dort schreckliche Ereignisse stattgefunden haben, in anderen, weil genau das die Absicht der Baumeister war, wie ich dir schon im Zug erzählt habe. Erinnerst du dich?«

»Ja, sprich weiter.«

»Gut. Ich habe dir erklärt, dass die architektonische Geometrie vieler dieser Gebäude absichtlich oder unabsichtlich bestimmte Kräfte gebunden hat, bis sie sicher wieder an ihren angemessenen Platz geschickt werden können.«

»Ich verstehe nicht ganz.«

»Weißt du noch, was ich über die Tempelritter gesagt habe und über die Geheimnisse, die sie angeblich kannten?«

»Ich weiß nicht, um welche Geheimnisse es hier ging, aber ich habe so etwas gehört, auch von dir.«

»Manche dieser Geheimnisse sind in der Geometrie der Kirchen und Kathedralen verschlüsselt, die nach den Plänen der Templer errichtet wurden – viele davon genau hier in Paris.«

»Was sollten diese Geheimnisse bewirken, wozu sind sie da?«

»Nun, durch bestimmte Symbole, die in die Architektur dieser Gebäude eingearbeitet sind, werden starke Wellenmuster oder stehende Wellenfelder erzeugt, die wie Star-Trek-Tractor-Strahlen wirken. Sie ziehen bestimmte nicht inkarnierte Wesenheiten an und halten sie fest. Ein stark vergröbertes Beispiel dafür wäre …«

»Wie die Motten zum Licht müssen?«

»Ich dachte eher an diese modernen Insektenfallen, die einen Ton oder Geruch verbreiten. Du sitzt doch ständig in Flugzeugen, Jimmy, du kennst die doch sicher aus den Bordmagazinen?«

»Ich suche in der Regel nicht nach schicken Mausefallen«, erwiderte ich lächelnd.

»Genau, Mausefallen – jetzt wo du es sagst! Der Geruch des Käses ›fängt‹ die Maus ein; sie kann nicht anders, als sich dorthin zu bewegen. Mit diesen Wesenheiten ist es ähnlich. Wenn eines dieser Wesen mit einem geometrischen Symbol oder einem Code in Resonanz steht, kann es sich nicht dagegen wehren, dorthin gezogen zu werden. Und einmal festgehalten, kann es jahrhunderte-, jahrtausendelang nicht mehr entfliehen. Und da beginnt die Geschichte, haarig zu werden.«

»Du meinst, noch merkwürdiger?« Ich versuchte, die Atmosphäre etwas aufzulockern.

»Viel merkwürdiger«, fuhr Phil ungerührt fort. »In manchen Fällen richten sich die gefangenen Wesenheiten sozusagen häuslich ein; sie strahlen enormen Einfluss aus und verzerren damit den ursprünglichen Sinn des Ortes. Manchmal kontrollieren sie ihn auch komplett.«

»Ich glaube, ich fange an, zu verstehen. Angenommen, eine Kathedrale wurde zu Ehren der heiligen Muttergottes erbaut, und die Geometrie der Architektur hält eine Art von Geist oder Wesenheit oder, wie du sagst, dimensionalisierten Bewusstseins dort fest, dann passiert es, dass dieses Wesen sich diesen Ort aneignet. Die Leute kommen zur Kirche, um zu beten oder sie zu bewundern, und begegnen dort diesem Geist, ohne es zu merken. Ich glaube, ich habe so etwas schon mal gehört oder gelesen.«

»Manchmal ist es nur eine Schwingung, die jemand wahrnimmt. Ich bin sicher, du hast so etwas auch schon selbst erlebt.«

»Sind es alles negative Wesen?«, fragte ich.

»Überhaupt nicht!« Phil lachte. »Manche von ihnen sind sehr positive, äußerst gütige Engelwesen. Aber wenn sie von diesem Ort nicht wegkommen, können sie die Bestimmung ihrer Seele nicht erfüllen. Gleichzeitig stören sie den Sinn des Ortes, insbesondere jene, die den Ort hüten und bewahren. Die große Nähe zu solchen Energien kann einen schwierigen Einfluss haben. Deswegen ist es manchmal nötig, ihnen zu helfen, dort fortzukommen, damit sich alle befreit weiterentwickeln können.«

»Es klingt ein bisschen wie geometrischer Exorzismus.«

»Nein, Jimmy, jedenfalls nicht, wie du denkst. Du hast doch den Film *Der Exorzist* gesehen, oder?«

»Ja, das war einer der am meisten furchterregenden Filme, die je gemacht wurden.«

»Erinnerst du dich, was die Priester immer und immer wieder sagten, wenn sie das Ritual durchführten?«

»Ich glaube, so etwas wie: ›Der Geist Christi zwingt dich ..., die Macht Christi ...‹«

»Ja, genau!« Phil wurde noch aufgeregter. »Und was ist die Macht Christi oder Gottes – wo meinst du, ist diese Macht konzentriert?«

Ich dachte einen Moment lang nach, unsicher, wohin er mich lenken wollte. »Ich würde sagen, sie ist im Namen Gottes zu finden, im EHYEH ASHER EHYEH.«

»Richtig. Die Macht Gottes ... – sie ist es letztlich, die ein Exorzist einsetzt, um einen dämonischen Geist zu bezwingen –, die Macht Gottes also ist in einem oder mehreren Namen Gottes zu finden. Viele der Exorzismus-Rituale verwenden heilige Namen, um sogenannte Dämonen zu verjagen. Meistens ist es ›Im Namen des Heiligen Geistes‹ oder ›Im Namen von so und so‹. Du siehst, die Macht der Namen zu verwenden ist eine komplexe Geschichte. Deswegen werden die Namen relativ selten eingesetzt.«

»Ich weiß nicht viel über Exorzismus, aber was du sagst, klingt sinnvoll. Wenn der Name Gottes die Macht hat, Welten zu erschaffen und Wunder zu bewirken, dann kann er alles.«

»Und genau das werden wir tun.«

»Was meinst du?«

»Die zehn Orte, die wir hier in Paris aufsuchen, sind seit vielen Jahren Teil meiner Nachforschungen. Viele von ihnen stammen auf die eine oder andere Weise von den Templern oder haben eine Verbindung zu ihnen. Die Templer sind wichtig, weil sie zu ihrer Zeit viel Macht hatten und über viele Geheimnisse verfügten. Das verlieh ihnen weltliche und okkulte Macht. Zum größten Teil nutzten sie diese Macht mit Klugheit und Intelligenz. Doch wie es manchmal so geht, entwickelten sich die Dinge anders, oder es gab unerwartete Konsequenzen. Die Templer hätten wahrscheinlich gewusst, wie man diese Dinge korrigiert, doch sie sind nicht mehr da. Die Kirche hat sie vernichtet, zumindest wird das behauptet. Doch jetzt sind wir hier und wir werden das Werk beenden.«

»Welches Werk werden wir beenden?«, hakte ich nach. »Spielen wir mit den Geistern von Paris ›Ghostbuster‹?«

»So ähnlich.« Phil lächelte. »Vielleicht wirkt es so, als ob ich die Dinge etwas dramatisierte. Aber es ist mir ernst. Wir werden ein paar sehr machtvolle Namen verwenden, um Energien freizusetzen, die an diesen Orten festgehalten werden – manche von ihnen schon seit sehr langer Zeit –, damit sich ihre Bestimmung erfüllen kann. Das Ergebnis könnte weiter reichen, als wir uns vorstellen mögen, sowohl für diese Orte als auch für die Welt.«

»Wir werden also durch Paris laufen und an all diesen verschiedenen Orten irgendwelche bizarren Rituale durchführen?«, fragte ich, als wäre die Sache möglicherweise ein Witz.

»Bizarr? Nein. Aber im Prinzip hast du recht.«

»Aber wird das nicht ein bisschen merkwürdig aussehen? Wir können nicht einfach in die Kirchen marschieren, mit Weihrauch wedeln und in Zungen reden. Das ist zu abgedreht, selbst für deine Maßstäbe.«

»Es klingt vielleicht abgedreht, aber dazu sind wir hier. Wir sind nicht nach Paris gefahren, um auf den Eiffelturm zu klettern; wir sind hier, um etwas zu vollbringen, das die ganze Welt beeinflussen könnte. Wir werden versuchen, einige schreckliche Verkehrtheiten zu berichtigen, und zwar mithilfe der machtvollsten Kraft, die es gibt: der Gegenwart Gottes. Tut mir leid, wenn du dir etwas anderes vorgestellt hast, aber das ist der Grund unseres Hierseins.«

»Aber du musst zugeben, dass das alles sehr seltsam klingt«, sagte ich zu ihm.

»Nicht seltsamer als vieles andere, was wir auf unseren Reisen erlebt haben. Denk doch nur: Wenn wir erfolgreich sind, könnten wir zu enormen Transformationen beitragen – in uns selbst und in der Welt. Ich rede über ziemlich wundersame Dinge.«

»Und wenn wir nicht erfolgreich sind?«

»Ehrlich gesagt habe ich über diese Möglichkeit nicht wirklich nachgedacht.« Phil lehnte sich im Sitzen zurück.

»Vielleicht sollten wir jetzt darüber nachdenken. Was, meinst du, könnte geschehen?«

»Nun, schwer zu sagen. Ich denke, es wäre möglich, dass uns alles um die Ohren fliegt.«

»Was heißt das?« Ich wurde nervöser. »Wie sähe das aus?«

»Das kann keiner wissen. Ich sagte ja bereits, dass manche dieser Wesenheiten seit Jahrhunderten festgehalten werden, vielleicht seit Äonen. Wir werden eine enorme Menge von Licht in ihre Richtung senden.«

»Du jagst mir Angst ein.«

»Fürchte dich nicht. Wie Mutter Theresa sagte: Die Liebe wird unser Schutzschild sein – und ihrer. Wir können uns darauf verlassen, dass wir beschützt sind.«

»Ich kann nur hoffen, dass du recht hast.«

»Wir beide können das nur hoffen.« Phil erhob sich. »Weißt du, was als Einziges nicht der Büchse der Pandora entschlüpfte, zumindest nicht zuerst?

»Ich weiß es«, antwortete ich. »Die Hoffnung.«

»Richtig, Hoffnung bleibt immer. Also, bist du bereit?«

»Bereit für was?«

»Bereit, anzufangen. Es gibt keinen Grund, noch länger zu warten. Ich würde vorschlagen, wir begeben uns zum ersten Ort.«

»Du verplemperst wirklich keine Zeit«, erwiderte ich. »Müssen wir uns nicht vorbereiten? Brauchen wir keine Werkzeuge oder Instrumente?«

»Was für Werkzeuge würdest du empfehlen?«

»Keine Ahnung! Ich mache das schließlich zum ersten Mal.«

»Ich auch.«

Als Phil diese Worte sprach, erhob ich mich gerade von meinem Stuhl. Fast hätte ich das Gleichgewicht verloren. »Machst du Witze?« Ich schrie ihn fast an. »Du hast das noch nie gemacht?«

»Meines Wissens wurde das, was wir vorhaben, noch nie getan, jedenfalls seit der Erschaffung der Welt. Deswegen ist es ja so spannend.«

Bevor ich weitere Fragen stellen konnte, war er schon zur Tür hinaus.

»Wohin gehen wir?«, fragte ich, als ich ihn einholte.

»An viele Orte – aber erst, nachdem wir Crêpes gegessen haben. Wir können nichts weiter unternehmen, bevor wir nicht unsere Geschmacksknospen gekitzelt haben.«

»Warum das? Gibt es etwa einen tiefen, metaphysischen Grund dafür, dass man erst Crêpes essen muss, bevor man in Paris die Kirchen und Kathedralen exorzieren kann?«

»Nicht direkt.« Phil grinste. »Ich liebe einfach Crêpes und nirgendwo schmecken sie besser als in Paris. Zum einen können wir diese Arbeit nicht auf leeren Magen machen, und zum anderen liegt eine sehr gute Crêperie direkt auf unserem Weg.«

»Und wohin führt der?«

»Nachdem wir gegessen haben, gehen wir zu einem meiner Lieblingsorte in Paris: Sacré Coeur, die Basilika des Heiligen Herzens. Dort wird unser Abenteuer beginnen.«

Der Weg die Treppe hinab glich einem Spießrutenlauf, vorbei an merkwürdigen Fruchtbarkeitsskulpturen und Fetischen, Bildern gequälter Seelen und Dämonen und einem höchst seltsamen Bild von Rhett Butler und Scarlett O'Hara. Ich versuchte, nicht hinzusehen, weil ich fürchtete, dass mich das Gruseln überkommen könnte, bevor wir unsere Arbeit überhaupt begonnen hatten.

Innerhalb von Sekunden waren wir aus dem Haus. Phil schritt flott aus, sodass ich fast joggen musste, um mitzukommen. Der Morgen war kalt und nass, Phil zog seine rote Baskenkappe tief in die Stirn, um sich vor dem Regen zu schützen. In seinem Rucksack schleppte er mehrere Notizblöcke und ein Buch mit sich; ich fragte mich, ob sie wohl voll mit alten Formeln zum Umgang mit dämonischen Kräften waren.

»Gleich hier um die Ecke!«, rief er mir über die Schulter zu. Er sprang in ein kleines Café, in dem ich die eiserne Crêpes-Pfanne schon durchs Fenster sehen konnte. Wir setzten uns an einen der hinteren Tische. Ich nahm an, dass Phil mich jetzt auf unseren ersten Ort vorbereiten würde. Sobald wir saßen, nahm er einen der Notizblöcke hervor und öffnete ihn.

»Du hast gesagt, dass wir zehn Orte besuchen«, sagte ich, nachdem ich mich gesetzt hatte. »Warum?«

»Sag du es mir. Wie hat dieser Teil der Reise für dich begonnen?«

»Ich weiß nicht genau, welchen Teil du meinst.«

»Was war für dich der Auslöser für deine Nachforschungen, nachdem *Der Moses-Code* anlief?«

»Das Yod. Ich begriff, dass das Mysterium viel tiefer war, als ich zuerst gedacht hatte, und ich wollte mehr wissen. Deswegen habe ich mit dir Kontakt aufgenommen.«

»Genau. Und für welche Zahl steht das Yod?«

»Zahl?«

»Ja«, antwortete er ungeduldig. »Seine Position im hebräischen Alphabet, sein gematrischer Wert. Erinnerst du dich, welche Zahl das ist?«

»Ja, zehn, glaube ich. Stimmt das?«

»Ja sicher. Das ist einer der Gründe, weshalb wir zehn Orte aufsuchen. Es gibt andere wichtige Gründe; sie werden im Lauf der Reise deutlich werden. Du erinnerst dich, dass das Yod für den Finger steht, der den Weg zeigt – die geöffnete und die geschlossene Hand Gottes. Es ist buchstäblich der Samen vom Baum des Lebens. So kommt die göttliche Inspiration in die Welt. Es ist die Pause zwischen dem Atem Gottes und dem Atem des Menschen. Verstehst du? Das Yod ist mit unserer Aufgabe tief verwoben.«

»Und wie werden wir die Namen Gottes verwenden, um zu erreichen, was immer wir erreichen wollen?« Während ich sprach, trat die Kellnerin an unseren Tisch. Mir wurde plötzlich klar, wie wenig ich über unsere sogenannte Aufgabe wusste. Ich wusste: Alles, was ich in mir fühlte, vielleicht sogar alles, was ich bis zu diesem Zeitpunkt erlebt hatte, hatte mich hierher geführt. Einen Moment lang überlegte ich, ob es verrückt war, Phil nach Paris zu folgen und mit ihm Gott weiß was zu tun. Er sollte eigentlich bei seiner Schwester sein und sich erholen. Und was war mit meinem Traum? Ließ ich mich gerade auf irgendwelche merkwürdige Täuschungen ein?

»Wir werden die Namen Gottes nicht verwenden«, sagte Phil, nachdem wir bestellt hatten. »Sie werden uns verwenden.«

»Und wie das?«, fragte ich.

»Wir werden zu Kanälen, durch die sich das Bewusstsein der heiligen Namen manifestieren kann. Wir werden sie verwenden, um von innen zu transformieren, wie ich bereits sagte, und der Rest wird sich von allein ereignen.«

»Also gut.« Ich war immer noch verwirrt. »Wir tun also eigentlich nichts weiter, als in den Kirchen Namen zu tönen?«

»Doch, sehr viel mehr als das. Die Namen werden eine Reihe von Tunneln eröffnen, Wurmlöcher im Raum-Zeit-Gewebe. Durch sie kann alles Mögliche geschehen.«

»Ich stelle meine Frage noch einmal neu: Wie werden die Namen uns verwenden?«

»Wir werden Instrumente des Friedens sein«, antwortete Phil und nahm einen Schluck von dem Cappuccino, den ihm die Kellnerin gebracht hatte. »Wie Gott sich durch die Verwendung der Namen durch uns manifestieren wird, können wir nicht wissen. Vieles ist jenseits unseres Begriffsvermögens, aber lass uns noch ein wenig über die heiligen Namen reden und wie wir sie verwenden können. Im Rahmen dieses Gesprächs wollen wir uns an die sieben Arten des Gebrauchs dieser göttlichen Ausdrucksformen halten, die der Gelehrte und Orientalist Doktor J.J. Hurtak in seinem Buch *Die Zweiundsiebzig Lebendigen Göttlichen Namen des Allerhöchsten* aufführt. Er hat auch *Die Schlüssel des Enoch* geschrieben. Du solltest das verstehen, bevor wir anfangen.«

Unsere Crêpes wurden serviert, doch Phil ließ sich nicht aufhalten. »Zunächst initiiert die Verwendung der heiligen Namen eine starke Verbindung mit Gott oder Gottvater. Dadurch ist unsere spirituelle Identität mit der höchsten aller Ebenen verbunden.«

»Nach meinem Verständnis ist diese Verbindung nie unterbrochen worden«, fügte ich ein. »Wäre es nicht richtiger, zu sagen, dass wir uns einer Verbindung bewusst werden, die bereits vorhanden ist?«

»Ja, die rechte Verwendung der Namen hilft, sich dieser ewigen Verbindung bewusst zu werden.«

»Es ist, als ob du mit jemandem telefonierst, aber die Stimme oder die Gegenwart des anderen überhaupt nicht anerkennst. Da kann kein echtes Gespräch stattfinden. Du musst dich einlassen, erst dann können Informationen ausgetauscht werden, und das ist es, wonach wir streben: ein Fluss von Informationen, von Gnade. Das hast du doch gemeint, oder?«

»Genau. Zum Zweiten können die heiligen Namen für die Weiterentwicklung der Seele verwendet werden – im persönlichen Gebet und in Meditation –, um die Schleier zu lüften und die Tore zu öffnen. Darüber werde ich dir im Verlauf unserer Reise noch mehr erzählen.«

»Ich habe das Gefühl, ich sollte mir Notizen machen«, bemerkte ich.

»Mach dir keine Sorgen, dir wird alles wieder einfallen, wenn du es brauchst. Zum Dritten kann mit den heiligen Namen ein aktives Netzwerk erschaffen werden, durch welches das göttliche Licht wirken kann. Es hat zu allen Zeiten Individuen und Gruppen von Lichtarbeitern gegeben, die dies getan haben. Du hast sie die ›Boten des Lichts‹ genannt.«

»Die Boten haben es sehr ähnlich beschrieben«, fügte ich hinzu. »Sie meinten, ihre Arbeiten und Meditationen erzeugten eine Art spiritueller Quelle, durch die sich die Energie des göttlichen Lichts auf der ganzen Erde ausbreiten und jedes Lebewesen berühren kann. Das klingt doch ganz ähnlich wie das, was du erzählst.«

»Ja, das tut es. Der vierte und der fünfte Weg, die heiligen Namen zu nutzen, sind ganz ähnlich. Man kann sie sowohl in Gebeten für Heilung und Weltfrieden als auch in Zeiten planetarer Krisen verwenden, um mehr Licht und Liebe in die Welt zu rufen. Durch diese Art der Anrufung der Namen werden Kanäle erzeugt, durch welche die Heilung stattfinden kann, aber wir müssen es in Gang setzen. Wir bezeugen damit unseren Glauben an die Weisheit Gottes und unser Vertrauen, dass unsere Gebete nach dem Willen Gottes erhört werden. Verstehst du, was ich meine?«

»Ja«, erwiderte ich, »ich verstehe vollkommen.«

»Du kannst mithilfe der Namen auch das sogenannte spirituelle und physische Gewand schützen; das ist ein anderer Begriff für den Lichtkörper, der uns in jedem Augenblick umgibt. Die göttlichen Namen können buchstäblich eine Wand aus Licht errichten, und ich sage dir, das wird uns noch sehr nützlich sein. Auf unserer Reise werden wir verschiedenen Formen fühlender Wesen begegnen – physischer und nichtphysischer –, die sich zu diesem Licht hingezogen fühlen, weil sie sich davon Erlösung und Versöhnung erhoffen. Doch das größte Licht zieht auch die größte Dunkelheit an, wie du weißt. Deswegen ist es wichtig, dass wir uns zu schützen wissen, und der rechte Gebrauch der Namen ist unser größter Schutz.«

»Kapiert!«, rief ich, während ich versuchte, nicht den Überblick zu verlieren.

»Der letzte Weg, die heiligen Namen zu verwenden, besteht in der direkten Arbeit mit den Boten der Hierarchie sowie in der Unterscheidung der Hierarchien, wenn sie sich uns offenbaren.«

»Das klingt kompliziert.«

»Ist es eigentlich nicht. Der rechte Gebrauch der Namen kann dir zum Beispiel erlauben, direkt mit den Engeln zu arbeiten. Du könntest sagen, es ist die Fähigkeit, mit diesen

Wesen zu arbeiten und sie nicht mit dem Verstand, sondern mit der Seele zu begreifen. Überall um uns gibt es Formen fühlenden Bewusstseins, doch nicht alle von ihnen sind mit dem Willen Gottes im Einklang, wenn du verstehst, was ich meine. Es ist, als ob du jemanden auf der Straße nach dem Weg zu einem bestimmten Ort fragst. Nur weil er dir eine Antwort gibt, heißt das noch lange nicht, dass du dort ankommen wirst. Mancher mag den Weg kennen, andere nicht. Manche mögen *ihren* Weg kennen, aber nicht den *deinen*. Der rechte Gebrauch der heiligen Namen wird dich befähigen, besser zu unterscheiden, mit wem du es zu tun hast, wenn sich dir jemand offenbart – was zweifellos geschehen wird.«

»Das klingt sinnvoll«, meinte ich.

»Ich freue mich, das zu hören«, fuhr Phil fort. »Verzeih, dass ich mich so oft wiederhole, aber es ist ungeheuer wichtig, dass wir, oder wer auch immer, die Namen nur mit höchster Integrität und Makellosigkeit verwenden. Es muss mit Ehrfurcht und Achtung vor den großen Lehrern und Weisen, die vor uns kamen, geschehen, mit reinem Geist und angemessener Vorbereitung, spiritueller Reife und Selbstprüfung. Wir müssen uns bewusst sein, dass wir Teil eines größeren Ganzen sind, bei dem es um fortwährende Weiterentwicklung und letztlich um die Erlösung der Seele geht. Wie ich dir schon sagte, wirkt die Geometrie und Architektur dieser Tempel auf viele verschiedene spirituelle Energien anziehend, auf positive und negative. Das Tönen der Namen kann, sagen wir mal, weniger entwickelte Bewusstseinsformen oder spirituelle Energien anziehen. Sie können jedoch ins Licht geschickt werden, durch die interdimensionalen Kanäle, welche die Welten verbinden, die sich zu diesem kritischsten Zeitpunkt unseres Daseins als verkörperte Seelen öffnen.«

Die Sache begann sich für mich wieder zu verwirren. »Warte mal ..., das war eine ganze Menge. Kannst du das wiederholen – vielleicht so, dass ich es besser verstehe?«

»Hör zu, Jimmy, es gibt in der geometrischen Architektur viele dieser Orte, die wir besuchen werden, Codes und Formeln, die absichtsvoll platziert wurden. Die Erbauer hatten ein recht umfangreiches, aber in manchen Aspekten eben doch begrenztes Wissen über die höheren spirituellen Gesetze und Übungen. Ich werde dir im Lauf dieser Tage viele dieser Codes und Formeln zeigen. Sie sind für alle sichtbar; die Leute schauen sie sich jeden Tag an, ohne zu wissen, dass es sich dabei um interdimensionale Tore handelt. Zum Beispiel wirst du oft an ungewöhnlichen Stellen ein Templerkreuz oder ein anderes Symbol sehen. Manchmal dienen diese geomantischen Codes – oder *Geomantien,* wie man sie auch nennt – als Energiequellen. Sie laden andere Symbole oder Codes auf, wie Batterien. Wenn wir solche identifizieren können, können wir mithilfe der Namen die Programme auflösen oder unterbrechen. Natürlich erst, nachdem wir die Siegel in uns selbst aufgelöst haben. Das ist das eigentliche Geheimnis: es nicht im Außen zu versuchen, sondern es im Inneren zu tun.«

»Was tun diese Wesenheiten?«, fragte ich. »Sind sie gefährlich oder böse? Wenn sie seit Jahrhunderten dort sind, oder vielleicht sogar Jahrtausenden, wie du meinst ...«

»Die meisten von ihnen wollen überhaupt nichts Böses«, unterbrach mich Phil. »Sie sitzen einfach fest. Erinnere dich, dass manche dieser Wesenheiten eigentlich nie auf der Erde sein sollten. Sie wurden von fehlgeleiteten Seelen hergebracht, die in ihrem Streben nach Macht und Reichtum diese spirituellen Energien aus ihren heimatlichen Welten rissen und hierher verfrachteten, damit sie ihnen zu Diensten seien. Raum und Zeit überlappen sich, die Dimensionen überschneiden sich, und zum ersten Mal seit sehr langer Zeit öffnen sich Türen, die diesen verlorenen Seelen den Heimweg ermöglichen. Das ist ähnlich wie bei Menschen, die verstorben sind, aber nicht merken, dass sie tot sind, oder Seelen, die noch nicht bereit waren, zu gehen, und in ihrer Verwirrung an der Erde haften bleiben und viel Unfrieden stiften.«

»Du meinst wie Poltergeister oder Gespenster?«

»Genau.« Phil richtete sich auf und schaute mir gerade in die Augen. »Und dann gibt es Wesen oder spirituelle Kräfte, die an viele von diesen Orten gebunden sind, um noch ältere Geheimnisse zu hüten. Wir können nur hoffen, dass wir auf keine von ihnen treffen.«

»Und wenn es doch passiert?«, wollte ich wissen und schluckte.

»Hoffen wir einfach, dass es nicht geschieht. Das ist ein weiterer Punkt beim Gebrauch dieser Namen: Man muss offen sein für alles, was auch immer geschieht, denn es gibt immer einen höheren Sinn dahinter, auch wenn wir ihn nicht immer erkennen. Wir werden Instrumente sein, Instrumente des Friedens – die Rolle ist dir ja nicht ganz unbekannt –, und wir müssen wissen, dass wir von den höchsten Ebenen geschützt werden.«

»Das wollen wir hoffen«, merkte ich an. »Ich habe keine Lust, in den Kathedralen von Paris als Unglücksfall zu enden.«

Phil lächelte, aber er sah beunruhigt aus. Ich wusste, dass er genauso nervös war wie ich, als würden wir als Erste versuchen, mit einem Schiff den Ozean zu überqueren. Theoretisch war uns klar, was wir vorhatten. Aber in der Praxis war alles möglich – auch etliche furchterregende Situationen, die mir in diesem Augenblick durch den Sinn gingen.

6

Das Tetragrammaton

Die Stufen, die hinauf zu Sacré-Coeur, zur Basilika des Heiligen Herzens, führten, befanden sich direkt dem Café gegenüber. An der Seite stand ein kleines Karussell, das wegen des leichten Regens stillstand. Wir öffneten unsere Schirme und überquerten die Straße, wobei wir einige Touristengruppen überholten, denen in verschiedenen Sprachen die Geschichte des Ortes erzählt wurde. Wir erklommen die ersten Stufen und arbeiteten uns durch die Menge zur Kirche vor.

Am Eingang versammelten sich Paare und Gruppen. Wir drängten uns durch die riesigen Tore in die Basilika. Meine Augen mussten sich erst an das dämmrige Licht gewöhnen. Der Geruch von Weihrauch und brennenden Kerzen begleitete uns, als wir auf einen Seitenaltar zusteuerten, der von einer Statue des Erzengels Michael beherrscht wurde. Phil signalisierte mir, mich mit ihm in eine Ecke zu setzen, wo wir leise reden konnten, ohne dass uns jemand hörte.

»Ich möchte noch ein wenig über die Architektur dieser Kirchen reden«, begann er. »Wie ich bereits sagte, enthält die Geometrie dieser Kathedralen, genau wie die Kabbala, eine Menge an Wissen, was letztlich eine nähere, persönlichere Beziehung zu Gott fördern soll. Der Schwerpunkt der Kabbala auf Klang, Schwingung, Form und Zahlen soll den Schöpfungsprozess offenbaren – die geometrischen Formen und Muster, die jeden Akt der Schöpfung, des Wachstums und der Evolution aller manifestierten Formen der Natur spiegeln. Diese Muster werden auch in den Gebäuden und Strukturen heiliger Orte wie diesem wiederholt – mit keinem geringeren Ziel als der Transformation des Menschen in den Gott-Menschen, die ultimative Vereinigung mit unserer göttlichen Quelle. Den Templern war all dies sehr vertraut. Viele von ihnen wussten gut Bescheid über das System des planetarischen Gitternetzes, die geomagnetischen Korridore auf dem Planeten und die Energiewirbel, auf denen diese Kirchen und andere heilige Orte errichtet wurden. Ganz offensichtlich floss viel von diesem Wissen in die Errichtung von Kirchen wie dieser ein.«

Ich hatte am Eingang der Kirche eine Broschüre auf Englisch mitgenommen und einen Blick hineingeworfen. »Ich verstehe, was du sagst, aber hier steht, dass der Grundstein für diese Basilika erst 1875 gelegt wurde – also lange nach der Zeit der Templer.«

»Das ist richtig, aber es bedeutet nicht, dass ihre Konzepte und Philosophien nicht eingeflossen wären. Die Baumeister der Templer wussten, dass bestimmte geometrische Formen das Geheimnis offenbaren, wie das Göttliche in die Form hinabsteigt. Sie haben dieses Wissen weitergegeben. Sie wussten auch, dass der Missbrauch alter magischer Gebräuche zu vielen der Problemen führt, die wir jetzt beheben wollen. Letztlich sind diese Dinge jedoch nicht durch den Verstand zu begreifen. Sie müssen durch eine Integration von Herz und Seele betrachtet werden.«

»Kannst du mir ein Beispiel sagen?«, fragte ich mit leiser Stimme.

»Du kannst zum Beispiel nach Templerkreuzen Ausschau halten. Das ist eines der Zeichen, die sie hinterlassen haben, um ihren Einfluss zu zeigen. Man nennt es auch das *Croix Pattée* oder *Tatzenkreuz,* denn seine Balken laufen bogenartig und sich verbreiternd nach außen aus. Sie enden allerdings glatt, nicht eingekerbt wie beim Malteserkreuz.«

»Könnte man sagen, dass die gleich langen Arme des Kreuzes ein Symbol sind für die Bewegung der Energie zwischen den physischen Ebenen der Existenz (die Horizontale) und den spirituellen Ebenen (die Vertikale)?«

»Richtig«, bestätigte Phil. »Es fördert ein tieferes Verständnis, das sowohl bewusst als auch unbewusst ist. Man bekommt die Bedeutung auf mehreren Ebenen vermittelt. Es heißt, dass das Templerkreuz die Vereinigung der Gegenteile bedeutete, die Vereinigung von Männlichem und Weiblichem, vielleicht sogar die Verbreitung des wahren Evangeliums in die vier Himmelsrichtungen. Du kannst in dem Kreuz nur die allgemeine Form sehen, aber deine Seele versteht trotzdem die tiefere Bedeutung.«

»Das ist nur ein einfaches Beispiel. Es gibt viel komplexere. Eines ist die Verbindung zwischen dem Templerkreuz und den festen Zeichen des Tierkreises (Löwe, Stier, Skorpion und Wassermann) und deren Beziehung zu den vier Gestalten der Apokalypse. Das hat mit dem Ende aller Tage zu tun, mit dem Ende der Zeit. Ich schlage dir vor, nicht nur mit deinen physischen Augen nach diesen Zeichen zu suchen. Erspüre sie mit deiner Seele, dann kannst du die tieferen Lektionen erfassen.«

»Also gut, sagst du mir jetzt, was wir hier tun werden?«, fragte ich.

»Ich habe bestimmte Namen Gottes ausgewählt, in Abstimmung mit den *Sephirot* des kabbalistischen Lebensbaums, die nach meinem Empfinden zu den jeweiligen Orten passen. Ich glaube, alldem liegt ein Traum zugrunde, also etwas, das nicht ganz hier und nicht ganz da ist. Wir werden die Energie jedes Namens aktivieren und durch unser Gebet integrieren. Dadurch erzeugen wir ein kohärentes Feld, einen Einflussbereich, der, wie ich hoffe, bestimmte Portale erhellen wird, durch die diese Energien, die hier festgehalten wurden, wieder nach Hause finden. Dann werde ich dich deiner eigenen Führung überlassen. Denke dran, Jimmy, dieses Feld entsteht durch das Öffnen deines eigenen Herzens – durch die Gnade, die in dich und durch dich fließen wird, wenn du die Namen sprichst. Dir kann etwas widerfahren – oder auch nicht. Ich meine, wir müssen einfach dem vertrauen, was auftaucht, in dem Wissen, dass wir es so gut machen, wie wir können.«

»Du hast gesagt, wir machen eine Art Ritual, oder? Wird es so diskret vor sich gehen, dass wir nicht weiter auffallen?«

»Keine Sorge, wir werden nichts tun, was irgendwie auffällig wäre. Niemand wird ahnen, was wir hier tun, zumindest nicht bewusst. Aber sie werden es fühlen – ob sie sich dessen bewusst sind oder nicht.«

»Und was ist mit ... *jenen?*«, fragte ich.

»Jenen? Ach, du meinst die Engel und Dämonen? Das scheint dich ja ziemlich zu beschäftigen.«

»Sollte es das nicht? Du hast doch gesagt, uns könnte alles um die Ohren fliegen. Ja, das beschäftigt mich ein bisschen. Ich habe so etwas ja noch nie gemacht.«

»Vielleicht stimmt das gar nicht.«

»Wie meinst du das?«

»Ich habe so das Gefühl, dass wir so etwas schon mal gemacht haben, auf die eine oder andere Weise. Vielleicht waren wir sogar mitverantwortlich dafür, all dies zu erzeugen, und jetzt sind wir hier, um es wieder gutzumachen. Ich frage mich, wie viele Menschen dieser Tage wirklich die enorme schöpferische Kraft ihrer Gedanken begreifen. Wir sind hier, um mithilfe der Namen Gottes die Siegel in uns zu öffnen – um Kanäle zu sein, damit die Gnade in die Welt fließen kann. Der Wandel wird in unserem eigenen Bewusstsein und in unserer eigenen Schwingung beginnen. Das ermöglicht, dass es auch in anderen geschieht. Dies passiert ständig. Hast du zum Beispiel schon mal bemerkt, wie sich die Atmosphäre in einem Raum voll griesgrämiger Leute verändern kann, wenn ein wirklich gut gelaunter Mensch dazustößt?«

»Oder die schlechte Laune der anderen steckt ihn an. Kommt es nicht darauf an, wer stärker ist?«

»Nun, ja und nein«, gab Phil zu. »Es hängt vor allem davon ab, wie derjenige, der hinzukommt, seinen Fokus hält. Wir gehen in diese Sache mit weit mehr als nur einer guten Absicht. Wir bringen die Gnade, die Macht und die Energie dieser heiligen Namen mit uns. Sie alle sind Ausdruck erhabener Gedanken. Mit ihrer Hilfe werden wir eine enorme Kraft freisetzen – in uns selbst.«

»Erzähl mir noch mehr über das Ritual!«

»Es ist sehr einfach. Wie ich schon sagte, habe ich für jeden dieser Orte einen Namen ausgewählt. Der Name, den wir hier verwenden werden, ist der, über den wir bereits sprachen. Viele – und nicht nur Juden – halten ihn für den wichtigsten: das Tetragrammaton. Wir werden auf den Namen meditieren und ihn dann zwölf Mal rezitieren. Danach sagen wir jedes Mal: ›*En Sof*‹.«

»Du hast dieses Wort schon öfter erwähnt. Was bedeutet es noch mal?«

»Es bedeutet ›ohne Ende‹ oder ›grenzenlos‹«, erwiderte Phil. »Wir sprechen manchmal über das Licht von *En Sof*. Es heißt, vor der Erschaffung der Welt war der unendliche Raum vom Licht des *En* erfüllt. Wenn wir diesen Begriff so verwenden, verstärkt es das Licht und die Macht jedes göttlichen Namens und richtet eine noch stärkere Absicht in das Herz dieser heiligen Ausdrücke.«

»Und warum wiederholen wir sie zwölf Mal?«

»Dafür gibt es jede Menge Gründe. Die Zahl Zwölf hat eine enorme mystische, biblische, okkulte und besonders geometrische Bedeutung. In unserem Zusammenhang hier könnte man sich einfach auf die zwölf primären Wandlungsformen des Tetragrammatons beziehen – obwohl es eigentlich noch viel mehr gibt. Aber dieser Grund ist so gut wie jeder andere. Was meinst du?«

»Wie du meinst, Phil. Ich tue, was du sagst.«

Phil zeigte mir, wie ich mithilfe der vier Finger vom Zeigefinger bis zum kleinen Finger bis zwölf zählen konnte. Insgesamt haben diese vier Finger zwölf Abschnitte, die ich mit dem Daumen nacheinander berühren kann, während ich die Namen rezitiere. »Nach einer Weile merkst du nicht mal mehr, dass du zählst. Das ist gut so, denn wir wollen die linke Gehirnhälfte so weit es geht aus diesem Prozess heraushalten.«

»Und soll dann etwas geschehen?«

»Das wirst du mir sagen müssen«, erwiderte er. »Die Namen, mit denen wir arbeiten, werden Wellenformen erzeugen, Muster elektromagnetischer Energie, die entsprechend der Architektur der Kirche geformt sind. Auch die Gedankenformen, die wir erzeugen, während wir die Namen tönen, haben eine geometrische Architektur. Energien und Wahrnehmungen, die normalerweise vor unserem Wachbewusstsein verborgen sind, werden durch das Singen der Namen offenbar. Die Worte können die Schleier teilen, wie Moses das Rote Meer geteilt hat oder wie Josua die Mauern Jerichos zum Einsturz brachte. Es kommt darauf an, wie man sie verwendet. Um deine Frage zu beantworten: Danach kann alles

Mögliche geschehen. Es hängt davon ab, warum du hier bist und wozu du bereit bist.«

Ich sehnte mich nach etwas Zuverlässigem – oder zumindest nach einer Ahnung davon, was ich erwarten konnte. »Was würdest du denn vermuten?«

»Es gibt so viele Möglichkeiten«, erwiderte Phil und lächelte mich an. »Außerdem würde ich dir die Überraschung verderben, wenn ich es dir sagte.«

»Na toll, noch eine Überraschung. Und du hast das auch noch nie gemacht?«

»Wie ich bereits sagte: Ich glaube, niemand hat das je erfolgreich getan. Wir arbeiten auf einer Grundlage, die ich aus verschiedenen Traditionen und Überlieferungen zusammengestückelt habe. Meines Wissens gibt es keinen Präzedenzfall. Im Wesentlichen werden wir einfach improvisieren müssen. Die Engel verstehen das.«

»Das jagt mir Angst ein!«, rief ich ein bisschen zu laut. Eine Frau vor uns drehte sich um, um zu sehen, was da los war. Ich wandte mein Gesicht von ihr ab und Phil zu. »Du blubberst all dieses Zeug so selbstverständlich heraus, als hättest du es schon Dutzende Male erlebt. Wie kannst du wissen, mit welchen Kräften wir uns vielleicht anlegen, wenn ...?«

»Ich sagte dir bereits, dass ich das selbst zum ersten Mal mache. Aber was macht das schon aus? Wir sind Forscher, und dies ist ein Mut erforderndes, neues Bewusstseins-Experiment. Wir dringen in Bereiche vor, die noch nie zuvor ein Friedensstifter betreten hat. Da kann man nichts in Büchern nachlesen.«

»Ich habe wirklich noch nie davon gelesen, wie man in gotische Kathedralen geht, um in Templer-Architektur gefangene Wesenheiten zu befreien«, bestätigte ich seine Worte, während ich unruhig auf meinem Platz hin und her rutschte.

»Ja, es ist spannend und ein bisschen beängstigend.«

»Ein bisschen?!« Mein Unwohlsein erreichte langsam seinen Höhepunkt.

»Du musst deine Angst loslassen, Jimmy. Erinnere dich, was Mutter Theresa gesagt hat: Wir haben machtvolle Verbündete an unserer Seite. Vor allem, wenn wir die heiligen Namen so verwenden, wie wir es tun werden, entsteht eine machtvolle schützende Frequenz, die kaum jemand oder etwas durchdringen kann.«

»Also gut«, sagte ich und entspannte mich ein wenig. »Was werden wir tun, wenn wir die heiligen Namen getönt haben?«

»Noch bevor wir anfangen, werde ich ein Schutzgebet sprechen. Wenn wir dann die Namen getönt haben, werden wir eine Weile in stiller Meditation verweilen. Wir schauen einfach, was passiert und welche Gefühle in uns auftauchen. Mein Vorschlag ist, dass wir uns dann trennen und in der Kathedrale umherwandern, jeder für sich. Versuche, alles wahrzunehmen, was irgendwie ungewöhnlich ist. Vielleicht kannst du deinen Blick über die Wandmalereien und Kunstwerke wandern lassen, vielleicht öffnet sich dort etwas. Es gibt dafür keine Regeln, nur Hinweise. Wir müssen einfach offen sein für das, was sich aus dem Augenblick ergibt.«

Ich schien keine rechte Wahl mehr zu haben. Ich hatte mich so weit darauf eingelassen, also beschloss ich, zu sehen, wohin es führte. Wenn nichts passierte, dann sollte es eben so sein. Dann wäre es nur ein bisschen heißer Wind gewesen – ein ›Mut erforderndes Bewusstseins-Experiment‹, wie Phil es nannte. Und wenn doch etwas geschah? Dann würden wir uns in unterschiedlichen Bereichen der Kirche befinden, und ich wäre ganz auf mich allein gestellt, wenn mich plötzlich aus einem Renaissance-Gemälde ein Dämon anspringen sollte. Über diese Vorstellung musste ich fast ein wenig lachen. Ich lehnte mich in der Kirchenbank zurück und atmete tief durch.

»Bist du bereit?«, fragte Phil.

»Ja, ich bin bereit. Packen wir es an!«

»Also gut. Schließe einen Augenblick deine Augen, atme tief durch, und dann beginnen wir eine kurze Meditation. Der erste heilige Name, den wir anrufen werden, ist *Jahwe,* gefolgt von den Worten *Eloah Va Daath,* das bedeutet ›Herr Gott‹ oder ›Göttin des Wissens‹. In gewisser Weise bezieht sich dieser Name auf die Intelligenz im Herzen und die Weisheit der göttlichen Gegenwart. Wie ich schon sagte, halten viele *Jahwe* oder das Tetragrammaton für den heiligsten aller Namen Gottes. Auf Hebräisch lautet er: *Havayah.* Es ist der zweite Name, den Gott Moses übermittelte, als er ihm auftrug: ›Sage ihnen: ICH BIN hat mich gesandt.‹ Er steht für das aktive Prinzip von *En,* der Grenzenlosigkeit, in der Welt der phänomenologischen Existenz. Der aus den vier Buchstaben *Yod He Waw He* bestehende Name Gottes sollte niemals missbraucht werden, denn er ruft die Essenz des Göttlichen an. Deswegen wird er meistens durch die Worte *Adonai* oder *Elohim* ersetzt. Es heißt, er enthalte die ursprüngliche Schwingung, die hinter der manifesten Existenz steht. Du erinnerst dich vielleicht: Maimonides zufolge war es der einzig angemessene Name für Gott. Deswegen schenken wir ihm so viel Hochachtung. Wir werden also Folgendes tun: Wir meditieren auf den Namen *Jahwe Eloah Va Daath,* aber wir vokalisieren *Adonai,* das bedeutet ›Herr‹. Verstehst du?«

»Nein«, erwiderte ich verwirrt. »Warum sagen wir das eine und denken das andere? Warum können wir nicht einfach die vier Buchstaben rezitieren? Ich habe das schon verschiedentlich gehört.«

»Weil es aus einer streng jüdischen Perspektive das Gleiche ist, ob man die Buchstaben nennt oder den Namen ausspricht. Vertraue mir, Jimmy. Bei den anderen Namen wird es nicht so kompliziert, aber mit diesem müssen wir extrem respektvoll umgehen. Du hast doch gesagt, du willst etwas über die Kabbala lernen. Wenn es dir damit ernst ist, dann geht es nur so.«

»Also gut. Ich denke, ich entspanne mich einfach und folge deinem Rat.«

»Gut, freut mich, das zu hören. Also noch mal: Wir konzentrieren uns auf das Tetragrammaton, in diesem Fall den Namen *Jahwe Eloah Va Daath*, aber wir sprechen *Adonai*. Lass uns ein paarmal tief durchatmen, dann fangen wir an.«

Ich tat, wie er vorgeschlagen hatte. Ich atmete tief und spürte in meiner Meditation, wie meine Seele anfing, sich auszubreiten, als brächte mich jeder Atemzug meinem Herzen näher. Der Klang von Phils Stimme schien weit weg, obwohl er direkt neben mir saß. Ich atmete weiter tief und reinigend durch und füllte meine Lungen jedes Mal so weit es ging mit Luft.

»Jetzt singen wir den Namen zwölf Mal und fügen jedes Mal *En Sof*, also ›grenzenlose Existenz‹ an«, sagte Phil und zeigte mir seine offene Handfläche. »Atme weiter tief und vergiss nicht, dich auf das Tetragrammaton zu konzentrieren.«

Also fingen wir an: »*Adonai, En Sof; Adonai, En Sof; Adonai, En Sof ...*« Zwölf Mal, und das Gefühl der Erweiterung nahm immer mehr zu, während ich mich auf die vier Buchstaben *Yod He Waw He* konzentrierte. Mein Herz und meine Seele schwebten durch die ganze Basilika, bis hinauf ins Gebälk. Ich war mir bewusst, dass ich da mit Phil in der Bank saß, doch ich spürte auch eine unendliche Weite, erfüllt mit dem unendlichen Namen Gottes. Nach unserem

Singen saßen wir noch eine Weile in Stille, bis Phil sich zu mir wandte und mich anschaute.

»Denke daran, Jimmy, jeder Name repräsentiert einen Aspekt der spirituellen Kraft und dient letztlich dazu, uns zu vollständiger Freude und Erfüllung zu verhelfen. Das ist, was Gott sich für uns wünscht. Jetzt warten wir einfach ab und schauen, was passiert.«

»Was soll ich tun?«

»Keine Ahnung. Bleib einfach offen und folge deiner inneren Führung. Sei offen und empfänglich. Ich werde ein wenig umherwandern. Wir lassen uns so viel Zeit, wie wir brauchen.« Phil stand auf und ging auf den vorderen Bereich der Kathedrale zu, während ich da saß und mich fragte, was ich jetzt machen sollte. Die Statue des Erzengels Michael schaute auf mich herab und sein machtvoller Blick schien mich vorwärtszudrängen in eine Erfahrung, die ich noch nicht kannte.

»Was soll ich tun?«, flüsterte ich. Ich vernahm keine Antwort, nur das Rascheln der Leute, die an mir vorbei zum Seitenaltar wollten.

Ein ganz in Schwarz gekleideter Mann drängte sich an drei oder vier Touristen vorbei nach vorne, bis er direkt unter Michael stand. Die anderen Besucher traten genervt zur Seite und beachteten ihn dann nicht weiter. Er schaute auf zu den Augen des Erzengels und schien etwas zu murmeln, aber es war entweder auf Französisch oder zu leise, als dass ich etwas hätte verstehen können. Er war unrasiert und trug eine dunkle Sonnenbrille. Er hatte etwas an sich, das ihn völlig fehl am Platz wirken ließ, sodass ich das starke Bedürfnis hatte, von ihm fortzukommen; also stand ich auf und ging auf den zentralen Altar der Kirche zu.

Ich merkte, dass ich mich entgegen dem allgemeinen Strom bewegte, der offenbar immer die Runde auf der anderen Seite der Kirche zu beginnen und dann auf dieser Seite zurückzugehen pflegte. Es fühlte sich richtig an, gegen den Strom zu schwimmen, als wäre das der einzige Weg, wie ich sehen konnte, was auch immer ich hier sehen sollte. Ich spazierte an mindestens vier Seitenaltären vorbei, aber nichts zog mich besonders an. Direkt gegenüber dem Hauptaltar gab es einen kleinen Bereich, der dem heiligen Herzen Jesu gewidmet war. Ich hatte das Bedürfnis, ihn mir näher anzusehen. Zuerst bemerkte ich nichts Außergewöhnliches, aber dann kniete ich nieder, weil ich meinte, nun weniger auffällig zu wirken, und dabei entdeckte ich, dass das Herz im Schrein von zwölf Schwertern durchbohrt war, von denen jedes an seinem Ende eine kleine Blume trug. Ich fragte mich, ob das etwas mit Phils und meinem Gebet zu tun hätte. Die Zahl Zwölf schien mir ein Schlüssel zu einem tieferen Geheimnis zu sein. Doch nichts weiter geschah. Nach ein paar Minuten erhob ich mich wieder und ging gegen den Touristenstrom weiter.

Ich zwängte mich zwischen ihnen durch, von Seitenkapelle zu Seitenkapelle, bis ich schließlich direkt hinter dem Hauptaltar stand. Dort bildete sich einen Augenblick lang eine Lücke zwischen den Gruppen, sodass ich mich umsehen konnte, ohne hin und her gedrängt zu werden. Die Steinwände bildeten ein Echo, und der alte Geruch von längst gespendetem Weihrauch und Kerzenrauch wirkte auf mich gleichzeitig entspannend und alarmierend. Ich erinnerte mich plötzlich wieder daran, warum ich hier war: dass in der Architektur dieser heiligen Kathedrale möglicherweise Seelen gefangen waren, die zwischen den Welten hingen, und dass *ich* irgendwie bei ihrer Freisetzung mitwirken sollte.

Plötzlich erschien es mir absurd, dass ich mich je auf so eine Geschichte eingelassen hatte, und fragte mich, ob es nicht langsam Zeit wäre, dass ich mein fehlgeleitetes Vertrauen zurückzog und auf den Boden der Tatsachen zurückkehrte. Ich schaute mich um, ob Phil irgendwo auf mich achtete. Wellen der Beschämung durchliefen mich – ich war drauf und dran, die Kirche zu verlassen. Diese ganze Idee war plötzlich Wirklichkeit geworden. Bis eben hatten wir einfach nur darüber gesprochen und ich vertraute Phils brillantem Geist und ungewöhnlichen Ideen wie ein Kind. Doch jetzt stand ich hier und hielt Ausschau nach Symbolen oder Zeichen dafür, dass in dieser Kirche tatsächlich die Energien festsaßen, von denen Phil gesprochen hatte, und die Wirklichkeit holte mich ein wie Treibsand. Ich wollte hier weg, so schnell wie möglich!

»Warum bin ich hier? Warum bin ich hier?«

Die Stimme erschreckte mich. Ich schaute nach links, wer die Worte vor sich hin murmelte. Es fiel mir gar nicht auf, dass sie englisch waren und nicht französisch. Natürlich gingen viele Touristen durch die Kathedrale, und viele von ihnen waren englischsprachig, doch dieses Englisch war merkwürdig, es ähnelte nicht dem Englisch, das ich kannte. Ich verstand die Worte, doch ihr Klang war so seltsam, dass ich eine Gänsehaut bekam.

»Warum bin ich hier? Warum bin ich hier?«

Es war der Mann in Schwarz mit der Sonnenbrille, den ich schon bei der Statue des Erzengels Michael gesehen hatte. Er schaute zu einer Statue des heiligen Petrus auf, der einen großen Schlüsselbund in der Hand hielt, als Zeichen dafür, dass im Himmel gebunden war, was er auf Erden band. Der Mann wiegte sich vor und zurück, während er sprach, und obwohl er auf die Statue starrte, schien er sie nicht wirklich zu sehen. Sein Blick wirkte vielmehr wie in die Ferne gerichtet, auf etwas, das weder ich noch sonst jemand in der Kirche wahrnehmen konnte. Seine linke Hand zuckte ständig, als hielte er etwas, das in Bewegung gehalten werden muss – als hielte er ein Telefon und sendete ständig Textbotschaften in andere Dimensionen. Seine Brille lag gerade tief genug auf seinem Nasenrücken, dass ich seine Augen erkennen konnte, die auf unbeschreibliche Weise leer waren.

»Warum bin ich hier? Und warum kommt ihr immer wieder?«

Die Veränderung im Klang seiner Stimme erschreckte mich nochmals. Ich verstand den Unterschied nicht, denn seine Stimme und selbst sein Tonfall schienen gleich, doch die Worte waren offenbar von großer persönlicher Nähe geprägt. Dann wandte er sich mir zu, als sähe er mich zum ersten Mal, und seine Worte jagten mir kalte Schauer über den Rücken. »Warum kommt ihr her? Warum seid ihr gekommen?«

Seine Brille rutschte noch ein wenig weiter herunter, sodass seine Augen freilagen und das Kerzenlicht auf eine neue, furchtbare Art spiegelten. Hinter seinen Augen schien nichts zu sein, auch wenn sie in anderer Hinsicht völlig normal wirkten. Er blickte mich direkt an, doch mir kam so vor, als würde er mich gar nicht wahrnehmen. Es war eher ein Gefühl, als etwas, das ich wirklich sah, und ich wäre am liebsten weggelaufen. Er hielt inne, doch er starrte mich weiter an.

»Entschuldigung«, sagte ich schließlich, »haben Sie mit mir gesprochen?«

Zunächst entstand in mir der Eindruck, er habe mich nicht gehört, doch dann legte er den Kopf ein wenig nach links und seine Augen fokussierten anscheinend zum ersten Mal.

»Wer seid ihr?«, fragte er.

»Ich besuche nur diese Kirche.« Ich hielt es nicht für angebracht, ihm den vollständigen Grund meines Hierseins zu offenbaren.

»Wie lange seid ihr schon hier?«

»Etwa zwanzig Minuten, nicht länger.«

Meine Worte kamen offenbar nicht auf normale Art bei ihm an. Er richtete den Kopf wieder auf und sagte: »Wie kann das sein? Wie kann das wahr sein?«

Ich hatte keine Ahnung, ob ich dieses Gespräch fortsetzen oder meiner Wege gehen sollte. Dann erinnerte ich mich, dass Phil mir aufgetragen hatte, auf jedes Detail zu achten, egal wie merkwürdig es mir erscheinen mochte. Zum ersten Mal erwog ich die Möglichkeit, dass dies keine zufällige Begegnung war, sondern dass sie etwas mit unserer Sache zu tun hatte. Ich hatte den Mann zum ersten Mal im hinteren Teil der Kirche gesehen, wo wir den Namen gesungen hatten. War es ein Zufall oder hatten wir den Mann irgendwie herbeigerufen? Ich wollte eigentlich nicht länger darüber nachdenken.

»Wisst ihr, warum ich hier bin?«, fragte er mich mit einer Stimme, die von Wut und Bedauern erfüllt war.

»Das kann ich nicht behaupten.« Die Worte verließen meinen Mund früher, als ich sie denken konnte. Tatsächlich wusste ich nicht, was hier geschah, und ich war mir nicht sicher, ob ich das ändern wollte. »Wissen Sie, was los ist?«

Er schob die Brille wieder über seine Augen. »Oh ja, ich weiß, was los ist. Ich habe es immer gewusst. Ihr wollt nicht, dass ich gehe. Ihr kommt und geht und denkt, ihr seid frei, aber ich bleibe und vergesse, wie es irgendwo anders aussieht. Habt ihr eine Vorstellung davon, wie sich das anfühlt? Könnt ihr euch denken, wie hart es ist, jede Nacht auf diesem kalten Boden zuzubringen und dann zu sehen, wie andere Leute hier ein- und ausgehen, als wäre das kein Problem?«

Er schaute wieder zum heiligen Petrus empor und war nach wenigen Sekunden wie betäubt. Er nahm offenbar niemanden mehr wahr, und ich fragte mich, was es mit dieser Statue wohl auf sich hatte. Es war eine alte Statue, mindestens anderthalb Meter hoch, und der Schlüsselbund hatte gewaltige Ausmaße. Doch dann bemerkte ich, worauf sich der Blick des Mannes richtete: An der Basis der Statue befand sich ein Templerkreuz, von dem er sich nicht abwenden konnte. Er begann wieder sein altes Lied: »Warum bin ich hier? Warum bin ich hier?« Es klang jetzt kummervoll. Mir war, als müsste mein Herz in meiner Brust bersten.

»Kann ich Ihnen helfen?«, fragte ich, denn ich wusste plötzlich genau, was zu tun war. Anscheinend hörte er mich nicht. Keine Reaktion – stattdessen murmelte er weiter.

»Ich glaube zu wissen, was zu tun ist. Bitte nicken Sie mit dem Kopf, wenn Sie mich hören.«

Seine Stimme fuhr fort, sein Mantra zu rezitieren, aber dann bewegte sich sein Kopf langsam, fast unmerklich auf und ab.

»Es gibt ein Gebet, das Ihnen vielleicht helfen könnte«, sagte ich. »Wenn Sie die Worte aussprechen können, dann können Sie vielleicht gehen. Wenn Sie meinen, dass Ihnen das möglich sein könnte, nicken Sie bitte.«

Und wieder antwortete er mit dem leisen Nicken.

»Gut. Wir werden Gott anrufen, und zwar mit dem heiligsten seiner Namen. Er wird Tetragrammaton genannt. Sie müssen nicht wissen, was er bedeutet – sagen Sie einfach die Worte mit mir, wenn Sie können.« Ich begann, den Namen zu tönen, ähnlich wie Phil und ich es wenige Minuten zuvor getan hatten, doch diesmal setzte ich nicht *Adonai* ein. Ich weiß nicht, warum ich mich entschied, einen anderen Weg als Phil einzuschlagen. Es fühlte sich für mich richtig an, und ich entschied mich, meiner Intuition zu folgen. Ich sah, wie der Mann langsam seine Lippen bewegte, zuerst nur ganz schwach, dann deutlicher. Die Energie baute sich in mir auf, während wir die Worte sprachen: »*Yod Heh Waw Heh, En Sof; Yod Heh Waw Heh, En Sof; Yod Heh Waw Heh, En Sof...*«

Allmählich wurde seine Stimme laut genug, dass ich sie hören konnte. Ich schloss meine Augen, um mich besser zu konzentrieren. Die Energie des Namens begann, mich in eine tiefe Trance zu ziehen. Alle Geräusche aus der Kathedrale schienen zu verschwinden; ich hörte nur mein Flüstern und das leise Murmeln dieses merkwürdigen Mannes, von dem ich mir nicht einmal sicher war, dass er existierte. Sekunden wurden zu Minuten, und so schnell, wie es begonnen hatte, wurde ich mir plötzlich bewusst, dass ich nur noch meine eigene Stimme hörte. Einen Augenblick lang hatte ich den vagen Eindruck eines Netzes oder Gewebes, das sich durch die Basilika zog.

Ich öffnete meine Augen und merkte, dass ich alleine vor der Statue stand. Der Mann war weg, wer auch immer er gewesen war. Ich holte tief Luft. Es vergingen sicher zwei Minuten, bevor ich mich bewegen konnte. Die Gruppen zogen wieder an mir vorbei und ich beschloss, diesmal mit ihnen in die gleiche Richtung zu gehen. Als ich im hinteren Teil der Kirche ankam, entdeckte ich Phil, der auf mich wartete. Er stand im Mittelgang nahe der hinteren Tür. Sein Gesichtsausdruck ließ mich ahnen, dass er bereits wusste, dass mir etwas widerfahren war.

»Es war das Templerkreuz, stimmt's?«, fragte ich und zeigte hin zur Statue. Im selben Moment fiel mein Blick auf den Ausgang, wo ich den Mann in Schwarz aus der Tür gehen sah. Seine Arme waren weit ausgebreitet, als wollte er zum ersten Mal den Wind spüren.

»Ja, sie sind überall. Ich stehe hier seit mindestens fünf Minuten und schaue sie mir an. Ich hatte das Gefühl, dass sie eine Bedeutung haben, dass sie irgendwas mit dem zu tun haben, was du gerade getan hast.«

Ich war mir nicht sicher, ob ich ihm erzählen sollte, was mir widerfahren war. Ich war mir noch nicht einmal sicher, ob ich es selbst glaubte. Konnte es nur ein Gebilde meiner Fantasie gewesen sein? Ich überlegte kurz, ob der Mann, dem ich begegnet war, vielleicht nur ein verwirrter Tourist gewesen sein mochte, der seine Gruppe verloren und mir dazu gedient hatte, etwas zu erleben, das Phils Geschichten rechtfertigte. Vielleicht war er einfach weitergegangen, während ich vor mich hin murmelte, und ich war zu vertieft gewesen, um es zu bemerken. All das ging mir durch den Sinn. Ich wusste nicht mehr, was real war und was nicht. Ich wollte mit dem Reden warten, bis wir wieder im Freien waren.

»Was immer du erfahren hast, entsprang nicht deiner Fantasie«, eröffnete Phil jedoch das Gespräch.

»Woher willst du das wissen?«

»Weil ich gefühlt habe, dass etwas geschah. Ich wusste, dass bei dir etwas vor sich ging. Ich wusste nicht was, aber ich spürte es.«

»Was meinst du, wer er war?«

»Von wem sprichst du?«

»Der Mann. Der Mann, der bei Michael stand.«

»Ich habe auf Michael geschaut, aber ich habe niemanden gesehen.«

»Wie ist das möglich? Ich sah ihn gerade vor ein paar Sekunden zur Tür hinausgehen.«

»Wir können das nicht mit Sicherheit wissen«, bemerkte Phil. »Wir bewegen uns durch unerforschtes Terrain. Er könnte eine Erscheinung gewesen sein, vielleicht sogar eine

Halluzination oder ein Geistwesen, das sich in einem physischen Körper manifestieren kann. Aber ich vermute eher, dass er nichts von alldem war.«

»Was denn sonst?«

»Ich vermute, es war ein hyperräumliches, dimensionales Wesen, das in der Kirche gefangen war und gelegentlich vorübergehend in einen Menschen fahren konnte, vor allem in Menschen, die einen schwachen Energiekörper haben.«

»Hyper... – was? Was heißt das?« Ich hoffte, Phil würde mich auf den Arm nehmen, aber im Grunde wusste ich, dass er es ernst meinte. Es ängstigte mich.

»Was ich gesagt habe: ein hyperräumliches, dimensionales Wesen. Manche Leute haben durch gesundheitliche Probleme oder Süchte Löcher in ihrer Aura. Ein starkes Wesen kann da leicht hinein und sich für eine Weile dieses Körpers bedienen. Für viele Wesen ist es der einzige Weg, die physische Welt für kurze Zeit zu erfahren, aber die meisten sind dabei verwirrt und nicht in der Lage, sich normal zu verhalten. Und denke daran: Diese Dinge geschehen meistens auf Einladung.«

»Du meinst, der Mann, dem ich begegnet bin, war von einem Geist besessen?« Allein das Aussprechen der Worte verursachte in mir ein merkwürdiges Gefühl.

»Hier geht es nicht um Besessenheit, wie du es dir denkst. Nicht wie in dem Film *Der Exorzist,* wo Köpfe herumwirbeln und Erbsensuppe durch die Luft fliegt. Es ist ein weiter verbreitetes Phänomen, als du meinst, und gar nicht so sehr entfernt von Channeling und medialen Übermittlungen. Es geht mehr um ein miteinander geteiltes Bewusstsein – wie ich schon sagte, meistens auf Einladung.«

»Meinst du also, das Tönen des Namens hat den Geist freigesetzt?«

»Es gibt noch so viel zu erklären, Jimmy, alles zu seiner Zeit. Du hast gesagt, zum ersten Mal sei dir der Mann hinten in der Kirche aufgefallen, wo wir gesungen haben?«

»Ja, das stimmt.« Ich fühlte mich immer noch ein wenig schwach in den Knien.

»Und dann hast du ihn vorne bei der Statue des heiligen Petrus wiedergesehen. Dass ich ihn nicht gesehen habe, kann etwas bedeuten oder auch nicht. Die Zeit wird es zeigen. Wichtig ist, dass etwas geschehen ist – etwas ziemlich Erstaunliches obendrein.«

»Also ist es wirklich passiert?« Ich hatte das Bedürfnis, es laut ausgesprochen zu hören.

»Ja, es war wirklich. Und das war erst der Anfang. Das war erst der erste Name. Wir haben noch neun weitere Orte zu besuchen.« Phil ging jetzt auf die Tür zu, durch die der Mann kurz zuvor gegangen war.

Ich dachte an ihn, an seine ausgestreckten Arme, mit denen er die Freiheit empfing. Beim Hinausgehen spürte ich selbst ein wenig davon, als fühlte sich mein Herz nach Jahren der Einschränkung endlich wieder freier. Das Einzige, was ich sicher wusste: Es war etwas geschehen, das ich nicht erklären konnte. Doch in diesem Augenblick wollte und brauchte ich keine Erklärung.

7

Elohim

Wir gingen einen Block weit zur Metro, um zu unserer nächsten Station zu gelangen: L'Église Sainte-Marie-Madeleine, die Kirche der heiligen Maria Magdalena.

»Erzähl mir, was du über diese Kirche und ihre Geschichte weißt«, bat ich Phil.

»Sie wurde von Napoleon Bonaparte in Auftrag gegeben und ist dem Pantheon in Rom nachempfunden. Napoleons ägyptische Expeditionen waren legendär, aber das ist ein anderes Thema. ›La Madeleine‹, wie sie genannt wird, ist mit zweiundfünfzig korinthischen Säulen ausgeschmückt, und wenn du hinschaust, kannst du oben auf den imposanten Bronzetoren die Zehn Gebote sehen.«

»Warum die Zehn Gebote?«, fragte ich. Wir hatten gerade die Metro betreten, waren mit unseren Tageskarten durch die Absperrungen gekommen und gingen jetzt nach unten zu den Bahnsteigen.

»Ich weiß es nicht, aber das ist in diesem Fall auch nicht so entscheidend. Wichtig ist hier, wem die Kirche gewidmet ist und was das bedeutet. Es gibt da drinnen eine Statue, die ich dir zeigen möchte. Ich bin sehr neugierig, wie du ihre Energie empfindest. Genauso wie bei Sacré-Coeur hatten die Templer auch in La Madeleine starken Einfluss, und darauf wollen wir achten.«

»Erzähl mir, warum die Templer so wichtig sind. Wir haben in Sacré-Coeur Templerkreuze und andere Templerbilder gesehen; ich hatte auch das Gefühl, dass da noch mehr war, aber ich verstehe nicht, was das mit der Kabbala und den heiligen Namen zu tun hat.«

»Nach dem ersten Kreuzzug und der Wiedereroberung Jerusalems erbaten der französische Ritter Hugh de Payns, ein Vasall des Grafen der Champagne, sowie Godfrey de Saint-Omer, Andre de Montbard und andere – manche sagen, es waren insgesamt neun Ritter – von Baldwin dem Zweiten, dem König von Jerusalem, das Recht, einen Ritterorden zu gründen. Diese ›Soldaten Christi‹ sollten die christlichen Pilger auf ihrem gefahrvollen Weg vom Hafen von Jaffa nach Jerusalem schützen. Manche meinen, dies geschah im Jahr 1118, aber das ist nicht sicher.«

Die Metro kam und wir drängelten uns hinein. Wir fanden eine Ecke, wo wir zusammenstehen und unser Gespräch fortsetzen konnten.

»Ich fand es schon immer merkwürdig, dass neun Ritter mittleren Alters fähig gewesen sein sollen, die Pilger auf dem Weg nach Jerusalem zu schützen«, bemerkte ich. »Die ständige Gefahr durch Wegelagerer, dazu die immer wieder angreifenden Sarazenen, die das Heilige Land zurückerobern wollten, lassen dieses Ansinnen lächerlich erscheinen.«

»Ganz richtig, Jimmy.« Ich war mir nicht sicher, ob Phil zustimmend nickte oder ob er von der Metro so geschüttelt wurde. »Deswegen meinen ernsthafte Forscher, dass es den ›Armen Soldaten Christi‹ eigentlich darum ging, Zugang zum Tempelberg zu bekommen und –«

»Du meinst den Tempel Salomos, stimmt's?«

»Genau. Sie haben dort neun Jahre lang Ausgrabungen durchgeführt, und es scheint, als hätten sie gefunden, was sie suchten – was zu finden sie gesandt worden waren, um genau zu sein.«

»Wer hat sie gesandt?«

»Wahrscheinlich Bernard, der Abt von Clairvaux, heute bekannt als der heilige Bernard de Clairvaux oder Bernhard von Clairvaux. Bernard war der Neffe von Andre de Montbard, einem der Mitbegründer des Ordens. Papst Honorius der Zweite war Zisterzienser gewesen, bevor er Papst wurde, und er war ein enger Freund und Vertrauter von Bernard. Bernard hatte offenbar Zugang zu sehr geheimen Quellen, wahrscheinlich durch seinen engen Kontakt mit dem Papst. Der Jerusalemer Orden wurde 1128 auf dem Konzil von Troyes von der römisch-katholischen Kirche offiziell anerkannt und ausgestattet. Mit der päpstlichen Bulle *Omne Datum Optimum* wurde 1139 von Papst Innozenz dem Zweiten festgelegt, dass der Orden, jetzt genannt ›Arme Ritterschaft Christi und des salomonischen Tempels zu Jerusalem‹, niemandem Rechenschaft schuldig war außer dem Papst. Damit waren sie praktisch unberührbar und ihre eigenen Herren.«

»Das ist alles höchst interessant, Phil. Erzähl mir mehr über die Ausgrabungen am Tempelberg.«

»König Baldwin gab dem frisch geborenen Orden Quartiere in einem Flügel des königlichen Palastes auf dem Tempelberg, im Komplex der eroberten Al-Aqsa-Moschee, die auf den Ruinen des Tempels König Salomos errichtet wurde. Es war der perfekte Ort für ihr Werk.«

Eine Welle der gespannten Erwartung durchlief mich. »Was haben sie gefunden?«

»Viele meinen, sie hätten die Bundeslade gefunden, die Gerüchten zufolge tief unter dem zweiten Tempel vergraben worden sein soll, bevor er im Jahr siebzig zerstört wurde. In der Kathedrale von Chartres gibt es Hinweise darauf, dass die

Templer die Bundeslade tatsächlich gefunden und abtransportiert haben. Meiner Ansicht nach gibt es keinen Zweifel daran, dass die Templer große Schätze gefunden haben, so wie sie in der Kupferrolle beschrieben werden.«

»Kupferrolle? Ich glaube, ich habe davon gehört. War die nicht bei den Schriftrollen vom Toten Meer, die man bei Qumran gefunden hat?«

»Genau, 1952 in Kirbat Qumran. In Kupfer geritzt enthält sie eine Liste von Orten, wo es enorme Gold- und Silberschätze zu finden geben sollte. Die Templer wussten genau, was sie suchten und wo sie es finden konnten.«

»Hat man an den auf der Kupferrolle erwähnten Orten gesucht? Hat man da was gefunden?«

»Nur Spuren von früheren Ausgrabungen – und da wird die Sache wirklich interessant und bekommt eine Verbindung mit der Kabbala und den heiligen Namen.« Phil warf den Kopf nach hinten und fuhr sich mit allen Fingern durch die Haare, wie ein Dirigent, der sich auf seinen großen Einsatz vorbereitet. Ich kannte das schon von ihm. Das Einzige, was ihm fehlte, war der Taktstock. In diesem Augenblick fuhr der Zug jedoch um eine enge Kurve, sodass Phil beinahe das Gleichgewicht verlor.

Als er sich wieder gefangen hatte, fuhr er fort: »Man munkelt auch, dass die Templer Manuskripte gefunden haben, alte Schriften, die ebenfalls unter dem Tempel, tief im Berg Moriah verborgen worden waren. Ich bin sicher, dass diese Texte sehr viele Themen behandelten: von den Plänen alter Baumeister bis zu uraltem magischem Wissen. Vieles von diesem Wissen floss in das ein, was wir heute *die Kabbala* nennen. Man vermutet auch, dass die frühesten Evangelien gefunden wurden, in denen es Geschichten und Berichte gibt, die die Grundlagen der heiligen römischen Kirche erschüttern könnten – unschätzbar kostbare Artefakte und Informationen, die nicht nur gegenüber dem Heiligen Stuhl ein machtvolles Werkzeug darstellten.«

»Wo sind diese Schriften jetzt?« Mein Herz schlug im Rhythmus der Metro, die jetzt in die Station La Madeleine einlief.

»Ich vermute, dass die meisten davon in Privatsammlungen oder in den tiefsten Gewölben des Vatikans liegen, aber vielleicht auch im Smithsonian, in Area 51[9], in der Wright-Patterson Air Force Base und dergleichen.«

»Area 51?«

»Genau, gleich neben der Bundeslade.« Er warf mir einen Blick zu, der mich wissen ließ, dass er scherzte. Jedenfalls hoffte ich das.

Als wir aus der Metro-Station wieder an die Erdoberfläche kamen, drehte sich mir der Kopf von Phils Geschichten über verborgene Schätze unter dem Tempelberg in Jerusalem. Die Kirche war nicht weit. Ihr römisches Aussehen überraschte mich. Wir stiegen die Stufen hinauf und gingen durch die schweren Bronzetüren, von denen Phil erzählt hatte. Wieder fühlte ich, wie sich etwas in mir erweiterte, als wüsste ich, dass uns ein Geheimnis offenbart würde.

Phil hielt mich an. »Bleib hier einen Augenblick stehen und schau dich um. Sag mir, ob dir irgendetwas auffällt.«

»Was meinst du? Kannst du mir einen Tipp geben?«

»Du wirst es schon wissen, wenn du es siehst«, antwortete er.

Als ich mich umschaute, wurde meine Aufmerksamkeit sofort vom Hauptaltar der Kirche angezogen: Darüber

[9] Legendenumwobenes militärisches Sperrgebiet der USA in Nevada. (Anm. d. Übers.)

schwebte eine wundersame, schwere Statue der Maria Magdalena, die gerade in den Himmel getragen wurde. Die *Erhebung der heiligen Maria Magdalena in den Himmel* ist ein erstaunliches Kunstwerk, aber mir fiel nichts in unserem Sinne Außergewöhnliches auf.

Ich ließ meinen Blick weiterwandern. Die Größe und Schönheit der Statue und des ganzen Gebäudes beeindruckten mich tief, aber nichts stach hervor. Ich ging näher auf die Statue zu, bis etwas anderes meine Aufmerksamkeit auf sich zog. Ich schaute nach rechts, und ganz hinten in der Kirche entdeckte ich, was Phil meinte. Es war ein Seitenaltar mit drei sehr großen Statuen: Jesus, Maria Magdalena und ein weiterer Mann, den ich für Johannes den Täufer hielt. Die Szene schien eine Art Segnung oder eine Vermählung zu zeigen. Johannes der Täufer stand dabei über Jesus und Maria Magdalena, die vor ihm knieten und sich an den Händen hielten.

»Du hast es gefunden.« Phil freute sich. »Was meinst du, was dort dargestellt ist?«

»Ich finde, es sieht sehr danach aus, dass Johannes der Täufer die beiden vermählt. Das ist schwer anders zu verstehen.«

»Ja, sieht doch sehr danach aus, oder?« Phil hatte jenen typischen Gesichtsausdruck, der mich vermuten ließ, dass er nicht mit allem herausrückte, was er wusste. »Das ist einer der Reize, die diese Kirche so einzigartig machen. Hier in Frankreich sind die Legenden von einer Ehe zwischen Maria und Jesus sehr populär, vor allem in Südfrankreich. Es ist keine reine Spekulation mehr, dass Maria Magdalena nach Jesu Auferstehung hierher kam und ihre letzten Jahre in der Provence verbrachte. Sie wird hier verehrt wie nirgends sonst, außer vielleicht in Wales und in Kroatien. Es gibt starke Beweise, welche die Idee zu bestätigen scheinen, dass Jesus und Maria verheiratet waren und Maria ihre gemeinsame Tochter mit nach Frankreich brachte. Diese Lehren wurden von der Kirche abgelehnt, aber das ändert nichts daran, dass man hier seit fast zweitausend Jahren daran glaubt.«

»Warum lässt die Kirche dann diese Statuen zu?«, fragte ich. »Warum entfernen sie sie nicht einfach?«

»Ich habe da so meine eigene Meinung. Die Kirche verfügt sicherlich über mehr Wissen, als sie publik macht. Vielleicht fürchten die Amtsträger einen Aufschrei, wenn sie solche Kunstwerke entfernen würden, vielleicht finden sie es aber auch gut, dass sie da stehen. Ich weiß nur, dass sie da sind und dass sie Bände sprechen.«

»Meinst du, die Statuen haben etwas mit dem zu tun, weswegen wir hier sind?«

»Du meinst Energien oder Wesen, die hier in Geiselhaft sitzen?«

»Das ist sehr nett gesagt«, bemerkte ich. »Ich hätte eher von Teufeln gesprochen.«

»Ich weiß, dass du das meinst. Das liegt daran, dass du immer noch nicht so recht weißt, womit wir es hier zu tun haben. Um deine Frage zu beantworten: Ich bin mir nicht sicher. Ich will auch nicht deine eigenen Wahrnehmungen beeinflussen. Ich würde die Dinge nicht gerne durch all meine Meinungen verkomplizieren. Warum machen wir uns nicht einfach an die Arbeit und schauen uns den nächsten heiligen Namen an?«

Wir setzten uns in den hinteren Teil der Kirche, wo wir für uns waren. Überhaupt waren hier viel weniger Besucher als in Sacré-Coeur. Trotzdem wollten wir nicht auffallen. Phil öffnete seinen Notizblock und schloss dann die Augen.

»Zuerst möchte ich mit einem Gebet beginnen, das die Energie des weiblichen Aspekts Gottes anruft, der in der jüdischen Mystik *Shekinah* genannt wird. Schließlich ist diese Kirche einer der größten weiblichen Eingeweihten der Geschichte gewidmet. Da empfinde ich das als angemessen.«

»Kannst du mir mehr über die *Shekinah* sagen?«

»Ursprünglich bezog sich dieser Ausdruck auf die göttliche Gegenwart, auf die Gegenwart Gottes in dieser Welt. In der Kabbala wird der *Shekinah* die ›mythische Unabhängigkeit‹ zugeschrieben – sie gilt also als ein Aspekt Gottes, der von Gott entfernt ist. Es heißt, als die Juden nach der Zerstörung des zweiten Tempels im Jahr siebzig nach Christus ins Exil gingen, habe sie die *Shekinah* ins Exil begleitet. Am Ende aller Tage, wenn Gottes heilige Funken –«

»Gottes heilige Funken?«, unterbrach ich ihn.

»Ja, die Kinder, die ›Ecclesia von Israel‹. Wenn die Kinder Israels befreit wurden – und das kann auf vielfache Weise verstanden werden –, so glaubt man, wird der Messias kommen und den Tempel wiederherstellen. Wenn dies geschieht, wird Gottes Braut, die *Shekinah,* aus dem Exil in den für sie errichteten Tempel zurückkehren. Es hat alles mit der mystischen Vereinigung zu tun. Traditionsgemäß tun wir in dieser Welt Gutes, damit Gott und seine Braut wieder vereinigt werden. Wenn wir unsere dualen Aspekte versöhnt und das Männliche und Weibliche in uns wieder integriert haben – wenn die Braut mit ihrem Geliebten vereint ist –, dann werden wir ihren weißen Glanz sehen, und wir werden unter heiligen Apfelbäumen spielen, auf denen herrliche blaue Äpfel wachsen ..., so wird erzählt. Sie ist der Name der Rose, eine Lilie unter Dornen und die Taube des Friedens. Zur Zeit von *Tikkun,* der Erlösung, wird Gott wieder mit seiner verlorenen Braut vereint sein. Sie gilt auch als die Königin des Sabbats. Und sie ist die schöne Jungfrau ohne Augen.«

»Warum ist sie blind?«

»Sie verlor ihre Augen, weil sie im Exil so viel geweint hat. In ihrem kosmischen Exil trägt sie Schwarz, kein eigenes Licht geht von ihr aus. Wie der Mond spiegelt sie nur das Licht der Sonne. Sie ist die Jungfrau der Thora, auf die keine Blicke gerichtet sind. Es heißt, die *erschaffene* Thora sei das äußere Gewand der *Shekinah:* die Thora, die den Menschen offenbart wurde.«

»Es ist wirklich erstaunlich.«

»Was ist erstaunlich?«

»Wie du dir das alles im Gedächtnis behältst. Es strömt aus deinem Mund, als würdest du es ablesen.«

»Wenn du dich für etwas begeisterst, kannst du leicht alles darüber behalten«, erwiderte Phil. »Und gerade *du* solltest eigentlich wissen, was ich damit meine. Ich habe dich manchmal in Seminaren oder auf Retreats sprechen gehört, und wenn du richtig in Fluss bist, dann versetzt du jeden im Raum ins ›Märchenland‹, wie ich es nenne, oder an den Ort, der ›innerhalb und jenseits aller Dinge‹ ist, um Joseph Campbell zu zitieren.«

»War es nicht der Dichter Kabir, der gesagt hat: ›Bring die Vision des Geliebten in dein Herz!‹?«

»Ganz richtig. Also, zu Ehren aller großen romantischen Dichter, aller Sucher nach Liebe, Weisheit und Wahrheit bete ich jetzt zu ihr.« Phil beugte seinen Kopf nach vorne und legte seine Hände übereinander verschränkt auf sein Herz. Ich tat es ihm nach. »Hier, in der Kirche Sainte-Marie-Madeleine, die zu Ehren der göttlichen Sophia, der heiligen Weisheit in Person von Maria Magdalena errichtet wurde ... Zur Zeit der Erneuerung, der Wiederherstellung des Tempels, des Tempels im Menschen ... Unsere Körper werden zu Gefäßen für die *Shekinah*. Wir öffnen uns und bieten ihr unsere Dienste an. Wir bitten die innere Gegenwart Gottes, sich mit seiner verlorenen Braut zu vereinen, die uns von unseren Bindungen in den niederen Welten erlösen wird. Amen, so sei es.«

Während wir beteten, spürte ich in mir ein merkwürdiges Gefühl: Zweifel. Ich war mir keines Auslösers bewusst, doch es wurde immer stärker. Ich beschloss, es einfach zu beobachten.

Als Phil das Gebet beendet hatte, schaute er mich an. »Jetzt können wir beginnen.« Er atmete einmal tief durch. »Der Name, den wir verwenden, ist *Elohim,* das dritte Wort im hebräischen Buch Genesis. Gewöhnlich wird es einfach mit ›Gott‹ übersetzt, Gott in seinem schöpferischen Aspekt. Er steht in Verbindung mit *Hod,* der achten Sphäre des Lebensbaums, die für Weisheit und Herrlichkeit steht. Wir sollten uns dabei bewusst sein, dass auch dieser Name, genau wie alle anderen, viele Bedeutungsebenen hat. In unserem Zusammenhang hier möchte ich, dass wir *Elohim* in seiner Beziehung zur ›Durchdringung der Weisheit‹ verstehen, als ein Element eines geometrischen Prozesses, der die Welt ins Sein gebracht hat.« Er schloss sein Notizbuch und legte es neben sich auf die Bank. »Jetzt werden wir den Namen zwölf Mal singen, und jedes Mal *En Sof* anfügen, wie beim letzten Mal. Bist du bereit?«

»Ja, ich bin bereit.«

»Dann fangen wir an.«

Ich schloss die Augen und holte tief Luft. Dann begannen wir: »*Elohim, En Sof; Elohim, En Sof; Elohim, En Sof …*«

Ich zählte mit, wie Phil es mir gezeigt hatte. Danach saßen wir eine Weile still da, bis ich Phil rascheln hörte. »Gut. Öffnen wir uns und schauen wir, was passiert«, meinte er. »Geh nur, wandere herum. Wenn du mich brauchst, ich bin hier hinten.«

Ich erhob mich und begann, langsam durch die Kirche

nach vorne zu gehen. Durch die Lautsprecher tönte eine weibliche Stimme, die etwas von Vivaldi sang. Es sollte wohl zur Heiligkeit des Raums beitragen, allerdings bevorzuge ich die Stille und beschloss, mich bei meiner Suche nach Hinweisen oder anderen Empfindungen auf die Bilder und anderen Statuen zu konzentrieren. Das Gefühl des Zweifels hatte weiter zugenommen. Ich konnte es kaum noch aushalten und fragte mich, was diese innere Veränderung bewirkt haben mochte. Ich erinnerte mich an keinen Gedanken oder Eindruck, der zur Erklärung herhalten konnte. Mir blieb nichts anderes übrig, als die Möglichkeit zu erwägen, dass es mit der Energie oder Wesenheit zusammenhängen könnte, um derentwillen wir hier waren und der wir hoffentlich zur Freiheit verhelfen würden.

Ich war fast vorne am Altar angelangt. An den Wänden war ein locker hängendes Seil befestigt, das die Besucher abhalten sollte, sich dem Tabernakel zu nähern. So stand ich vor dieser Absperrung und schaute auf die Statue der zum Himmel auffahrenden Maria Magdalena. Ihr Gesichtsausdruck spiegelte tiefe Ekstase, als merkte sie nicht, dass sie schwebte. Im Gegensatz dazu fühlte ich mich niedergedrückt, und die Schwere meines Herzens breitete sich immer mehr in meinem Körper aus. Eine nahezu greifbare Kraft belastete meine Gefühle, doch ich konnte sie weder erklären noch die Ursache direkt wahrnehmen. Je länger ich die Statue ansah, desto deutlicher wurde das Gefühl, bis ich nicht mehr recht wusste, was ich tun sollte. Ein Teil von mir wollte aus der Kirche laufen, am besten gar nicht anhalten, bis ich auch Paris verlassen hätte – weg von Phil und allem, wovon er mich zu überzeugen suchte. Gleichzeitig war ich von der Bedeutung meiner Anwesenheit dort zutiefst überzeugt. Das Gefühl in mir stammte nicht von mir – dessen war ich mir sicher –, sondern wurde irgendwie in mir erzeugt, und die beste Erklärung, die ich hatte, war, dass es an den unsichtbaren Kräften lag, nach denen wir suchten.

Über dem Altar entdeckte ich jetzt ein perfekt angeleuchtetes Bild einer langen Prozession von Heiligen. Sie schauten alle auf die zentrale Figur von Jesus, der mit ausgebreiteten, segnenden Armen dastand. Einige waren offensichtlich voller Ehrfurcht und Staunen, während andere kaum zu merken schienen, was um sie herum geschah.

Mein Blick wanderte von einer Figur zur nächsten. Ich fragte mich, was sie wohl jeweils repräsentierten. Ein Heiliger, der durch einige Leute von Jesus getrennt auf dessen linker Seite stand, hielt einen Stab in seinen Händen und schien auf die himmlische Szene zu blicken. Als mein Blick auf ihm ruhte, wurde die Schwere noch ausgeprägter, und wenn ich woanders hinschaute, ließ sie nach. Ich überprüfte es einige Male, bis ich mir sicher war, dass die Energie oder das Gefühl wirklich von dieser Figur ausging. Was immer hier geschah, hatte dort seinen Ausgangspunkt.

Ich strebte weg vom Altar und hoffte, dass ich mich geirrt hatte. War es möglich, dass ein Gemälde eine Emotion ausstrahlte, die sich in Leuten manifestierte, die es anschauten? Als ich ganz hinten in der Kirche war, pulsierte das Gefühl in meiner Brust wie eine Trommel. Es war, als zöge mich die Energie wie ein großes Gummiband zum Altar zurück, hin zu dem Heiligen mit dem Stab. Ich wandte mich um und folgte dem Impuls, so schnell ich es konnte, ohne aufzufallen. Als ich wieder an der gleichen Stelle ankam, wo ich vor wenigen Augenblicken losgegangen war, erwartete ich fast, dass sich das Bild verändert hätte, dass der Kopf des Heiligen in die andere Richtung schauen oder der Stab in seinen Händen anders ausgerichtet sein würde. Aber nichts davon. Auch das Gefühl, welches das Bild in mir erzeugte, hatte sich nicht verändert. Suchend blickte ich mich nach Phil um.

Als ich realisierte, dass er nirgends zu sehen war, fühlte ich mich sehr erleichtert. Sosehr ich wollte, dass Phil mir erklärte, was er von der Sache hielt oder was ich tun sollte, wusste ich doch, dass ich das selbst herausfinden musste. Ich schloss die Augen, atmete tief und sah dann blinzelnd wieder auf das Bild des Heiligen. Mir kam es so vor, als sähe ich jetzt etwas anderes, einen gewissen Schein um ihn herum. Ich schloss noch einmal die Augen und blinzelte wieder. Jetzt war es deutlicher, und ich konnte spüren, wie sich in mir noch etwas anderes regte als das Gefühl, das mich die ganze Zeit seit unserem Gebet plagte ..., mehr eine Stimme oder ein Gedanke, der sich in mir zu formen begann. Ich versuchte, alle anderen Gedanken beiseite zu lassen, damit ich ihn deutlicher wahrnehmen konnte. In wenigen Sekunden bildeten sich Worte, nur ein paar Worte, aber ich war mir sicher, dass sie nicht aus meinem eigenen Kopf stammten.

»Hört sofort auf!«

Fing ich jetzt an, überall Dämonen zu sehen, oder kamen die Worte wirklich von dem Mann auf dem Bild? Wie war das möglich? So merkwürdig es schien – ich konnte nicht leugnen, was ich wahrnahm. Ich beschloss, den Worten zu antworten. Vielleicht ergab sich ja ein Gespräch daraus. Wenn ich mehr zu hören bekam, würde ich vielleicht auch mehr verstehen.

»Hört sofort auf!«, schien der Mann auf dem Bild zu wiederholen.

»Ich weiß nicht, was du meinst«, antwortete ich. »Womit aufhören?«

»Hört sofort auf!«

»Bitte, sprich mit mir ... Erzähl mir mehr! Warum bist du hier?«

Es herrschte lange Stille und ich dachte schon, die Kommunikation sei vorüber. Dann kamen mehr Worte. »Lasst mich in Ruhe! Warum tut ihr das? Geht weg. Lasst mich!«

Während dieser Worte wurde aus dem Zweifel, den ich spürte, Wut. Sie erfüllte mich wie Feuer. Mir war nach Explodieren zumute. Ich wusste zwar, dass es nicht mein Gefühl war, aber es fühlte sich an, als käme es aus dem Innersten meines Seins, und ich brauchte meine ganze Kraft, um es wegzuschieben. Der Glanz um die Figur war jetzt deutlich rosa, und ich musste mich auf einen Stuhl setzen, der an der Wand stand. Dabei fühlte ich, wie die Empfindung schwächer wurde, aber nur so viel, dass ich meine Gedanken sammeln und wieder Worte finden konnte. »Bitte«, sprach ich ihn an, »ich bin nicht hier, um dir zu schaden. Ich will dir helfen.«

»Ich brauche eure Hilfe nicht.«

»Ich bin hier, um zu beten.«

»Ihr seid hier, um mich zu entfernen.«

»Ich will dir nicht schaden. Ich bin hier, um einen Aspekt der Gotteskraft in mir anzurufen, im Namen von *Elohim*. Ich bin hier, um dich zu segnen – nicht, um dich zu verfluchen.« Während ich sprach, schienen alle Emotionen meinen Körper zu verlassen. Ich war von einer tiefen Stille erfüllt, eine willkommene Erleichterung. Ich erhob mich und trat wieder zu dem Absperrseil. Ich schaute auf zu dem Mann auf dem Bild und sagte fast hörbar: »Ich weiß nicht, wie lange du schon da bist, aber du musst hier nicht bleiben. Wir brachten den Namen hierher, um dich von deinen Fesseln zu erlösen und nach Hause zu leiten.«

Keine Antwort. Ich fuhr fort: »Ich bin sicher, du willst

nicht ewig hier bleiben. Wer immer du bist und wohin auch immer du gehörst: Ich bin sicher, dort wirst du glücklicher sein.«

Keine Antwort.

»Bitte versteh, dass ich nur hier bin, um zu dienen. Ich möchte, dass du frei bist, damit du wieder glücklich sein kannst.«

Plötzlich kehrte die Stimme zurück. »Frei?«, fragte er mit leiser, fast ehrerbietiger Stimme.

Ein sanfter Wind fuhr mir über das Gesicht, sodass ich erstaunt einen Schritt zurückwich. Die Gefühle von Zweifel und Wut waren verschwunden. Ich wusste, dass ich wieder allein war.

Ich wandte mich um und schaute in den hinteren Teil der Kirche. Phil stand dort mit geschlossenen Augen und hängenden Armen, doch sein Kopf deutete auf die Stelle, wo ich zuvor die Präsenz verspürt hatte. Ich fragte mich, wie lange er wohl dort schon wartete. Sobald ich mich dazu in der Lage fühlte, ging ich zu ihm.

»Hast du das gespürt?«, fragte ich.

»Ich habe alles gespürt, aber was es war, weiß ich nicht genau.«

In diesem Augenblick sah ich hinab und erkannte, dass er mitten auf einem sehr großen Templerkreuz stand, das auf dem Boden markiert war. »Ein Templerkreuz«, bemerkte ich. »Das hat etwas mit jenem zu tun, was gerade passiert ist, oder?«

»Vielleicht sollten wir jetzt besser gehen«, meinte er nur. »Was immer wir hier tun sollten – es ist vorbei. Wir können im Gehen darüber sprechen.«

Als wir aus der Kirche traten, bemerkte ich, dass die Energie und die Gefühle vollständig verschwunden waren. Die kühle, feuchte Luft fühlte sich wundervoll an, obwohl ich mir den Kragen hochklappte, um die Kälte abzuhalten. Wir gingen die Stufen hinab, bis wir wieder auf dem Gehweg waren, überquerten die Straße und wandten uns nach links. Ich erklärte, was ich mit dem Gemälde erlebt hatte.

»Ist es möglich, dass sich eine Art interdimensionale Wesenheit, wie du es nennst, in einem Bild festgesetzt hat und dann auf unsere Präsenz dort reagierte?«

»Ich liebe es, wenn du solche Begriffe wie ›interdimensionale Wesenheit‹ verwendest«, kommentierte Phil lächelnd. »Aber mal im Ernst: Ich glaube, du kennst die Antwort auf diese Frage. Es ist möglich, weil du es gerade erlebt hast, oder nicht? Stell dir vor, es wäre ein Bild von dir. Irgendwie hat es dich angezogen, und aus irgendeinem Grund meinst du, dass du nicht mehr wegkannst. Du bist gefangen. Du schaust dich um und suchst etwas Vertrautes, womit du dich identifizieren kannst. Das Bild erinnert dich an dich, oder du hast ein Verlangen danach, dich in dieser Szene zu sehen. So kann es sein, dass du das Gemälde in gewisser Weise besetzt. Verstehst du? Denke noch einmal an das Gemälde und an die Gefühle, die du hattest, als du es anschautest. Wie war das noch mal?«

»Ich spürte Zweifel und eine Schwere im Herzen, und ich fühlte mich niedergedrückt.«

Phil legte eine Hand auf meine Schulter. Ich bemerkte, dass die Straße, die wir entlanggingen, »Saint Honoré« hieß. In diesem Augenblick löste sich ein Luftballon aus der Hand eines kleinen Kindes, das uns zwischen seinen Eltern entgegenkam. Seltsamerweise schien der Junge nicht so sehr auf den Ballon zu achten, der jetzt über die Straße segelte; stattdessen starrte er unverwandt auf mich. Angesichts unseres Themas kam mir das sonderbar vor, und ich fragte mich, ob es wohl einen Zusammenhang gab.

»Also, was oder wer auch immer das war: Er hat sich derart mit der Figur in dem Bild identifiziert, dass er sich irgendwann dafür hielt?«, hakte ich nach. »Ein bisschen tun wir das doch alle: Wir identifizieren uns eher mit einem Bild oder einer Projektion unserer selbst als mit der Wahrheit. Nenne es Ego oder wie du willst – am Ende ist es das Gleiche.«

»Ich habe den Eindruck, du beginnst allmählich zu verstehen, Jimmy. Eine der schönsten Passagen in den gnostischen Evangelien ist das *Perlenlied*. Es handelt von der Vereinigung eines Engels mit einem Bild – davon, dass der Friedensfürst im Engel des Lichts sein wahres Spiegelbild erkennt und dass in den höheren Himmeln auch ein Bild von uns vorgehalten wird. Der Name und das Bild werden eins, heißt es dort. Wenn wir unsere Gedanken erhöhen, bis wir keinen Gedanken mehr hegen, dem es an dem Bewusstsein unserer selbst als göttliche Geschöpfe mangelt, dann werden wir das ›Gewand des Lichts‹ wiedererlangen, das wir durch unseren ›Fall‹ verloren haben. Die Namen, die wir verwenden, sind auf jeden Fall erhabene Gedanken. Ich vermute, du hast diesem gefallenen Engel ein Bild seiner selbst gezeigt, das er schon lange, lange nicht mehr gesehen hat.«

Ich dachte an den Jungen und seinen Luftballon. Vielleicht war eine gewisse Form fühlender Intelligenz, ein verwirrter Geist, jetzt genauso frei und segelte über die Straßen von Paris zum Himmel. Der Gedanke erschien mir tröstlich. Ich wandte mich an Phil: »Das ist schon alles sehr erstaunlich. Wie hat mich dieses Wesen dazu gebracht, diese Gefühle von Zweifel und Wut zu empfinden?«

»Wir fühlen, was wir eben fühlen, Jimmy. Du hast mir geholfen, das zu lernen: dass wir letzten Endes selbst dafür verantwortlich sind, was wir fühlen und was wir erschaffen.«

Während er sprach, regnete es leise weiter. Ich verspürte

eine Klarheit und Sinnhaftigkeit, die ich nicht ganz begreifen konnte, aber es fühlte sich wundervoll an.

»Ich glaube, das war nur eine Verteidigungsstrategie, die er sich im Lauf der Jahrhunderte angeeignet hat«, meinte Phil. »Wer weiß, wie viele andere Besucher Ähnliches verspürt haben, ohne es sich erklären zu können. Vielleicht hat es an unangenehme Erinnerungen in ihrem Leben oder in einem vergangenen Leben gerührt. Diese unangenehmen Gefühle veranlassten sie dann, den Ort zu verlassen. Wir sind nicht gegangen – das war der Unterschied. Wir entschieden uns, zu bleiben und zu helfen.«

»Eine letzte Frage«, bat ich. »Als ich dich da im Templer-kreuz stehen sah, hatte ich den Eindruck, dass du mir irgend-wie hilfst.«

»Das stimmt«, erwiderte Phil. »Ich habe dich beobachtet und gemerkt, dass du Schwierigkeiten hast. Das war ziemlich offensichtlich. Ich sah das Kreuz auf dem Boden und wusste: Wenn ich darauf stehe und ein paar bestimmte Worte ver-wende, kann ich dir Energie schicken. Weißt du noch, wie ich dir erklärt habe, dass diese Symbole wie Batterien wirken? Wenn ich es recht wahrnahm, half es dir über das Schlimmste hinweg und du schienst wieder zu Kräften zu kommen.«

»Das waren also zwei Wesen in zwei Kirchen. Ich frage mich, was uns wohl in der nächsten erwartet.«

»Nun, du musst dich nicht lange gedulden«, meinte Phil und hielt abrupt an. »Wir sind schon bei unserem nächsten Ziel angekommen.«

8

Yah

Die Kirche Notre-Dame de L'Assomption, die Kirche Mariä Himmelfahrt. Ich wäre sicher daran vorbeigelaufen, wenn Phil nicht so abrupt stehen geblieben wäre. Im Vergleich zu den ersten beiden Gebäuden, die wir besucht hatten, war sie klein, doch sie war nicht minder herrlich. Wir blieben eine Weile im hinteren Bereich des Gotteshauses stehen und schauten uns um. Über dem Altar thronte ein Gemälde der Heiligen Mutter im Gebet. Vielleicht lauschte sie auch dem Engel, der über ihr schwebte. Links vom Altar hing eine alte Ikone der Mutter Maria. Sie trug eine Krone aus zwölf Sternen; ihre Füße ruhten auf einer Mondsichel und ihre Hände lagen gefaltet auf ihrer Brust. Das viele Blattgold erfüllte die Kirche mit einem heiligen Schimmer und die Luft war von Weihrauch geschwängert.

»Was weißt du über diese Kirche?«, flüsterte ich Phil zu.

»Ehrlich gesagt war diese Kirche gar nicht mein Ziel. Ich hatte eigentlich nur angehalten, um mich zu orientieren. Aber wir kommen schon noch früh genug nach Saint-Roch. Ich habe das unbedingte Gefühl, dass wir jetzt hier sein sollen – es lässt sich nicht leugnen.«

»Du hattest doch zehn Orte für uns eingeplant. Wird das den Plan nicht durcheinanderbringen?«

»Ich habe so etwas schon einbezogen. Ich hatte so eine Ahnung, dass der Heilige Geist uns andere Wege führen könnte.« Phil hielt inne. »Und ich ahne auch schon, warum wir hier sind.«

»Was meinst du?«

»Ich will erst einmal nichts verraten. Vielleicht bemerkst du es selbst. Ich sage nur, dass es hier etwas gibt, das in Anbetracht unserer Mission außergewöhnlich ist. Denke daran, wir sind hier, um mithilfe der Gnade und der Macht der heiligen göttlichen Namen blockierte Energien in uns freizusetzen: Sie können wiederum bestimmten Formen fühlenden Bewusstseins helfen, die an diesen heiligen Orten festsitzen. Vor diesem Hintergrund gibt es hier etwas Wichtiges, das dir schnell auffallen sollte.«

Ich schaute mich um. »Ich sehe wirklich nichts Besonderes.«

»Schau noch mal.«

Aufmerksam ließ ich meinen Blick durch die Kirche wandern und achtete auf jedes Detail, das mit unserer Aufgabe zu tun haben könnte. Ich sah nichts als herausragende Kunstwerke, doch ... »Da! Über dem Altar, direkt über dem Bild von Maria mit dem Engel, ist eine goldene Pyramide, aus der Strahlen hervorgehen. Und darin stehen hebräische Buchstaben! Ist das nicht das Tetragrammaton, der Name, den wir in Sacré-Coeur verwendet haben?«

»Sehr gut!« Phil war zufrieden. »Das kann doch kein Zufall sein, dass der höchste Name Gottes hier direkt über dem Altar hängt.«

»Aber was bedeutet das? Wenn der Name derart geehrt wird, wie kann dann eine Energie hier gefangen sein?«

»Es gibt viele Möglichkeiten. Ich habe dir schon gesagt, manche dieser Kirchen wurden unter anderem mit der Absicht errichtet, bestimmte Energien festzuhalten, die eigentlich nicht auf der Erde sein sollten, bis die Zeit reif wäre, dass sie wieder nach Hause können. Es wäre auch möglich, dass gerade die Kraft des Namens etwas angezogen hat. Wir müssen für alles offen sein. Setzen wir uns und singen wir, dann werden wir weitersehen.«

Als wir in die Kirche eingetreten waren, hatte in der ersten Bank eine Frau Ende zwanzig gesessen. Sie schien tief in ihr Gebet versunken und schaute ab und zu auf das Altarbild von Maria mit dem Engel und dann auf das Tetragrammaton – zumindest schien es mir so. Ich wartete ungeduldig, dass wir anfangen könnten, aber diese betende Frau strahlte auf mich eine gewisse Ruhe aus. Bis sie fertig war, sich erhob, bekreuzigte und die Kirche verließ, waren ein paar andere Leute hereingekommen. Doch nach wenigen Minuten waren auch sie wieder gegangen. Nun waren wir ganz allein.

»Welchen Namen werden wir verwenden?«, fragte ich.

»Wir werden hier den heiligen Namen *Yah* tönen. Viele meinen, dass er eine Kurzform von YHWH sei. Moses Maimonides hielt ihn zusammen mit dem EHYEH ASHER EHYEH für die wahre Erklärung des *Schem ha-Meforasch,* des Tetragrammatons. Seiner Ansicht nach bedeutet er ›ewiges Leben‹ oder ›Er ist‹. Dieser Name taucht ungefähr fünfzig Mal im *Tanach* auf.«

»Im *Tanach?*«

»Das ist die Bibel der Juden. Du findest den Namen *Yah* auch in ›Hallelu-yah‹, das heißt ›Preiset den Herrn‹.«

»Das ist doch sicher bedeutend, dass es die Kurzform von YHWH ist, meinst du nicht?«

»Yah, man«, antwortete Phil in jamaikanischem Slang. »Vielleicht. Erinnere dich auch, dass der erste Buchstabe des Tetragrammatons das Yod ist, was auch mit dem *Yah* verbunden ist, und zwar durch die Sphäre *Chokmah* auf dem Baum des Lebens. Schon merkwürdig, wie dein Komma immer wieder auftaucht.«

»Und auf diesem Bild steht er über den anderen Buchstaben.«

»Ja, du hast es ja schon gesagt: Es ist der Buchstabe der Transzendenz. Im Talmud heißt es, dass Gott mit dem *Heh* diese Welt erschaffen hat, aber mit dem *Yod* die nächste Welt erschaffen wird. Das passt alles perfekt zusammen. Also, lass uns den Namen tönen, dann werden wir sehen.«

Wir holten beide tief Luft. Ich öffnete meine linke und Phil seine rechte Hand zum Zählen.

»Denke daran, sehr aufmerksam zu sein, während wir singen«, erinnerte mich Phil. »Es könnten starke Kräfte freigesetzt werden, die sich irgendwie manifestieren. Achte auf alles: auf deine Gefühle, selbst die Raumtemperatur. Alles hat Bedeutung.«

Wir atmeten nochmals tief.

»Es ist schön, allein hier zu sein«, fuhr Phil fort. »Beginnen wir mit einem Gebet: In diesem Tempel der göttlichen Wissenschaft werden wir den heiligen Namen *Yah* verwenden. Dieser Name gehört zu den *Schemot ha-Elohim,* den Säulennamen Gottes, und er korrespondiert mit *Chokmah* auf dem heiligen Baum des Lebens. *Chokmah* repräsentiert Weisheit. Durch diese Sphäre erhellt das Licht von *En Sof* die ›Welt der Erscheinungen‹. Das Licht, das aus dieser Sphäre hervortritt, ist genauso rein wie das Licht, das in sie eingetreten ist; deshalb ist es das Licht der Göttlichkeit.«

Ich lehnte mich näher zu Phil. »Das klingt alles ganz prima, aber dir ist hoffentlich klar, dass ich nichts davon verstanden habe, oder?«

»Ne vous inquiétez pas, mon ami«, antwortete er elegant. »Du musst die Worte nicht verstehen, wenn du ihre Musik vernehmen kannst.« Lächelnd legte er das Notizbuch weg, aus dem er vorgelesen hatte. Er schaute hinüber zum Hochaltar. Ich konnte die Spiegelung der goldenen Strahlen des Tetragrammatons gerade noch in seinen Augen erahnen, bevor er sie schloss. »Wiederholen wir den Namen zwölf Mal.«

Und wir begannen: »*Yah, En Sof; Yah, En Sof; Yah, En Sof...*«

Wie zuvor schien der Gesang tief in den Kern meines Seins zu dringen. Phil betonte immer wieder, dass wir nicht hier seien, um die Energie von Wesen freizulassen, die außerhalb von uns oder von uns getrennt seien, sondern dass wir mithilfe der heiligen Namen Energien in unseren eigenen Herzen befreiten. Durch die Namen würden sich Tore in uns öffnen, die Zugang zu enormen Wissensspeichern böten und durch die die Gnade in uns und durch uns in die Welt fließen könne. Ich erinnerte mich, dass er auch gesagt hatte: Raum und Zeit überlappen sich oder viele Dimensionen fließen ineinander – irgendwas in der Art. Viele seiner Informationen überstiegen mein Begriffsvermögen.

Ich weiß nicht genau, warum mir diese Dinge in diesem Moment durch den Kopf gingen, aber ich wurde sie nicht wieder los. Phil meinte, die Tore, die sich durch das Singen der Namen in uns öffneten, entsprächen den Toren, durch die bestimmte Wesenheiten ihren Heimweg finden und ihren Seelenweg fortsetzen könnten. Resonante Schwingungen würden dann auch alles um diese Energie herum auflösen. Das war – nach meinem Verständnis – der Grund unseres Hierseins.

An jedem der Orte, die Phil ausgewählt hatte – oder hatten sie ihn ausgewählt, ich war mir nicht mehr sicher –, schien ein gewisses Bewusstsein festzusitzen, ein Geist, ein Wesen, ein lichter oder dunkler Engel. Möglicherweise auch Dämonen, die dort absichtlich hingezogen worden waren oder die, wie Phil sich ausdrückte, im Durcheinander des Schlachtgetümmels dort gelandet waren. Sobald wir die Namen verkörperten, zeigten sich uns diese Wesen irgendwie und konnten dann befreit werden. Ich war zunächst skeptisch gewesen, aber nach den ersten beiden Erfahrungen lösten sich meine Zweifel schnell auf.

Nachdem der Gesang verklungen war, ließ ich meine Augen noch ein wenig geschlossen. Als ich sie öffnete, war Phil schon nicht mehr an meiner Seite. Seltsam, dachte ich, dass ich nicht gemerkt hatte, wie er aufgestanden war. War ich so tief in Trance gewesen? Wie viel Zeit war wohl verstrichen? Phil stand weit vorne vor der Ikone von Mutter Maria links neben dem Altar. Ich erhob mich und brauchte ein wenig, bis meine Beine mich sicher trugen. Instinktiv ging ich nach vorne auf das Tetragrammaton zu.

Aus der Pyramide mit dem heiligen Namen strahlten die goldenen Lichtstrahlen aus. Das Yod auf der rechten Seite, am Anfang des Wortes, hing über den übrigen Buchstaben. Ich horchte nach innen, vernahm jedoch nichts. Mein Instinkt sagte mir allerdings, dass ich auf der richtigen Spur sei, auch wenn ich nichts Besonderes ausmachen konnte.

Ich schaute wieder auf das Tetragrammaton und war mir sicher, dass darin etwas Bedeutungsvolles lag. Ich dachte über das Yod nach, was es repräsentiert: die »Hand Gottes«, die göttliche Inspiration, die Form annimmt. Ich dachte, der untere Teil des Buchstabens könnte in eine bestimmte Richtung weisen. Keine Ahnung, wie ich auf diese Idee kam; sie ging mir durch den Sinn, als käme sie woanders her. Ich versuchte herauszufinden, wohin der untere Schwung des Yod wies. Er schien auf den Boden links vom Altar zu zeigen, direkt zwischen dem Altar und der Ikone. Ich beschloss, mich dorthin zu stellen und zu schauen, ob ich etwas Besonderes wahrnahm. Die Luft wirkte dort kühler. Ich ging ein paarmal hin und her. Ja, es gab dort definitiv einen kleinen kühleren Bereich, aber ich ahnte nicht, was das bedeutete.

Ich setzte mich in die nächste Kirchenbank. Phil wanderte zwischen den Seiten der Kirche hin und her; ich beschloss, ihn nicht um Hilfe zu bitten. Wie zuvor hatte ich das Gefühl, dass ich das alleine erkunden musste, so gerne ich ihn dabeigehabt hätte.

Mindestens zwei Minuten vergingen. Ich war drauf und dran, mir etwas anderes zu überlegen – bis ich plötzlich spürte, dass sich in mir etwas regte. Mein Magen schien nach vorne zu springen, doch gleichzeitig empfand ich tiefste Hingabe. Mein Herz erfüllte sich mit starker Freude und unglaublicher Liebe. Ich stand auf und suchte wieder diesen Punkt auf, den ich entdeckt hatte. Dort war es immer noch kühl, aber das wundervolle Gefühl schien zuzunehmen. Ich wollte hier eigentlich bleiben, aber ich hatte den Eindruck, jemandem oder etwas zu nahe zu treten. Also ging ich wieder zu der Bank und kniete nieder. Ich schloss meine Augen und betete. Das war wohl die einzig angemessene Art, mit diesem Erhabenen in mir umzugehen. Mein Herz wurde weit und füllte sich mit Licht. Ich versuchte, mich auf das Gefühl zu konzentrieren, und eine Weile verlor ich das Bedürfnis, seiner Ursache auf den Grund zu gehen. Ich wollte nur in diesem herrlichen Gefühl verweilen, in dieser intimen, heiligen Verbundenheit mit Gott.

Dann bemerkte ich, wie sich vor meinem inneren Auge ein Bild formte. Zuerst war es eher verschwommen, doch in Sekunden nahm es feste Formen an: Ich sah eine Nonne, die auf dem kalten Steinboden vor der Ikone kniete. Sie trug ein Habit, das ich aus alten Gemälden kannte und das man seit mindestens hundert Jahren nicht mehr trug. Sie kehrte mir den Rücken zu, sodass ich ihr Gesicht nicht sehen konnte, aber das Gefühl der Liebe wurde immer stärker.

Jetzt tauchte ein neuer Gedanke in mir auf: Wenn ich tatsächlich den Geist einer Nonne wahrnahm, die hier festsaß – sollte ich sie nicht besser in Ruhe lassen? Es war nicht wie in den anderen beiden Situationen, wo die Geistwesen ein eher unangenehmes Gefühl verbreiteten. Wem konnte diese Nonne schaden? Sie schien in einer Verzückung zu sein, für die viele Menschen eine Menge geben würden. Sie fühlte sich im Himmel, und ich überlegte, ob es nicht richtiger wäre, sie dort zu lassen.

Doch ein anderer Teil von mir wusste, dass sie nicht wirklich im Himmel war. Aus irgendeinem Grund war sie zwischen Himmel und Erde gefangen und wusste womöglich nicht einmal, wo sie war. Ihre Gebete und ihre Hingabe hatten sie zur höchsten spirituellen Erfahrung geführt – zur vollkommenen Vereinigung. Doch gleichzeitig war sie hier in der Kirche gefangen und nicht wahrhaftig frei. Erst dann würde ihre Meditation vollkommen sein und sie könnte Gott von Angesicht zu Angesicht verehren, nicht aus dieser unerträglichen Distanz. Ich überlegte kurz, Phil zu rufen, aber der Augenblick war von einer so zarten Erhabenheit, dass ich beschloss, es zu lassen.

Aber was sollte ich tun? Ich kam auf die Idee, wieder den Namen zu wiederholen. Zumindest würde mich das vielleicht inspirieren, wie ich ihr helfen könnte. Ich schloss die Augen und begann wieder: »Yah, En Sof; Yah, En Sof; Yah, En Sof ...«

In meiner Vision konnte die Nonne offenbar meine Worte vernehmen. Langsam wandte sie den Kopf in meine Richtung, um zu sehen, woher sie kamen. Ihre Haut war weiß wie

Schnee; die Frau mochte höchstens dreißig Jahre alt sein. Sie war so wunderschön, dass ich beinahe meine Konzentration verlor. Ich beschloss, eine Botschaft in meinen Gesang einzufügen, da dies die einzige Art zu sein schien, wie sie mich hören konnte. Gleichzeitig hatte ich den Eindruck, von einer Art lichtem Gewebe umfangen zu sein. Ich weiß nicht genau, wie und warum, aber irgendwie codierte ich in die Worte, die ich wiederholte, die einfache Botschaft ein: »Die Mutter ruft dich nach Hause. Die Mutter ruft dich nach Hause.«

Ihre Augen zuckten. Ich fragte mich, ob sie meine Botschaft hörte. Ihr Gesicht fing an, Konfusion auszudrücken. Sie schaute auf ihre Hände herab, als erwachte sie gerade aus einem Traum. Dann blickte sie wieder auf die Ikone, und ich spürte, wie sich ihre Verwirrung legte. Sie schien auf die Ikone zuzuschweben, mit weit geöffneten Armen, als wollte sie die Heilige Mutter umarmen. Dann verschwand sie. Mir war klar, dass ich wieder allein war.

Ich öffnete meine Augen und blickte mich um. Phil stand auf der anderen Seite der Kirche, aber er schaute in meine Richtung. Wir waren wieder allein im Raum, vor allem jetzt, wo die verzückte Nonne in einen Bereich entschwunden war, in dem ich sie nicht mehr wahrnehmen konnte.

»Ist alles okay?«, fragte er.

Ich atmete tief. »Ja, alles ist bestens – besser, als ich es in Worte fassen kann.«

9

Shaddai el Chai

Wir verließen die Kirche und hielten auf den Stufen inne. »Es ist etwas passiert, stimmt's?,« fragte Phil.

Ich erzählte ihm alles, was ich erlebt hatte, und er lauschte aufmerksam. Ich berichtete ihm, wie ich dem Yod gefolgt war und den kühlen Bereich vor der Ikone gefunden hatte und wie ich schließlich die Präsenz der schönen Nonne wahrnahm. Ich erklärte ihm, wie sie durch den Klang des Namens *Yah* aufzuwachen schien, als hätte sie in einer sehr tiefen Gebetstrance gesteckt. Erwacht konnte sie in der Ikone ihren Weg in die Freiheit erkennen. So verschwand sie – durch die Ikone, die sie so verehrte.

Phil lächelte. »Das ist wirklich erstaunlich. Ein interessanter Umweg, wenn es denn einer war. Sehr anders als die anderen Erfahrungen, findest du nicht auch?«

»Gott sei Dank«, antwortete ich. »Nach dem Geist in dem Bild kam mir die Nonne sehr recht.«

Wir gingen wieder die Rue Saint Honoré entlang. Phil schritt rasch aus. Offenbar hatte er es eilig, zu unserem nächsten Ziel zu kommen.

»Wohin geht es jetzt?«, fragte ich, während ich versuchte, mit ihm Schritt zu halten.

»Wir gehen zu einer Kirche, die einem Heiligen aus dem dreizehnten Jahrhundert gewidmet ist: Saint-Roch. Sie ist gleich da links.«

»Ich habe noch nie von diesem Heiligen gehört.«

»Ein sehr interessanter Typ, du wirst sehen. Er war von Geburt an ein Wunder. Seine Mutter konnte nicht empfangen, und als sie dann doch einen Sohn gebar, hielt es jeder für einen Akt Gottes. Verstärkt wurde das durch das Muttermal auf seiner Brust: ein kleines rotes Kreuz, das mit ihm wuchs. Alle wussten davon. Er stammte aus einer einflussreichen Familie aus Montpellier. Seine Eltern starben, als er zwanzig war. Er sollte die Herrschaft über diese Region antreten, doch er entschied sich, dem Beispiel von Franz von Assisi zu folgen. Er gab alles den Armen und ging nach Rom. Bei seiner Ankunft wütete dort gerade die Pest. Roch wurde als Heiler bekannt, denn jeder, über dem er das Kreuz schlug, wurde wieder gesund. Nach einer Weile erkrankte er selbst und wurde aus der Stadt vertrieben. Er überlebte, weil er einem Hund beibrachte, ihm regelmäßig etwas zu essen zu bringen. Faszinierende Geschichte, oder?«

»Hat sie etwas mit dem Grund unseres Hierseins zu tun?«

»Das werden wir herausfinden. Mich interessiert das Kreuz auf seinem Körper – auch noch ein rotes, wie bei den Templern – und die Überlieferung, dass er heilen konnte. Alle Orte, an denen wir heute waren, haben etwas gemeinsam: Es gab deutliche Spuren der Templer in der Architektur oder in Symbolen wie dem Templerkreuz. In der letzten Kirche führte uns der Name Gottes, das Tetragrammaton. Es scheint sich ein Thema zu entwickeln, was meinst du? Ich denke, wir sollten weiterhin genau auf alle Zeichen und Synchronizitäten achten und uns von ihnen führen lassen.«

»Erzähl mir mehr über die Bedeutung des Templerkreuzes.«

»Nun, wo waren wir stehen geblieben? Ich weiß nicht, ob du das weißt; ich glaube, es wissen nur wenige: Das erste Kreuz, das die Templer verwendeten, war das sogenannte

Lothringer Kreuz. 1146 verlieh ihnen Papst Eugenius der Dritte auf Betreiben unseres alten Freundes Bernard de Clairvaux das rote Kreuz, das wir kennen. Dies sollte laut Jacques de Vitry, dem Bischof von Akko im dreizehnten Jahrhundert, ein klares Zeichen des Märtyrertums sein. Die rote Farbe könnte ein Symbol für das Blut Christi sein.«

»Oder für seine Blutlinie«, bemerkte ich. Der Gedanke war in mir aufgetaucht, ohne dass ich recht wusste, woher.

»Das wäre gut möglich. Rot wird oft mit Maria Magdalena verbunden. Es gibt jedoch noch esoterischere Assoziationen mit dem Templerkreuz. Möchtest du die eine hören, die am meisten mit unserer ›Mission‹ zu tun hat?«

»Ich bin ganz Ohr.« Ich hatte kaum zu Ende gesprochen, da artete der leichte Nieselregen, der uns schon den ganzen Tag begleitet hatte, unvermittelt in einen heftigen Platzregen aus.

»Der große Sturm!«, rief Phil und zog seinen Mantel über seinen Rucksack mit seinen Notizen. »*Jahwe* hat uns wohl zugehört und will, dass wir uns sputen, in die nächste Kirche zu kommen!«

Wir rannten auf den Eingang von Saint-Roch zu. Die Kirche war riesig, die größte Barockkirche von Paris. Ihre Fundamente stammen von 1653, erklärte mir Phil. Damals war sie eine der bedeutendsten Kirchen der Stadt. Sie ist höchst beeindruckend. Jede Wand und jede Ecke ist mit den großartigsten Gemälden und Skulpturen erfüllt, die ich je gesehen habe. Vor allem das Deckengemälde ist eine Meisterleistung. In der Wölbung werden biblische Szenen dargestellt, darunter Jesus in segnender Haltung. Ich konnte mir kaum vorstellen, dass an einem derartigen Ort unbemerkte Energien feststeckten.

»Du musst verstehen«, erläuterte Phil, »und ich glaube, du

weißt es schon, dass diese Kirchen und Kathedralen meistens an Orten errichtet wurden, wo bereits vorher Kirchen, Tempel oder Heiligtümer standen, die ähnliche Funktionen erfüllten ...«

»Also Energien festhielten?«, unterbrach ich ihn.

»Genau. Viele dieser Energien sind schon seit Langem da, lange bevor wir ins Spiel kamen. Ich meine, wirklich laaaange!« Er zog das Wort in die Länge, um es zu betonen.

»Wie sollen wir anfangen?«

»Wenn du dich umschaust, siehst du einiges an herausragender Kunst und Architektur. In der Marienkapelle sind religiöse Kunstwerke versammelt, die in Paris nicht ihresgleichen haben. Saint-Roch wurde von demselben Architekten entworfen, der auch den Louvre gebaut hat, und es gibt hier etwas Besonderes, das du noch entdecken wirst.« Er winkte mir, ihm zu einer Bank im hinteren Teil der Kirche zu folgen. »Der Name, den wir hier verwenden werden, ist *Shaddai el Chai* oder *El Shaddai*. Zu seinen Bedeutungen gehören unter anderem: ›allmächtiger Gott und Herr‹, ›allmächtiger, ewig lebender Gott‹ und ›allmächtige lebendige Kreatur Gottes‹. In Exodus 6,3 wird *Jahwe* gleichgesetzt mit *El Shaddai,* wie ihn die Patriarchen nannten. In den rabbinischen Legenden gilt *Shaddai* oft als einer der zehn göttlichen Namen der Engelhierarchien. Es ist der göttliche Name, der auf dem Lebensbaum zur Sphäre *Jesod* gehört. Dieser Name kann schützen und – vielleicht für uns noch wichtiger – man kann mit ihm Dschinns anrufen.«

»Dschinns? Du meinst Geister?«

»Genau. Meinst du, all die Geister, die seit Anbeginn der Zeit in die Welt gelassen wurden, sind hübsch in Flaschen verstaut? Wohl eher nicht. Ist doch sehr interessant in unserem Zusammenhang, was meinst du?«

Im Gegensatz zu unserer letzten Erfahrung waren hier in Saint-Roch viele Besucher; offenbar hatten viele vor dem Regen Schutz gesucht. Ich hoffte, dass wir nicht zu sehr auffallen würden. Wir setzten uns, Phil kramte sein Notizbuch hervor und öffnete es.

»Hoffentlich war die Erfahrung mit der schönen Nonne ein Wendepunkt in unserer Geschichte«, merkte ich an.

»Ich würde mich nicht zu sehr darauf verlassen«, erwiderte Phil mit bedeutungsvoller Stimme. »Ich habe bereits das Gefühl, dass es hier anders sein wird.«

Seine Worte durchschossen mich wie Giftpfeile. Ich hatte gehofft, wir würden es mehr mit Engeln als Dämonen zu tun bekommen, aber wenn ich die Augen schloss und tief in die höhlenartige Kirche hinein fühlte, musste ich zugeben, dass ich es ebenfalls spürte. Alles schien von einer gewissen Verwirrung geprägt. Und wie zuvor begann dieses Gefühl, von meinem Emotionalkörper Besitz zu ergreifen. Ich atmete tief durch und öffnete wieder die Augen. Phil saß mit gebeugtem Kopf neben mir.

»Ist alles in Ordnung?«, fragte ich.

»Ja, alles gut, ich bereite mich nur vor.«

»Worauf?«

Dass er mir nicht antwortete, machte mich eher nervöser. Offenbar würden wir für das, was uns bevorstand, sämtliche Kräfte brauchen.

»Wie ich bereits sagte«, begann Phil, als er sich wieder aufrichtete, »werden wir hier *Shaddai el Chai* tönen. *El Shaddai* gilt auch als der ›Gott des Berges‹. Du musst wissen: Wenn wir diese göttlichen Namen aussprechen, wenden wir uns an archetypische, uralte Kräfte, die schon lange vor der Erschaffung der Welt oder der Kabbala verehrt wurden. Hier geht es nicht um die Anrufung niederer Götter, wie viele meinen.

Wer so denkt, sieht nur das äußere Gewand. Diese Namen repräsentieren nicht weniger als die Elemente der Schöpfung. Wir wissen, dass wir hier sind, um ein gutes Werk zu tun, und wir haben viele machtvolle Verbündete an unserer Seite. Nach einem kurzen Schutzgebet werden wir nun also zwölf Mal den Namen wiederholen, immer mit *En Sof* am Ende.«

Phil sprach das Gebet und beugte dann den Kopf. Gemeinsam begannen wir: »*Shaddai el Chai, En Sof; Shaddai el Chai, En Sof; Shaddai el Chai, En Sof* ...«

Unsere leisen Stimmen hallten von der Steinwand neben uns wider und ich spürte, wie meine Verwirrung zunahm. Ich konnte es nicht erklären, doch als ich zu Phil hinüberschaute, sah ich, dass es ihm wohl ähnlich ging. Seine Augen waren geschlossen, sein Mund murmelte angespannt vor sich hin. Ich fragte mich, ob wir uns selbst in diese Ängstlichkeit hineingesteigert hatten, doch je stärker es wurde, desto sicherer war ich, dass wir das nicht erfunden hatten. Etwas war im Gange, aber es war noch nicht klar, was.

Nach dem Gebet saßen wir noch einen Moment lang ruhig da und überlegten, was wir jetzt tun wollten. Phil bewegte sich zuerst. »Also gut, gehen wir umher und schauen, was passiert.«

»Geh lieber nicht zu weit weg«, bat ich ihn. »Ich möchte dich in der Nähe haben, falls etwas schiefgeht.«

»Mach dir keine Sorgen. Es wird nichts allzu Außergewöhnliches geschehen.« Doch sein Blick passte nicht zu seinen Worten. Ich wusste, er war ähnlich besorgt wie ich.

Das Gefühl der Verwirrung hatte sich so verstärkt, dass ich nicht mehr wusste, was ich tun sollte: zum Altar nach vorne gehen oder hier hinten bleiben. Ich schaute wieder zur Decke und hoffte, dort eine Inspiration zu finden. Die Heiligen und Apostel schwiegen. Schließlich beschloss ich, nicht weiter nachzudenken, sondern meinem Instinkt zu folgen. Und der schickte mich zum Altar.

Auf dem Weg nach vorne passierte ich viele Seitenaltäre. Meine Schritte waren langsam und unbestimmt. Als ich schließlich vorne war, schaute ich das Tabernakel an und fragte mich, von wo wohl die Energie ausging, die ich spürte. Ich hatte den Impuls, hinter den Altar zu gehen. Meine Schritte wurden fester. Dort bemerkte ich als Erstes eine Replik der Bundeslade, jener legendären Truhe, die einst die Zehn Gebote enthalten haben soll. Phil stand bereits daneben.

»Ziemlich erstaunlich«, bemerkte ich.

»Die Bundeslade, genauer gesagt: die Zeugnislade. Das ist zutreffender. Ziemlich gut nachempfunden, wenn mein Gedächtnis nicht trügt. Was meinst du, warum sie hier ist?«

»Ich? Keine Ahnung, aber die Energie, die ich fühle, scheint irgendwie von hierher zu kommen, vielleicht sogar genau von hier.«

»Was weißt du über die Lade?«, fragte Phil. Lächelnd fuhr er fort: »Ich meine, abgesehen von der Indiana-Jones-Fassung, die übrigens gar nicht so abwegig war.« Er wollte wohl die Atmosphäre etwas lockern, aber es funktionierte nicht so gut und er spürte es. Ich versuchte jetzt, meinerseits die Spannung aufzulösen, indem ich alles erzählte, was ich darüber wusste.

»In der Lade sollten die Tafeln sein, die Moses vom Berg Sinai mitgebracht hatte«, antwortete ich. »Es heißt, auch Aarons Stab sei darin gewesen – und etwas Manna, mit dem Gott die Israeliten ernährte, als sie sich in der Wüste verirrt hatten. Als Gott mit Moses sprach, standen ihm zwei Cherubim zur Seite; das sind diese Engel hier oben drauf. Es gab genau genommen zwei Bundesladen: die erste, einfache, die

Moses anfertigte, und später eine kunstvollere Version von Bezalel. Wo immer sie hinkam, ereigneten sich Wunder. So wurde sie im Lauf der Zeit zu einem der geheimnisvollsten und meistgesuchten Objekte der Menschheitsgeschichte.«

»Sehr gut. Obwohl an der Lade noch viel mehr dran ist, als es auf den ersten Blick scheint. Sie enthielt viel mehr, als man uns gelehrt hat.«

»Ist es nicht ungewöhnlich, in einer katholischen Kirche eine Replik einer Bundeslade zu finden? Vielleicht ist darin etwas versteckt.«

»Nun, solange wir keinen Röntgenblick haben oder den Deckel aufsprengen, werden wir das nie erfahren.«

»Ich habe das Gefühl, dort steckt nichts Physisches darin, sondern etwas anderes«, fuhr ich fort, in der Hoffnung, zu einer plausiblen Antwort zu finden.

»Wieso meinst du das?«

»Ehrlich gesagt ist es nur so ein Gefühl. Ich lerne von Ort zu Ort mehr, ihm zu vertrauen. Ich habe das Gefühl, dass es hier Formeln gibt – oder Codes, wie du sagst –, in denen energetisch eine Kraft feststeckt, mit der ich nicht unbedingt etwas zu tun haben möchte.«

»Schau mal nach oben«, meinte Phil und wies zur Decke.

Ich sah sofort, was er meinte: Direkt über der Lade war ein einzelnes Templerkreuz an die Decke gemalt, umgeben von Blitzen, die ihm eine merkwürdige, geradezu okkulte Atmosphäre verliehen.

»Was meinst du, was das bedeutet?«, fragte ich.

»Ich bin mir nicht sicher, aber ich habe so eine Ahnung. Hier ist etwas im Gang, das ich nicht ganz verstehe. Ich habe so etwas noch nie gespürt, und trotzdem erinnert es mich an irgendetwas. Ich werde dieses Gefühl einfach nicht los.«

Das konnte ich gut nachvollziehen. »Mir geht es genauso.

Ich fühle Verwirrung ... und Schmerz. Und noch etwas, das ich nicht eindeutig identifizieren kann.«

»Vielleicht Verrat, Untreue oder so was?«

»Ja, genau, ich fühle mich verraten. Woher weißt du das? Meinst du, es hat etwas mit der Lade zu tun?«

»Oh, ich bin sicher, es ist hier zentriert, in der Lade und um sie herum. Es begann erst, als wir den Namen getönt haben. Was immer wir da spüren – wir haben es auf den Plan gerufen. Ich schlage vor, dass wir zwölf Mal den Namen *El* tönen und jedes Mal ein paar besondere Worte hinzufügen – wenn ich mich an sie erinnern kann.«

»Ehrlich gesagt macht mich diese Sache ein wenig nervös«, gestand ich. »Ich hoffe, es wird nicht schlimmer.«

»Ich glaube, ich habe das hier gut im Griff. Niemand kann sicher wissen, was passieren wird, aber deshalb sind wir ja hier.«

»Irgendwie flößt mir das nicht so enorm viel Vertrauen ein«, murmelte ich vor mich hin.

Wir standen vor der Lade und schlossen die Augen. Phil fuhr fort: »Ich habe den Impuls, dass wir weitersingen sollten – nicht nur den einen Namen, den ich für diese Kirche ausgewählt habe, sondern viele. Die Kraft an diesem Punkt kann nur freigesetzt werden, wenn wir sehr viel mehr Energie mobilisieren als zuvor. Ich werde viele Namen singen und du wiederholst sie einfach nach mir, okay?«

»Okay.«

»Gut, Jimmy. Dann sing mir nach: *El Echad,* der *eine* Gott.«

»*El Echad,* der *eine* Gott.«

»*El Emet,* der Gott der Wahrheit.«

»*El Emet,* der Gott der Wahrheit.«

Phil sang immer weiter und ich wiederholte seine Worte

sorgsam: »*El Shaddai,* Allgenügender Gott; *El Elyon,* Höchster Gott; *El Gibbor,* Mächtiger Gott; *El Hashamayin,* Gott des Himmels; *El Malei Rachamin,* Allgnädiger Gott; *El Rachum,* Barmherziger Gott; *El Olam,* Ewiger Gott; *El Channun,* Gott der Gnade; *El Yeshuatenu,* Gott unserer Rettung; *El Tsaddik,* Gerechter Gott; *Immanuel,* Gott ist in uns.«

Als wir all diese Namen getönt hatten, machte sich ein vertrautes Gefühl in mir breit. Ein starkes Gefühl der Hingabe durchströmte mich, ähnlich wie in der Kirche Mariä Himmelfahrt. Im Vergleich zu der Verwirrung, die mich zuvor durchdrungen hatte, war es mir sehr recht. Und plötzlich sah ich sie, wie in einem Traum: die schöne Nonne. Ich war mir nicht sicher, ob ich sie mit meinen Augen sah oder in meinem Herzen. Sie strahlte und trug ein leuchtend weißes Gewand, nicht mehr das schwarze Habit wie zuvor. Es war, als wäre sie im Himmel gewesen und wieder zurückgekehrt, und ich fragte mich, warum. Sie lächelte mir zu und winkte mir, ihr zu folgen. Zuerst wusste ich nicht, was tun. Phils Augenlider waren noch geschlossen. Ich entschied mich, zu erkunden, wohin sie mich führen wollte. Ich meinte eher einem Gefühl als einer Erscheinung zu folgen, doch es fühlte sich ganz echt an, als ginge sie wirklich direkt vor mir her.

Wir gingen um die Ecke und auf den Hauptaltar zu. Sie schien weniger zu gehen, sondern vielmehr ein paar Zentimeter über der Erde zu schweben. Dann hielt sie inne und wandte sich dem Altar zu. Ich ging so nahe heran, wie es mir angemessen erschien, und schaute dann ebenfalls auf den Altar, wohin ihr Blick gerichtet war. Ich konnte kaum glauben, dass es mir vorher nicht aufgefallen war: Auf der hinteren Wand des Altars, umgeben von riesigen goldenen Strahlen und ominösen Wolken, stand das Tetragrammaton: JHWH. Es war von einem wunderschönen goldenen Dreieck umgeben, und seine Energie durchstrahlte die ganze Kirche. Die Nonne blickte auf den Namen und dann wieder auf mich. Mir wurde klar, dass genau gegenüber dem Tetragrammaton, auf der anderen Seite der Rückwand, die Lade stand, darüber das Templerkreuz. Ich wusste, dass Phil immer noch dort war, und ich fragte mich, wie ich diese Erfahrung deuten sollte. Die Nonne schwebte jetzt zurück zur Lade und ich folgte ihr erneut.

Als wir dort ankamen, stand Phil immer noch an der gleichen Stelle, aber nun mit geöffneten Augen. Er nahm offenbar nicht wahr, was ich sah, als wäre die Nonne nur für mich sichtbar. Er war wohl in seinen eigenen Gedanken verloren. Vielleicht erlebte er ähnlich wie ich etwas, das nur ihm zugänglich war. Man gewann den Eindruck, dass er aufmerksam die Lade studierte. Als ich zu ihm trat, hielt auch die Nonne an und wandte sich ebenfalls der Lade zu. Ich verstand nicht ganz, was sie mir mitteilen wollte, doch ich wusste, es hatte mit dem Tetragrammaton und der Lade zu tun.

Welche Verbindung gab es zwischen den beiden? In der Bundeslade waren einst die Zehn Gebote enthalten gewesen, *Jahwes* Bund mit Moses und den Israeliten. War da noch mehr? Wir hatten bereits den Namen *Shaddai el Chai* gesungen und zwölf weitere Namen. Dem noch *Jahwe* hinzuzufügen, wäre vielleicht zu viel des Guten. Vor allem fürchtete ich, dass es für *uns* zu viel werden könnte. Allein die Anwesenheit der Nonne stimmte mich optimistisch. Ihre Ausstrahlung schien der beste Schutz vor jenem zu sein, was in der Lade war.

»Da ist etwas auf dem Altar, das ich zuerst gar nicht gesehen habe«, erzählte ich Phil. »Ein Tetragrammaton, und ich glaube, wir sollen es verwenden, um das, was in der Lade ist, zu erlösen – was auch immer es sei.«

»Ich weiß von dem Tetragrammaton, aber wieso meinst du ...«

»Die Nonne von der letzten Kirche ist hier«, flüsterte ich. »Dort trug sie Schwarz, jetzt ist sie ganz in Weiß. Ich glaube, ich weiß, warum sie hier ist.«

Wir schauten jetzt alle drei auf die Lade: Phil, die Nonne und ich. Zuerst geschah nichts, doch dann spürte ich Hitzewellen, die von der Lade ausgingen. Der ganze Bereich der Kirche, in dem wir uns befanden, schien wärmer zu werden. Ich spürte auch ein leichtes Vibrieren, als würde ein Zug in der Nähe vorüberfahren, doch die Schwingung blieb konstant gleich. Ich schaute zu Phil, um zu sehen, ob er das Gleiche wahrnahm, aber er stand bewegungslos und mit geschlossenen Augen da. Als ich meinen Blick wieder zur Lade wandte, erkannte ich, wie sich über dem Deckel ein schwarzer Schatten bildete, genau zwischen den ausgespannten Flügeln der Cherubim. Ich erschrak ein wenig und wollte mich spontan zurückziehen, doch innerlich wusste ich, dass ich mich nicht rühren sollte.

Der Schatten verstärkte sich. Er löste sich rasch von der Lade und schwebte jetzt direkt vor uns. Ich sah einen silbernen Schein darin und regenbogenfarbene Streiflichter. Ein Schwall von Emotionen durchflutete mich. Ich wollte Phil ansprechen, doch etwas wies mich an, ihn nicht zu stören. Ich bemerkte, dass er kaum hörbar und mit kaum merklichen Mundbewegungen vor sich hin murmelte.

Ich bemühte mich, zu verstehen, was er sagte, und identifizierte es schließlich als das Tetragrammaton. Ständig wiederholte er die vier Buchstaben. Ich beschloss, es ihm gleichzutun. Unser Chor von »Yod He Waw He, Yod He Waw He ...« rollte in Wellen hin zur Lade, und die Vibration nahm immer mehr zu, bis sich die ganze Kirche zu schütteln schien. Ich wusste, dass dies nicht in der äußeren Wirklichkeit geschah, doch als ich zu Phil hinüberschaute, sah ich, dass seine Hände, mit denen er sich an das Geländer klammerte, wie von einer ständigen Erschütterung vibrierten. Der Schatten erhob sich höher; ich wusste sofort, wohin er sich bewegte: zum goldenen Tetragrammaton. Und genau in dem Augenblick, da der Schatten in einer Art Wirbel im Tetragrammaton zu verschwinden schien, schmolzen alle Emotionen, die mich bewegten, zu einem einzigen Gefühl zusammen: Dankbarkeit.

Ich blickte dorthin, wo die Nonne gestanden hatte, und war nicht überrascht, sie nicht mehr zu sehen.

»Was immer es war, nun ist es weg«, sagte ich zu Phil, dessen Blick auf dem strahlenden Dreieck ruhte. Ich bemerkte, dass seine Augen voller Tränen standen – und meine auch.

»Etwas Neues von deiner Nonne?«, fragte er leise.

»Nein, sie verschwand, bevor sich das Portal schloss.«

»Dann schlage ich vor, dass wir auch gehen. Unser Werk hier ist getan.«

Wir traten einen Schritt zurück und wandten uns von der Lade ab. Die Luft in der Kirche kam mir plötzlich feucht und kalt vor. Ich hatte keinen anderen Wunsch, als schnellstmöglich ins Freie zu gelangen.

10

Adonai

Nachdem wir hinausgegangen waren, hielt ich auf den Stufen vor der Kirche an. Ich musste einfach einen Moment innehalten, als müsste ich mich der Welt vergewissern, in der ich mich sicher fühlte, die mir vertraut war und die ich verstand. Was immer eben geschehen war – ich verstand es nicht; es erfüllte mich mit einer Ängstlichkeit, die ich loswerden wollte, bevor es weiterging. Ich wusste sonst nicht, ob ich weitermachen könnte.

»Vielleicht sollten wir über das reden, was eben passiert ist«, meinte Phil schließlich.

»Ja«, antwortete ich erleichtert, »das halte ich für eine gute Idee.«

»Erzähl mir, was du meinst, worum es hier ging.«

»Ich habe keine Ahnung. Ich habe gehofft, du würdest es mir sagen. So läuft es doch: Du orchestrierst das Abenteuer und beantwortest hinterher meine Fragen. So habe ich mir das jedenfalls vorgestellt.«

»Ich glaube, dass dir meine Antwort nicht gefallen wird. Ich bin mir nicht mal sicher, ob sie mir selbst gefällt.« Sein Gesichtsausdruck machte mir mehr Angst als das, was ich eben erlebt hatte. Ich wäre am liebsten zurückgelaufen und hätte die letzte halbe Stunde meines Lebens gelöscht.

Ich setzte mich auf die nassen Stufen. »Damit fühle ich mich noch unwohler.«

»Es widerspricht halt allem, was wir bisher gelernt haben. Es gibt Wahrheiten über die Vergangenheit, denen wir uns früher oder später stellen müssen, wenn wir unserem Leben und unserer Zukunft einen Sinn abgewinnen wollen. Ich wünschte, ich könnte dir etwas Konkreteres sagen, aber ich kann es nicht.«

»Heißt das, du weißt nicht, was da aus der Lade kam? Du hast recht: In der Tat, das gefällt mir nicht.«

»Nein, das habe ich nicht gesagt, Jimmy. Die Wahrheit ist: Ich habe schon eine Ahnung, was dort geschehen ist – und sogar, warum es geschehen ist. Ich glaube nur, jetzt ist nicht der richtige Zeitpunkt, darauf einzugehen. Ich möchte lieber abwarten, wie sich alles entwickelt, um sicherzugehen. Ich weiß, es ist nicht leicht für dich, das zu akzeptieren, aber du musst mir vertrauen, du musst dir selbst vertrauen und auch darauf, dass sich alles zur rechten Zeit offenbaren wird. Manche Dinge müssen für uns Mysterien bleiben, und ich glaube, dies hier gehört dazu, zumindest im Augenblick – das heißt, bis wir einen Zustand des Friedens erreicht haben.«

»Was meinst du damit: einen Zustand des Friedens?«

»Alles zu seiner Zeit. Ich glaube, dass wir das erreichen, was wir uns vorgenommen haben.«

»Erklär mir doch noch mal, was das war.« Meine Worte klangen harscher, als sie gemeint waren.

»Wir transformieren uns selbst durch die göttlichen Namen – und dadurch auch alles, was wir berühren.«

»Das tun wir wohl.«

»Dabei muss ich es vielleicht erst einmal belassen. Ich meine, wir sollten unseren nächsten Ort aufsuchen. Es ist nicht weit.«

»Es gefällt mir nicht so sehr, dermaßen im Dunklen zu tappen«, fuhr ich fort, während wir gingen. »Das war eine der intensivsten Erfahrungen meines Lebens – und höchst furchterregend. Es muss doch noch etwas geben, das du mir sagen kannst, damit ich mich besser fühle.«

Phil schwieg eine Weile. Die Spannung stieg.

»Ich sagte ja schon: Wenn die Zeit gekommen ist ... Momentan kann ich nur sagen, dass die Orte, an denen wir waren, und die Erfahrungen, die wir gemacht haben, auf etwas hinauszulaufen scheinen, auf eine Art ...«

»... großen Showdown?«

»Nun, so würde ich es nicht nennen. Aber du bist auf der richtigen Spur. ›Konfrontation‹ wäre vielleicht das passendere Wort. Doch es gibt keinen Grund, es bedrohlicher zu machen, als es sein muss. Ich verspreche dir, hinter all dem Wahnsinn steckt Methode. Es ist alles Teil eines viel größeren Plans.«

Ich meinte, über Phils Gesicht einen Schatten der Unsicherheit huschen zu sehen, als versuchte er, nicht nur mich zu überzeugen, sondern auch sich selbst. Doch es war Zeit, unsere Mission fortzusetzen, und ich wusste es. Ich würde mich gedulden müssen. Wir wandten uns nach rechts zur Rue de Rivoli, einer der berühmtesten Straßen von Paris, wenn nicht der Welt. »Und wohin geht es jetzt?«

»Wir steuern auf einen der geschichtsträchtigsten Plätze von Paris zu«, erwiderte Phil. »An diesem Ort treffen alte Mysterien und blutige Historie aufeinander, was ihn zu einem perfekten Kandidaten für unsere Arbeit macht.«

»Ich habe den Eindruck, diese Stadt ist voll von Orten, auf die diese Beschreibung zutreffen würde.«

»Aber nicht so sehr wie bei diesem. Ehrlich gesagt, ich weiß nicht genau, was uns erwartet. Ich weiß nur: Unser Ziel spielt in der Kette von Ereignissen, bei denen wir mithelfen, eine wichtige Rolle.«

Wir bogen von der Rue de Rivoli ab auf einen schönen, von Bäumen eingerahmten und überwölbten Weg. Wir liefen am Rand der Tuilerien entlang, deren Grünflächen bis an die Seine reichen. Vor uns sah ich einen großen, von Verkehr umflossenen Platz, in dessen Mitte eine Nadel gen Himmel ragte. Offenbar hatte Phil vor, genau auf diesen Punkt zuzusteuern.

»Was ist das für ein Platz vor uns?«, fragte ich ihn.

»Dorthin wollen wir. Es ist der größte und berühmteste Platz von Paris: der Place de la Concorde. Er sitzt genau zwischen den Tuilerien und den Champs-Élysées. Als er Mitte des achtzehnten Jahrhunderts erbaut wurde, hieß er noch Place Louis Quinze, also Platz Ludwigs des Fünfzehnten, und in der Mitte stand eine riesige Statue des Königs auf einem großen Hengst. Von dem Platz aus kann man viele bedeutende Orte der Stadt sehen – sogar den Eiffelturm. Und in seiner Mitte steht jetzt ein starkes Objekt der Macht und der alten Magie.«

»Das Ding da in der Mitte?«

»Ja, das ist der Obélisque de Luxor – ein Monolith aus rosa Granit, den der Vizekönig von Ägypten Mehemet Ali 1829 den Franzosen schenkte. Dieser Obelisk stand einst am Eingang des Tempels von Amun-Mut-Khonsu in Luxor. Er ist mehr als dreitausenddreihundert Jahre alt und mit Hieroglyphen bedeckt, die von der Regierungszeit von Ramses dem Zweiten und Ramses dem Dritten berichten.«

»Ramses der Zweite war der Pharao, dem Moses gegenübertrat.« Endlich kapierte ich den Zusammenhang.

»Zumindest wird das allgemein angenommen. Doch ich will nicht vorgreifen. Um die Bedeutung dieses eindrucksvollen Monuments ganz zu erfassen, solltest du wissen, was auf diesem Platz vorher geschehen ist. Er diente als Mittelpunkt der blutigsten Unruhen der französischen Geschichte: der Revolution. Als die Revolutionäre die Macht übernahmen, nannten sie ihn Place de la Révolution und stellten eine Guillotine dorthin, wo vorher der König stand. Ludwig der Sechzehnte und Marie Antoinette wurden hier hingerichtet, ebenso viele andere Adlige. Im Sommer 1794, während der Schreckensherrschaft, wurden hier über eintausenddreihundert Leute geköpft. Man sagt, der Geruch des Blutes war so stark, dass das Vieh hier nicht vorbeigehen wollte. Auf dem damals sogenannten Place de Grève wurden Verbrecher hingerichtet und zur Unterhaltung der Machthabenden zerstückelt. Doch zur Wintersonnenwende 1833 kam der Obelisk, und alles veränderte sich. Das Relief auf seinem Sockel zeigt, wie er hierher transportiert und aufgestellt wurde. Er ist dreiundzwanzig Meter hoch und wiegt über zweihundertdreißig Tonnen. Du kannst dir vorstellen, was für eine gigantische Aufgabe das damals darstellte.«

»Das erinnert an den Bau der Pyramiden«, bemerkte ich. »Die Ägypter schrecken wohl nicht vor großen Projekten zurück.«

»Das kann man wohl sagen. Sie wollten noch einen herbringen, doch es erschien selbst ihnen zu aufwendig. Über dreiunddreißig Jahrhunderte lang hat dieser Stein im Tempel von Luxor gestanden. Sein Schlussstein soll im sechsten Jahrhundert gestohlen worden sein. Ich hoffe, dass uns eine spezielle Betrachtung der Hieroglyphen auf unserer Reise weiterhilft.«

»Deswegen sind wir hier?«, fragte ich mit einem kleinen Seufzer.

»Deswegen sind wir hier.«

Als wir an dem Platz ankamen, empfand ich das Gleiche wie an den anderen von Phil ausgewählten »Kraftorten«: eine an Schrecken grenzende Faszination. Hunderte von Menschen bevölkerten den Ort, fotografierten sich gegenseitig vor dem Obelisken oder genossen auf seinen Stufen das erste Sonnenlicht dieses Tages. Ich war noch etwa dreißig Meter vom Obelisken entfernt, als die Hieroglyphen plötzlich von der Oberfläche zu springen und in mein Drittes Auge einzudringen schienen. Ich hielt an und fühlte mich einige Sekunden lang wie gelähmt.

Phil kam rasch zu mir. »Was ist los?«

»Ich weiß nicht«, antwortete ich nach einer Weile. »Ich spüre all diese Energie, aber ich weiß nicht, warum.«

»Die anderen Orte, an denen wir waren, scheinen dich so weit geöffnet zu haben, dass du praktisch unmittelbar auf die Energie reagierst. Ich glaube, du beginnst, die in den Hieroglyphen verborgenen Codes wahrzunehmen – nicht intellektuell, sondern energetisch. Ich spüre sie auch.«

»Aber was bedeutet das?«

»Das wollen wir herausfinden.«

Wir gingen auf das geheimnisvolle Monument zu. Die Energie, die ich wahrnahm, wurde dabei weicher. Ich fragte mich, ob ich mich an diesem Tag vielleicht ein wenig überanstrengt hatte, sodass ich schon hinter jeder Ecke Geister witterte. Ich habe mich immer für einen kritischen Menschen gehalten, was diese Dinge betrifft, aber Phils Gespür für Dramatik hatte mich in seinen Bann gezogen.

Sosehr ich einerseits wünschte, Phil wäre einfach nur leicht überspannt, wusste ich doch, dass seine Intuition meistens auf den Punkt genau traf. Und was ich in den letzten vier Kirchen erlebt hatte, ließ sich nicht wegdiskutieren. Sosehr ich auch versuchte, mich vom Gegenteil zu überzeugen: Die Beweise für das unmöglich Erscheinende begannen sich zu häufen. Ich ging noch einen Schritt auf den Obelisken zu

– meine Knie wurden schwach. Nach meiner Erfahrung in Saint-Roch hatte ich keine Lust, ein Risiko einzugehen.

»Was sollen wir deiner Meinung nach hier tun?«, fragte ich Phil zögernd.

»Ich meine, das Gleiche wie an den anderen Orten.« Er spürte meine Nervosität. »Sorge dich nicht, es wird nicht so sein wie in Saint-Roch. Denke daran: Wir sind vor allem hier, um unsere eigenen Seelen weiterzuentwickeln. Wir werden also wieder einen der heiligen Namen Gottes anrufen, aber nur, um unser eigenes Bewusstsein zu transformieren. Wenn wir das tun, wird es auf alles in unserer Umgebung wirken: auf jede Person und jede Situation. So funktioniert die göttliche Gnade eben. Es ist der Moses-Code in Aktion. Wenn wir uns befreien, erfährt die ganze Schöpfung Befreiung. Das ist der einzige Grund, weshalb wir hier sind. Ich kann das gar nicht genug betonen.«

»Ich werde daran denken.«

»Gut. Setzen wir uns dort auf die Stufe. Es könnte heute das einzige Mal sein, dass wir die Sonne genießen können.«

Wir setzten uns zu Füßen des Obelisken auf den feuchten Granit. Ein junges französisches Pärchen küsste sich wenige Meter von uns entfernt; auf der anderen Seite war eine japanische Familie damit beschäftigt, sich gegenseitig zu fotografieren. Ich versuchte, mich auf die Autos zu konzentrieren, die den Platz umkreisten, die eindrucksvollen Gebäude, die ihn umstanden, auf alles, was mich von der Angst ablenkte, die ich fühlte. Phil bemerkte das wohl und stupste mich in die Seite.

»Hast du gehört, was ich gerade gesagt habe?«

»Nein, ich war einen Augenblick lang abwesend.«

»Der nächste Name, den wir anrufen wollen, ist einer der kraftvollsten; deshalb möchte ich ihn hier verwenden. Es ist

Adonai, das heißt ›Herr‹. *Adonai* und *Elohim* sind die Namen, die als Ersatz für das Tetragrammaton verwendet werden, um den heiligen Namen nicht aussprechen zu müssen.«

»Wir haben diesen Namen doch schon in Sacré-Coeur anstelle des Tetragrammatons verwendet.«

»Ich erinnere dich daran, dass die Namen, die wir tönen, in gewisser Weise für Eigenschaften des Göttlichen stehen. Sie beziehen sich auf Aspekte unserer selbst; wir bringen Aspekte unserer göttlichen Natur zum Vorschein, wenn wir sie rezitieren. Ja, wir haben diesen Namen schon in Sacré-Coeur eingesetzt, aber jetzt verwenden wir ihn um seiner selbst willen, nicht als Ersatz für etwas anderes.«

Ich versuchte, Phil gut zuzuhören, doch irgendetwas zog meine Aufmerksamkeit zu dem Obelisken.

»Im Zusammenhang mit dem kabbalistischen Baum des Lebens ist eine gebräuchliche Variation dieses Namens *Adonai Melekh ha Aretz,* das bedeutet ›Herr und König der Erde‹«, fuhr Phil fort. »Vielleicht nehmen wir besser diesen Namen. Wenn meine Annahmen stimmen, müsste das die beste Wahl sein.«

»Welche Annahmen?«, hakte ich eindringlich nach.

»Es ist schwer zu sagen, mit welcher Art von Bewusstsein wir es hier zu tun haben werden. Die Energie dieses Ortes ist anders als alles, was wir bis jetzt kennengelernt haben. Schließlich stand dieser Obelisk am Ufer des Nils im Tempel von Luxor. Sein wahrer Name war ›Tempel des Amun-Mut-Khonsu‹, das bedeutet ›Tempel des Menschen‹. Er ist ein in Stein gehauener alchemistischer Text, voll höchsten Wissens um spirituelle Erkenntnis und heilige Mächte. Das meiste davon ist wohl in den Nebeln der Vorzeit untergegangen. Das heißt, wir müssen hier auf alles gefasst sein.«

»Ich hoffe, wir gehen nicht auch unter.«

»Denke daran, was ich dir gesagt habe: Wir sind einzig und allein hier, um die Ketten um unsere eigenen Seelen aufzulösen. Alles andere wäre Blasphemie und käme einem Missbrauch der heiligen Namen gleich. Lass uns klar und fokussiert und in höchster Integrität bleiben, ja?«

»Einverstanden.«

Wir schlossen die Augen und atmeten einige Male tief durch, um den Lärm um uns herum auszublenden. Phil murmelte etwas vor sich hin und machte ein etwas ausführlicheres Schutzritual als an den anderen Orten. Dann begannen wir wieder, mithilfe unserer Finger zwölf Mal den Namen zu tönen und in unser Bewusstsein sinken zu lassen: *»Adonai Melekh ha Aretz, En Sof; Adonai Melekh ha Aretz, En Sof; Adonai Melekh ha Aretz, En Sof…«*

Nach unserer Anrufung schaute Phil mich an. »Zwei Dinge will ich dir sagen. Erstens: Bitte geh nicht zu weit von mir weg. Ich will dich nicht ängstigen, aber wir haben es hier, wie gesagt, mit sehr alter Magie zu tun. Wir könnten eine Überraschung erleben.«

»Das wäre ja nichts Neues. Ich erlebe ständig Überraschungen, seit wir angefangen haben. Und zweitens?«

»Ich möchte dir vorschlagen, die Hieroglyphen auf eine bestimmte Weise anzuschauen. Es ist eine alte Art, mit verschlüsseltem Material umzugehen und die Seele die Geheimnisse entschlüsseln zu lassen anstelle des Verstands. Ich weiß nicht, ob es hier funktioniert, aber es ist einen Versuch wert. Man nennt es ›stereoskopische Sicht‹. Erinnerst du dich an diese Bücher mit Stereogrammen, die in den Neunzigerjahren so populär waren? Man konnte in zweidimensionalen Mustern dreidimensionale Bilder entdecken. Es ist so ähnlich: Du fängst ein bisschen an zu schielen und entspannst deinen Fokus. Die Erbauer dieser alten Tempel kannten diesen Prozess, da kannst du ganz sicher sein. Versuch mal, auf diese Weise auf die Hieroglyphen zu schauen. Vielleicht bringt uns das weiter.«

»Und was soll ich machen, wenn ich etwas sehe?«

»Dann holst du mich. Falls ich etwas entdecke, hole ich dich auch. Wir sollten darauf achten, uns nicht zu weit voneinander zu entfernen.«

Wir gingen in entgegengesetzte Richtungen los, bis wir auf den einander gegenüberliegenden Seiten des Obelisken standen. Zuerst wusste ich nicht recht, was ich tun sollte. Ich schaute mir die kleinteiligen Muster an und hoffte, dass mir etwas auffallen würde. Doch ich bemerkte nichts. Ich bemühte mich, wie ein normaler Tourist zu wirken, um nicht unangenehm aufzufallen. Dann versuchte ich, auf die Weise zu schauen, die mir Phil vorgeschlagen hatte. Ich fühlte mich ein bisschen albern, doch als ich zu Phil hinüberschaute, sah ich ihn blinzelnd den Kopf vor- und zurückwiegen. Eine junge Frau kicherte über ihn, als sie an ihm vorbeiging. Für den Moment nahm mir das den Druck und ich wandte mich wieder der Schrift zu.

»Lasst mich etwas sehen, das einen Sinn ergibt«, flüsterte ich, während ich wieder zu schielen begann. Irgendwie hoffte ich, die ägyptischen Zeichen würden sich in Bewegung setzen und zu englischen Buchstaben werden – oder so etwas Ähnliches. Wenn ich die Augen zu weit überkreuzte, meinte ich, eine gewisse Bewegung wahrzunehmen, doch es war so unangenehm, dass ich es nicht lange durchhielt. So wanderte ich um den ganzen Obelisken, doch erst als ich vor der vierten Seite stand, spürte ich etwas in mir. Zuerst schien es wie ein leichtes Bauchkribbeln, doch dann wurde es stärker, bis es in meinem Hals saß. Ich stand ganz still und schaute weiter auf die Hieroglyphen. Nach etwa einer

Minute war das Gefühl zwar stärker, aber sonst geschah nichts.

Schließlich ließ ich den Blick los und schaute nach unten auf meine Füße. Ich bemerkte, dass ich auf einem Zeichen stand, trat einen Schritt zurück und entdeckte, dass in den Zement ein Templerkreuz eingeritzt war. Das unangenehme Gefühl in meinem Körper nahm ab. Ich trat wieder auf das Kreuz, und es kehrte zurück. Ich schaute zu Phil und winkte ihm, zu mir zu kommen.

»Was ist los?«

»Ich glaube, ich habe etwas entdeckt. Jemand hat hier ein Templerkreuz in den Zement geritzt, und wenn ich mich darauf stelle, entwickeln sich ganz merkwürdige Gefühle in mir.«

»Lass mich mal versuchen.« Phil stellte sich auf das Kreuz und schloss die Augen. »Wow, ich kann es auch fühlen. Als würden Ströme von Energie durch meine Beine bis in meinen Solarplexus fließen.«

»Ich habe es so ähnlich gespürt. Was meinst du, was bedeutet das?«

»Warte mal einen Moment ...« Phil fing wieder an zu blinzeln und zu schielen, und schaute nach oben auf den Obelisken. Er stand mindestens eine Minute lang so da, dann schloss er kurz die Augen und schaute mich an. »Ich habe den Namen gesungen, während ich hinschaute, und etwas schien zu geschehen. Probier du es mal und erzähl mir, was du siehst.«

Phil trat zur Seite. Ich stellte mich an die Stelle, atmete einmal tief und begann dann mit leiser Stimme »*Adonai Melekh ha Aretz, En Sof*« zu singen. Zuerst schien sich nichts zu verändern, sodass ich mich schon fragte, ob dies eine weitere Sackgasse sei. Doch dann bemerkte ich im Augenwinkel eine Veränderung, fast als ob sich die ägyptischen Zeichen anders anordnen würden. Einen Moment lang verlor ich meinen Fokus und als ich wieder hinschaute, hatte sich nichts verändert. Als ich meinen Fokus wieder losließ, tauchte jedoch die gleiche Empfindung auf.

Die Symbole schienen sich zu bewegen. Ich wusste, sie wollten mir etwas vermitteln, nicht unbedingt in Worten, sondern eher durch mein Unterbewusstsein. Ich erinnerte mich an den Film *A Beautiful Mind*, in dem John Ash die Buchstaben aus der Zeitung entgegenzuspringen scheinen, und fragte mich, ob hier etwas Ähnliches vor sich ging. Unmöglich konnte ich in Worte fassen, was geschah, und doch wusste ich, dass tief in mir ein Gespräch stattfand. Während ich gleichzeitig zweifelte, ob meine Wahrnehmung real war oder meiner Fantasie entsprang, hatte ich das starke Gefühl, mit etwas zu kommunizieren, das mit dem Obelisken zusammenhing.

»Spürt ihr meine Präsenz?«, schien es zu fragen.

»Ich bin nicht ganz sicher«, erwiderte ich innerlich – wissend, dass mich dieses »Etwas« verstand. »Ich nehme alles, wie es kommt.«

»Wer seid ihr und warum stört ihr mich?«

»Wer bist du und warum bist du hier?«, fragte ich zurück.

»Ihr könnt euch unmöglich vorstellen, wer ich bin, aber warum ich hier bin, beginnt ihr zu verstehen, auch wenn euer Begriffsvermögen nur von geringem Geist ist.«

Ich wusste nicht, ob ich mich beleidigt fühlen sollte. Andererseits: Hier stand ich und redete mit einem Obelisken!

»Ich bin schon länger da, als ihr euch vorstellen könnt, und meine Macht ist immer noch groß. Ich kann erschaffen und ich kann zerstören. Was wollt ihr, dass ich tue?«

Ich verlor einen Moment lang den Fokus und fragte mich, ob ich mir alles nur einbildete. Ich schaute Phil an.

»Was ist los?«, fragte er.

»Ich bin mir nicht sicher. Ich scheine mit jemandem zu reden, jemand oder etwas, das im Obelisken ist, aber ich weiß nicht, was es ist. Ich weiß noch nicht mal, ob es wirklich geschieht.«

»Vertraue einfach deiner Intuition. Ich habe das Gefühl, du bist auf einer guten Spur.«

Ich schloss einen Moment lang die Augen und schaute dann wieder mit weichem Fokus auf den Obelisken. An seiner Spitze lag ein mit Gold überzogener Schlussstein, der seine Großartigkeit noch betonte. Die Stimme kehrte rasch zurück.

»Was wollt ihr von mir?«

»Nichts. Wir sind hier, um zu helfen. Wir sind hier, um den Namen Gottes zu singen.«

»Den Namen Gottes, sagt ihr. Und welchen Gott ruft ihr an?«

»Wir rufen den *einen* Gott an, der viele Namen hat.«

Durch meinen Kopf schwirrte ein spitzes Lachen. »Wer ist der *eine,* den ihr ruft?«

»Wir rufen *Adonai,* den Herrn des Universums. Wir fühlen uns berufen, hier auf diesem Platz zu stehen und mit dir zu reden. Der Herr lässt dich wissen, dass du nicht hier bleiben musst. Du bist seit Jahrtausenden an dieses Monument gebunden, du bist in ein fremdes Land gebracht worden, und das hat dich verwirrt. Aber du brauchst nicht zu bleiben. Mittels der Macht des heiligen Namens *Adonai* befreie ich dich von deiner Bindung, von all dieser Magie, und lasse dich zu deiner Quelle zurückkehren.«

Eine Hitzewelle überflutete mein Gesicht, dass ich beinahe hintenüber fiel. Ich hörte, wie Phil intensiv auf mich einredete. »Hör auf, Jimmy!«, rief er. »Das ist alles falsch!«

In meinem Kopf tauchte wieder die Stimme auf. »Wer ist das?«

»Das ist mein Freund. Er versteht all das besser als ich.« Ich war mir allerdings nicht sicher, ob es eine gute Idee war, Phil hier ins Spiel zu bringen. Phil starrte mich ungläubig und mitleidig an.

»Jimmy, bitte, hör auf!«, wiederholte er eindringlich dicht an meinem Ohr. »Bitte verwende die Namen nicht so. Woher willst du wissen, dass jenes, mit dem du sprichst, nicht hierher gehört?«

Ich zwang mich, meinen Blick vom Obelisken ab- und Phil zuzuwenden. »Hierher gehört? Was meinst du?«

»Es gehört vielleicht hierher. Wer sind wir, das zu wissen? Nur weil es hier ist, heißt das noch nicht, dass es nicht hierher gehört. Das ist nicht Teil des Plans!«

In diesem Augenblick erinnerte ich mich, was mir Phil früher gesagt hatte: Paris bedeute »zu Füßen der Isis«. Kaum gedacht, durchfloss mich eine Welle der Erleichterung – und noch etwas anderes, nämlich Verständnis. Ich hörte noch, wie die Stimme in mir »Danke« sagte, dann brach ich fast zusammen, als das Blut wieder in mein Gehirn strömte.

So plötzlich, wie es begonnen hatte, war es auch wieder vorbei. Ich hörte keine Stimme mehr. Ich erforschte meine Gefühle, doch da war nichts als Erleichterung. Die Symbole und Zeichen schienen in dem Stein wieder zur Ruhe zu kommen. Ich wandte mich Phil zu, und er lächelte mich an.

»Hast du das gespürt?«, fragte ich, während ich mich sammelte.

»Was gespürt? Ich weiß nicht genau, was passiert ist. Ich spürte, dass du sehr tief versunken warst, und ich konnte dir nicht folgen. Als ich hörte, dass du im Namen von *Adonai* sprachst, habe ich versucht, dich aufzuhalten.«

Ich erzählte Phil von dem Gespräch und der Energie, die ich wahrgenommen hatte. »Hältst du das für möglich?«, fragte ich ihn. »Wahrscheinlich habe ich mir das alles nur ausgedacht, nach all dem, was wir schon erlebt haben.« Meine Worte sollten mich genauso überzeugen wie Phil.

»Ich kann nicht sagen, ob du es dir ausgedacht hast. Das ist natürlich möglich – alles ist möglich –, aber es kann auch sein, dass das, was du erlebt hast, seine Wurzeln in der Realität hat – wenn auch vielleicht nicht in dieser Realität.«

Wir setzten uns am Rand des Platzes auf eine Bank.

»Denk doch nur«, fuhr er fort. »Was immer es ist, wir haben keine Ahnung, wie lange es schon hier ist oder woher es kommt. Vielleicht war es schon immer hier. Gott allein weiß, welche Magie es schon erlebt, vielleicht sogar selbst hervorgerufen hat. Und der Platz selbst hat eine starke Energie. All die schrecklichen und wundervollen Dinge, die hier geschehen sind. Die Guillotine, das küssende Pärchen. Wie ich schon sagte, alles ist möglich.«

»Aber es hat keinen richtigen Schluss gefunden. Ich dachte, wir sind hier, um Wesen zu erlösen und ins Licht zu schicken.«

»Nein, Jimmy. Wir sind hier, um *uns selbst* zu erlösen und ins Licht zu schicken. Alle, die mitkommen wollen, sind dabei natürlich herzlich eingeladen.«

»Meinst du, es ist noch da?«

»Ich weiß es wirklich nicht. Und ich glaube, das ist nicht mehr wichtig. Meinst du nicht auch?« Phil schloss die Augen und erhob die Hände, als spürte er etwas nach, was seinen anderen Sinnen entgehen könnte.

Nach einer Weile wandte er sich mir zu. »Wir sollten gehen.«

»Gehen? Warum? Was ist hier passiert?«

Phil nahm mich am Arm. Wir machten uns auf den Weg, weg von dem Platz. »Manche Dinge sollte man besser in Ruhe lassen«, erwiderte er und beschleunigte seinen Schritt. »Ich weiß nur: Was auch immer du gefühlt hast – entweder es *braucht* nicht zu gehen oder es *will* nicht oder es *kann* nicht gehen. Es liegt nicht in unserer Macht, das zu entscheiden.«

»Ich habe den Eindruck, du fürchtest dich.« Schon der Gedanke jagte mir Angst ein.

»Ich fürchte mich nicht wirklich. Ich bin nur lang genug im Geschäft, um zu wissen, wann es Zeit ist, sich zu ergeben.«

»Meinst du, aufzugeben?«

»Nein, Jimmy, ich meine, sich hinzugeben.«

Ich schaute noch einmal zurück auf den Obelisken. In diesem Augenblick verschwand die Sonne hinter einer Wolke, sodass er düster und unheimlich wirkte. Der Nieselregen setzte wieder ein und der ganze Platz lag im Schatten, doch ich fühlte mich im Frieden mit allem.

»Dies ist immerhin der Place de la Concorde, der Platz des Friedens. Gehen wir zum nächsten Ort.« Phil lächelte mir zu.

Wir schauten ein letztes Mal auf das Monument und strebten dann auf den Eiffelturm zu.

»Ich bin ganz einverstanden.«

11

Elohim Gibor

»Ich weiß nicht, ob ich das alles glauben soll, was hier passiert.«

Wir waren einen Block weit vom Obelisken aus Luxor entfernt und gingen wieder die Rue de Rivoli entlang. Ich war mir nicht im Klaren, ob ich weitermachen wollte. Nach fünf paranormalen Abenteuern war ich fast sicher, dass meine Fantasie überhandnahm. Das meiste, was ich erlebt hatte, schien nur einen einzigen Schluss zuzulassen: Ich musste mir alles ausgedacht haben. In gewisser Weise fühlte ich mich dabei besser. Ich brauchte also nicht weiterzumachen, durch Paris zu ziehen, um irgendwelche Dämonen und Geister zu befreien. Der Gedanke löste große Erleichterung aus.

»Nur du selbst kannst wissen, ob du dir alles eingebildet hast«, meinte Phil. »Selbst wenn ich dir sagte, dass alles real war und dass du an jeder Stelle unserer kleinen Reise eine wichtige Rolle gespielt hast, müsstest du immer noch selbst entscheiden, was du für wirklich hältst und was nicht.«

»Sonst hast du mir nichts zu sagen?«

»Ich sage dir, dass die Macht jedes einzelnen heiligen Namens sehr real ist und dass sie dich auf der tiefstmöglichen Ebene transformieren können. Alles darüber hinaus ist ein Mysterium. Ich habe nie behauptet, dass wir mit ihrer Hilfe etwas anderes ...«

»... als die Siegel in unseren eigenen Herzen öffnen wollen, damit die Gnade in und durch uns fließen kann. Ja, ja, ich weiß. Aber du kannst mir nicht übel nehmen, dass mir das alles ein bisschen unheimlich ist. Das ist ziemlich weit jenseits dessen, was ich für normal halte.«

»Es ist auch jenseits dessen, was *ich* für normal halte«, erwiderte Phil, als wir auf die Pont Neuf einbogen. Er erklärte mir, dass dies die älteste noch bestehende Brücke über die Seine sei. »Ich habe dir ja gesagt, ich habe so etwas auch noch nie gemacht. Ein Teil von mir staunt genauso wie du über all das, was passiert. Aber ich weiß, dass es nicht meiner Fantasie entspringt. Ich bin überzeugt, dass alles sehr real war.«

An einer Statue von Henri IV. hoch zu Ross hielten wir an. Phil führte mich eine steinerne Wendeltreppe hinab in einen öffentlichen Park, den Parc Vert Gallant. Der lang gestreckte Rasen war von gut gepflegten Büschen und Bänken gesäumt. Unten angekommen blieb Phil stehen.

»Willkommen auf der Île de la Cité. Diese Insel ist der geografische Mittelpunkt von ganz Paris. Hier lag im Mittelalter das Herz der Stadt.« Phil deutete auf drei Steinsäulen hinter mir, zwischen denen Stufen emporführten. Nahe dem Kapitell der mittleren Säule hing eine Gedenktafel, auf der stand:

A CET ENDROIT
JACQUES DE MOLAY
DERNIER GRAND MAÎTRE
DE L'ORDRE DU TEMPLE
A ÉTÉ BRÛLÉ LE 18 MARS 1314

»Jacques de Molay, der letzte Großmeister der Tempelritter, wurde an diesem Ort am 18. März 1314 verbrannt«, übersetzte mir Phil. »Die Île de la Cité ist eine von den zwei einzigen natürlichen Inseln in der Seine bei Paris. Einst hieß sie Île des Javiaux oder Île aix Juifs. Die Ureinwohner von

Paris, die Parisii, haben hier gelebt. Und hier wurde auch Jacques de Molay, der dreiundzwanzigste und letzte Großmeister der Tempelritter, zusammen mit Geoffroy de Charney auf dem Scheiterhaufen hingerichtet, im Schatten des Augustinus-Konvents. So wie es auf der Tafel steht.«

Ich schaute wieder auf die Tafel und zurück zu Phil. »Jacques de Molay«, wiederholte ich. »Ich wusste, dass mir der Name irgendwie bekannt war.«

»Jeder, der die letzten paar Jahre nicht in einer Höhle zugebracht hat, hat den Namen Jacques de Molay gehört. Durch das Buch *Das Sakrileg* und den dazugehörigen Film wissen die meisten Leute heute zumindest ein wenig über die Templer.«

Phil hatte recht. Die Popularität von Dan Browns Bestseller hatte eine weltweite Diskussion über die Templer angefacht und viele Menschen hatten dadurch zum ersten Mal von der Existenz dieses geheimnisvollen Ritterordens erfahren. Anfang der Achtzigerjahre hatte das Buch *Der Heilige Gral und seine Erben* zumindest im englischen Sprachraum schon einmal das Interesse daran geweckt.

»Warum wurde de Molay verbrannt?«

»König Philip der Vierte von Frankreich, auch als Philip der Schöne bekannt, führte zusammen mit Papst Clemens dem Fünften den Untergang der Templer herbei. Du erinnerst dich vielleicht: Zu jener Zeit war der Louvre noch Königspalast. Das bescherte Philip eine ausgezeichnete Sicht auf diesen Ort. Du musst wissen, dass Philip selbst versuchte, Mitglied des Ordens zu werden. Er ging davon aus, dass er im Lauf der Zeit Großmeister werden und den Orden dann von innen her steuern könnte. Als ihm der Zutritt verweigert wurde, begann er, seine Vernichtung zu planen. Er hatte de Molay sogar zum Paten seines Sohnes gemacht, um die

Gunst des Ordens zu gewinnen. Das ist nur wenig bekannt. Der Hintergrund ist, dass sich Philip von den Templern sehr viel Geld geliehen hatte, um seinen Krieg gegen England zu finanzieren. De Molay war sogar einer der Sargträger bei der Beerdigung von Philips Schwägerin. Die Beerdigung war am 12. Oktober 1307, und am nächsten Tag, am Freitag, den 13., wurde praktisch jeder Templer Frankreichs verhaftet, auch de Molay.«

»Das ist ja hochinteressant.«

»Am 22. November 1307 veröffentlichte Papst Clemens die päpstliche Bulle *Pastoralis Praeeminentiae,* in der alle christlichen Monarchen in Europa den Auftrag erhielten, alle Mitglieder des Ordens zu verhaften und ihre erheblichen Besitztümer zu beschlagnahmen. Das war der Todesstoß für die Templer. Der letzte Sargnagel war dann die päpstliche Bulle *Vox in Excelso* vom 3. April 1312, mit der der Templer-Orden offiziell aufgelöst wurde.«

»Ich vermute, das löste die Schuldenprobleme des Königs«, merkte ich an.

»Ganz recht. De Molay und Geoffroy de Charney erhielten die härteste Strafe, die der König verhängen konnte, und überdies erst nach Jahren der schrecklichsten Folterungen, in denen sie selbst und zahlreiche andere Templer alle möglichen furchtbar gotteslästerlichen Dinge gestanden hatten. Übrigens, falls du mal auf dem Scheiterhaufen landen solltest, kannst du nur hoffen, dass sie einen möglichst großen Holzhaufen errichten. Dann stirbst du nämlich schnell an Rauchvergiftung, bevor dich das Feuer verbrennt. Doch wenn es nur ein kleines Feuer ist, wie sie es hier gemacht haben, dann stirbst du langsam und qualvoll. Man kann sagen, dass de Molay und de Charney als Märtyrer gestorben sind, wenn auch nicht auf dem Schlachtfeld, was unter

Templern als große Ehre und Garantie für einen Platz im Himmel galt.«

»Hat man die Dokumente gefunden, welche die Templer entlasteten?«

»Ja, ich glaube 2001 oder 2002 hat die Mittelalterforscherin Doktor Barbara Frale in den geheimen Archiven des Vatikans das sogenannte ›Pergament von Chinon‹ gefunden. Durch einen Ablagefehler – ist das nicht unglaublich? Es bewies, dass Papst Clemens dem Orden im Jahr 1314 heimlich Absolution gewährt hatte.«

»Woher weißt du all das?«

»Nun, ich sage nur, dass meine Anfrage für einen Besuch der Geheimarchive des Vatikans für eine ganze Weile ausgesetzt ist ... Ich neige zu sehr dazu, die Dinge beim Namen zu nennen.«

»Das möchte ich sehen, dass sie dich in die Geheimarchive lassen«, amüsierte ich mich. »Die Templer waren also nicht die Häretiker, als die sie oft hingestellt werden?«

»Ehrlich gesagt gibt es auf diese Frage keine einfache Antwort. Ihre Ansichten entsprachen sicher nicht immer dem kirchlichen Dogma. Was ihre Praktiken betrifft, ist das eine andere Angelegenheit. All diese Sachen, derer sie beschuldigt werden – das Kreuz anspucken, die Kreuzigung leugnen und andere ›Abscheulichkeiten‹ –, werden in manchen Kreisen immer noch heiß diskutiert. Vieles, was die Templer betrifft, ist von Intrigen und Machtkämpfen umgeben. Vieles kann vielleicht nie geklärt werden. Die Wahrheit kann manchem als Häresie erscheinen, der Angst vor der Wahrheit hat – wenn du verstehst, was ich meine.«

»Das ist eine unglaubliche Geschichte. Ich frage mich nur, warum du es als passend empfunden hast, dass wir hier mit den heiligen Namen arbeiten.«

»Ich habe diesen Ort aus zwei Gründen gewählt«, erklärte Phil. »Zum einen, weil diese Insel die Mitte von Paris ist – ein starker Kraftort und die Heimat der Parisii. Das allein wäre schon ausreichend.«

»Und der zweite Grund?«

»Der zweite Grund ist, dass der heilige Name, den ich hier verwenden möchte, für diesen Ort sehr angemessen ist. *Elohim Gibor* bedeutet ›himmlischer Krieger« oder ›Gott der Schlachten‹.«

»Wir stellen uns Gott normalerweise nicht als Krieger oder als jemand vor, der die himmlischen Heerscharen in die Schlacht führt«, wandte ich ein. »Aber ich halte es auch für wichtig, Gott nicht bestimmte Eigenschaften zuzusprechen und andere nicht. Schließlich geht es um die vollständige Gesamtheit all dessen, was ist, also auch um Aspekte unserer selbst, die wir lieber leugnen würden. Gott ist Liebender und Krieger in einem – und ebenso alles andere.«

»Genau. In diesem Sinne repräsentiert *Elohim Gibor* den Krieger-Aspekt Gottes. Der Name korrespondiert mit der Sphäre *Geburah* auf dem kabbalistischen Lebensbaum. *Geburah* steht für Stärke, Gericht, Gerechtigkeit, Strenge und – bist du bereit? – für die Verteidigung der Unschuld.« Phil lächelte mich breit an. »De Molay widerrief sein erzwungenes Geständnis auf dem Scheiterhaufen, beharrte auf seiner Unschuld und bat darum, von seinen Handfesseln befreit zu werden, um zur Heiligen Jungfrau zu beten. Er bat auch darum, mit dem Gesicht nach Notre-Dame festgebunden zu werden, die am anderen Ende der Île de la Cité steht. Als die Flammen ihn ergriffen, war er in tiefem Gebet, und seine Asche wurde auf der Seine verstreut. Übrigens habe ich gelesen, dass Geburah auch mit dem Feuer-Element in Verbindung gebracht wird, vor allem mit dem zeremoniellen, reinigenden Feuer. Und als wäre das nicht schon genug: Die Bilder, die oft im Zusammenhang mit Geburah verwendet werden, sind das Schwert und die Flamme. Alles ziemlich passend, oder was meinst du?«

»Es fühlt sich hier anders an als an den anderen Orten, wo wir waren«, bemerkte ich. »Ich habe nicht das Gefühl, dass de Molay hier ist. Oder siehst du das anders?«

»Ich habe schon das Gefühl, dass hier etwas für uns zu tun ist und dass es der Name offenbaren wird. An all den Orten, die wir bislang besucht haben, haben wir nach bestimmten Zeichen oder Symbolen gesucht, um sicherzugehen, dass wir auf der richtigen Spur sind. Bis jetzt waren das hauptsächlich das Templerkreuz, das Tetragrammaton und Bilder des heiligen Weiblichen.«

»Du hast gesagt, dies sei ein Kraftort. Vielleicht finden wir etwas, eine Energie-Signatur oder so, das die Energie am Fließen hindert. Wenn es in einem Haus spukt, steckt oft etwas Ähnliches dahinter, irgendwas, das die Energie festhält, sodass sie nicht fließen kann. Vielleicht können wir mit dem heiligen Namen lösen, was immer hier festgehalten wird.«

»Warum meinst du, dass etwas gelöst werden muss?«, fragte Phil. »Was lässt dich vermuten, dass es hier spukt?«

»Warum wären wir sonst hier? Du hast mich sicher nicht hierher gebracht, weil es hier so hübsch ist. Also, was sollen wir tun?«

»Wir fangen am besten wie immer damit an, dass wir den Namen tönen, und dann lassen wir uns dorthin treiben, wo wir gebraucht werden. Wenn ich recht habe, wird etwas geschehen. Es kann subtil sein oder offensichtlich, aber es wird etwas geschehen.«

In der Nähe des Ufers standen einige Bänke. Wir gingen

dorthin und setzten uns. Ich tastete nach dem ersten Knöchel meiner linken Hand, dann begannen wir unseren Gesang.

»Hoffen wir, dass unsere Gebete durch das Tor der Tränen kommen«, bemerkte Phil noch.

»Das Tor der Tränen?«

»Sagen wir einfach: Ich glaube, dass immer jemand zuhört. Fangen wir an.«

Er hatte meine Frage nicht beantwortet, aber ich beschloss, es im Augenblick dabei zu belassen.

»*Elohim Gibor, En Sof; Elohim Gibor, En Sof; Elohim Gibor, En Sof ...*«

Nach unserem Gebet erwartete ich, eine atmosphärische Veränderung zu spüren, einen plötzlichen Windstoß oder ein Aufrauschen der Seine, aber nichts geschah. Phil saß immer noch mit geschlossenen Augen da und ich überlegte, was ich tun sollte. Ich stand auf und begann, langsam zum anderen Ende der Insel zu wandern, wo ein Eisengeländer die Besucher daran hindern sollte, in den Fluss zu laufen. Dort stand ich eine Weile und schaute einem vorüberfahrenden Glasdach-boot nach: Die vielen Touristen darin ahnten wahrscheinlich nichts von der Tragödie, die sich auf diesem kleinen Stück Land vor siebenhundert Jahren ereignet hatte. Was ging es sie auch an, dass hier zwei unschuldige Männer auf grässliche Weise gefoltert und bei lebendigem Leib verbrannt worden waren. Genau an der Stelle zu sein, wo es geschehen war, ließ die ganze Geschichte für mich sehr real werden.

Ich wandte mich um und ging wieder zurück. Phil saß noch auf der Bank. Beim Gehen ließ ich meinen Blick über den Rasen und die Beete wandern, immer in der Hoffnung, ein Symbol oder Zeichen zu finden, das den Sinn unseres Hierseins bestätigen würde. Doch selbst wenn es vor Jahr-hunderten etwas gegeben hätte, wäre es wahrscheinlich längst verdeckt oder überwuchert. Ich erwartete, ein Templerkreuz zu finden, vielleicht eines, das nachträglich zu Ehren der ermordeten Ritter hier platziert wurde. Ich suchte etwa eine Viertelstunde lang erfolglos und ging dann zu Phil zurück.

»Es ist nichts zu finden«, teilte ich ihm mit.

»Wie meinst du das?«

»Keine Zeichen oder etwas wie an den anderen Orten, wo wir waren. Ich habe nichts dergleichen gesehen.«

»Du hast am falschen Ort gesucht.«

»Was soll das heißen?«

Phil erhob sich. Wir gingen zurück zu den Steinsäulen und der Gedenktafel für den letzten Großmeister der Templer. »Stell dir de Molay vor«, forderte Phil mich auf. »Wie hat er wohl ausgesehen? Ein langer weißer Umhang über einer Rüstung ... Was war wohl das Auffälligste an ihm?«

Ich musste einen Moment lang nachdenken, doch dann erinnerte ich mich an Abbildungen von Tempelrittern aus Büchern und Filmen. »Das rote Kreuz vorne auf seinem Umhang.«

»Genau! Das *Croix pattée*. Das Zeichen für das Blutopfer des Gotteslamms, für das ewige Mysterium des Blutes Christi. In seiner Schrift *Dialog mit dem Juden Tryphon* erzählt der heilige Justin der Märtyrer von dem Lamm, das dem Gesetz nach im Ganzen geröstet werden muss. De Molays Kreuz ist unser Kreuz, verstehst du? Du hast auf dem Rasen, in den Büschen und auf den Wegen nach einem Templersymbol gesucht – aber es ist überall um uns herum.«

»Du meinst der Geist von de Molay?«

»Genau. Sein Geist ist hier überall, deshalb sind wir hergekommen: um alle aufrechten Hüter des Grals zu ehren, alle Sucher nach Wahrheit und jene, die um der Wahrheit willen gestorben sind. Wir sind alle Kinder des Grals, Jimmy.

181

Der wahre Gral ist in jedem Einzelnen von uns. Die Suche nach dem Gral ist das größte aller spirituellen Abenteuer: die Suche nach dem Ewigen in uns selbst, einer tieferen Verbindung zur Quelle der Schöpfung. Wir sind nicht hier, um irgendwas aufzulösen oder ins Licht zu schicken. Es geht um die Rückkehr zur Unschuld. Es geht um die Zugeständnisse, die wir unter Druck oder Zwang gemacht haben, und darum, wie das Licht der Gnade uns davon rein wäscht.«

»Ich habe das erst nicht so wahrgenommen, aber jetzt, da du es sagst, spüre ich es auch.«

»Das ist alles, was zählt. Die heiligen Namen Gottes helfen uns einfach, zu der Heiligkeit in uns zu erwachen. Wenn das geschieht, verlieren die Dramen und Fiktionen, mit denen wir unser Leben umgeben, an Bedeutung. Ich bin sicher, dass die Himmelstore weit offen standen, um de Molay an jenem schicksalhaften Tag zu empfangen.«

Phil begann, die Treppe zur Straße emporzusteigen. Während ich ihm folgte, warf ich noch einen letzten Blick auf die Gedenktafel, und zum ersten Mal, seit wir an diesem Morgen losgezogen waren, fühlte ich mich leicht und tief zufrieden.

12

Elohim Zebaoth

Ich hatte die Kathedrale vor vielen Jahren schon einmal besucht, aber ihr überwältigender Anblick rief in mir erneut viel Energie und Gefühle wach. Sofort erinnerte ich mich an die Geschichten von Victor Hugo, an den Glöckner und die Französische Revolution. Die beiden gigantischen Glockentürme ließen mich innehalten, um ihre eindrucksvolle Schönheit in mich aufzunehmen. Der Platz vor der Kathedrale war voll mit Straßenkünstlern und Touristen aus aller Herren Länder, und die Reihe von Heiligen, die von den Reliefs über den alten Türen herabsahen, schienen mit dem Getümmel ganz einverstanden zu sein. Es ist ein einzigartiger Anblick. Für eine Weile vergaß ich völlig, warum ich hier war, und genoss einfach die Herrlichkeit des Platzes.

»Sie ist Ehrfurcht gebietend, meinst du nicht auch?«, bemerkte Phil.

»Einfach unglaublich. Ich kann mir kaum vorstellen, dass hier etwas Finsteres lauert.«

»Es gibt hier nichts Finsteres«, erwiderte er. »Und an den anderen Orten letztlich auch nicht, auch wenn es manchmal anders erscheinen mag. Nichts was darauf aus ist, unschuldige Seelen aus dem Hinterhalt zu überfallen, oder dergleichen. Andererseits laden wir manchmal Energien ein, indem wir uns entscheiden, sie nicht anzuerkennen. Das kann bewusst oder unbewusst sein – meistens eher Letzteres. Viele dieser

Energien sind wie verlorene Waisenkinder – ähnlich wie *wir* uns manchmal fühlen. Sie wurden in eine Welt hineingezogen, die sie sich nicht ausgesucht hatten, vielfach durch fehlgeleitete Magie, manchmal auch mit einer Vereinbarung. Sie sind nicht böse oder schlecht, sie gehören nur nicht hierher. Bitte versteh mich nicht falsch. Ich will nicht behaupten, dass es keine finsteren Energien gäbe. Doch das Einzige, was wir tun müssen, ist, sie und uns selbst genug zu lieben, damit wir sie loslassen können. Manchmal bedarf es dazu härteren Ausdrucksformen der Liebe. Würden wir es jedoch wie einen Kampf angehen, dann würden wir einen Kampf initiieren. Und glaub mir, das sind Kräfte, mit denen man lieber nicht kämpfen sollte. Man hätte keine Chance. Aber wenn wir uns mit offenem Herzen, dem aufrichtigen Wunsch, zu dienen, und guten Schutzfeldern darauf einlassen, dann werden wir ganz anders empfangen.«

Angesichts der dämonischen Wasserspeier, die entlang dem ganzen Dach aufgereiht waren, klangen diese Worte recht interessant. Doch ich war ganz seiner Meinung. Nachdem wir nun sechs verschiedene Orte aufgesucht und einigen merkwürdigen Energien begegnet waren, musste ich anerkennen, dass keine von ihnen wirklich böse gewesen war. Wie Phil sagte, schienen sie in einer Welt gefangen zu sein, aus der sie nicht entkommen konnten, und wir kamen mit einer Lösung als Antwort auf *ihre* Gebete.

Es hatte den Anschein, als bäten wir die Engel in Zeiten der Not um Hilfe und Beistand, doch vielleicht ist es manchmal auch anders herum. Vielleicht brauchen sie uns genauso wie wir sie. Schließlich sind sie genauso Teil von uns, wie wir Teil von ihnen sind. Unsere Mission und mein ganzes Leben erschienen mir allmählich immer sinnvoller. Die heiligen Namen, die wir an diese Orte brachten, enthielten offenbar tief greifende transformierende Energien. Und wie Phil nicht müde wurde zu wiederholen: Der Einzige, um den ich mich dabei kümmern musste, war ich selbst. In dem Maße, wie ich mich transformierte, konnte sich auch alles um mich herum transformieren. Es ist die Entscheidung jedes Einzelnen.

»Bevor wir nach drinnen gehen, wüsste ich gerne den Namen, den wir hier verwenden werden«, sagte ich zu Phil. »Ich weiß auch nicht, warum. Vielleicht weil es in der Kirche voll sein könnte – keine Ahnung. Wir können ihn drinnen singen, aber würdest du ihn mir vielleicht jetzt schon erklären?«

»Ich dachte gerade das Gleiche. Schön, dass wir auf der gleichen Wellenlänge sind. Ja, in der Kathedrale ist es vermutlich ziemlich voll; da ist es besser, wenn wir unser Gespräch hier draußen führen.«

Wir setzten uns etwas abseits der größten Gruppen auf die Stufen bei dem Platz. Der Regen war jetzt kaum mehr als ein nasser Nebel, der uns und alle wie ein Taufsegen einhüllte. Während ich mich auf dem nassen Zement niederließ, fühlte ich mich ganz im Einklang mit der uns umgebenden Menge, als spiegelte ihre Vielfalt die verschiedenen Emotionen, die ich in mir spürte.

»Also gut.« Phil öffnete sein Notizbuch. »Der Name, den wir hier verwenden, ist *Elohim Zebaoth,* das bedeutet ›Gott der Heerscharen‹. Er steht mit der Sphäre *Hod* in Verbindung, die ihrerseits einen Bezug hat zu *Din,* dem hebräischen Wort für ›göttliche Gerechtigkeit‹. Es gibt auch Assoziationen zum Erzengel Michael und den *B'nai Elohim,* den ›Söhnen und Töchtern des Lichts‹ und den ›Spendern von Freud und Leid‹.«

»Ich meine, ich hätte diesen Gottesnamen schon mal

gehört, ich glaube, in irgendeinem magischen Zusammenhang.«

»Hier geht es nicht um Magie im klassischen Sinn«, erwiderte Phil und richtete sich auf. »Letztlich sind wir alle Magier.
Aleister Crowley sagte ganz richtig: ›Magie ist die Wissenschaft und Kunst, Veränderungen in Übereinstimmung mit
dem eigenen Willen zu erzeugen.‹ Und wenn du darüber
nachdenkst, merkst du, dass das ein wesentliches Thema des
Moses-Codes ist. Meiner Ansicht nach ist das die Botschaft
und die große Stärke des Codes: durch den Einsatz des Willens Veränderungen zu bewirken – besser gesagt: durch den
rechten und angemessenen Einsatz des Willens. Nimm nur
den Namen ›ICH BIN DAS ICH BIN‹. Du erinnerst dich
sicher: Genauer übersetzt heißt es: ›*Ich werde sein, was ich sein
werde*‹, oder noch präziser: ›*Ich bin im Prozess, das zu werden,
was ich sein will.*‹ Es geht immer um Wahl und Entscheidung
und um die Ausübung unserer Willenskraft.«

»Ich verstehe.«

»Das freut mich. Wie ich bereits sagte: Das Ziel aller spirituellen Praktiken, auch der Magie, ist es, die eigene Beziehung zur Quelle aller Dinge, zu Gott, zu vertiefen. In echter
spiritueller Praxis widmet man sein Leben dem Verständnis
des wahren Wesens des Göttlichen, was natürlich zum zentralen Mysterium unserer selbst führt. Die meisten Kabbalisten meinen, wir könnten die Unendlichkeit Gottes noch
nicht begreifen. Wir können uns das Unvorstellbare nur
durch seine Schöpfung vorstellen. Wenn wir uns selbst besser
erkennen, erkennen wir mehr von Gott. Wir lernen Gott
durch unsere Gotteserfahrung kennen. Im Lauf der Zeiten
wurden magische Systeme entwickelt und weitergegeben, mit
denen mächtige spirituelle Energien hervorgerufen werden
können – Energien, die gebraucht und missbraucht werden

können, je nach Absicht dessen, der die Magie ausübt. Du hast sicher schon von der Henoch'schen Magie gehört?«

»Ja, aber erzähl mir mehr darüber.«

»Die Henoch'sche Magie ist ein System der Beschwörung spiritueller Energien (meistens in der Form, die wir als Engels-Energien bezeichnen), das vor allem im späten sechzehnten Jahrhundert gebräuchlich war. In diesem System spielt eine ›Henochisch‹ genannte Sprache eine wichtige Rolle. Sie heißt Henochisch, weil es die gleiche Sprache sein soll, die dem Patriarchen Henoch von der gleichen Engelskategorie beigebracht wurde.«

»Was meinst du mit ›Engelskategorie‹?«

»Gefallene Engel, um genau zu sein. Jedenfalls wird das angenommen«, sagte Phil mit einem halbherzigen Lächeln. »Es heißt, diese Engel wachten von vier Wachtürmen der Schöpfung aus über die Menschheit. Die Henoch'sche Magie soll die verschlossenen Tore dieser Wachtürme öffnen, die angeblich einen Schutz vor dem Chaos des äußeren Universums darstellen.«

»Hatte das nicht etwas mit Doktor John Dee zu tun?«, fragte ich. »Ich habe da mal was gelesen. Er war ein enger Vertrauter von Elisabeth der Ersten und manche vermuten, dass er bei dem Sturm, der die spanische Armada zerstörte, seine Finger mit im Spiel hatte.«

»Ganz recht«, bestätigte Phil, offenbar überrascht, dass ich von dieser Verbindung wusste.

»Wozu dienten diese Henoch'schen Anrufungen nun?«

»Von den Wachtürmen aus können diese Engel mithilfe des Henoch'schen Systems in die Welt gerufen werden. Es gibt viele Hierarchien und Ordnungen spiritueller Intelligenzen im Universum, die man sich zu Diensten machen kann. Allerdings meistens um einen gewissen Preis.«

»Du meinst unsere Seele?«

»Vielleicht, wenn du dich an die biblischen Geschichten halten willst. Das Wichtige daran ist, dass die Magie nichts dafür kann. Es ist nicht der Fehler des Systems, sondern es liegt an der Art, wie das System verwendet wird. Es geht um Bewusstsein und Absicht. Ich rede von fehlgeleiteten Seelen, die in ihrer selbstsüchtigen Gier nach Macht und Kontrolle spirituelle Energien auf diesem Planeten freigelassen haben, die hier nie frei umherwandern sollten. Vieler dieser Kathedralen wurden deswegen errichtet: um diese Energien festzuhalten, bis die Zeit reif wäre, damit sie nach Hause geleitet werden können. Auch viele andere Energien sitzen an solchen Orten fest. Wir werden an unserem nächsten Ziel mehr darüber reden. Ein großer Teil des Leidens, das es heute in der Welt gibt, hat mit der Existenz dieser Energien zu tun.«

Ich fühlte mich etwas verwirrt und sehnte mich nach Klarheit. »Ich verstehe das nicht, Phil. Ich wollte dich die ganze Zeit schon danach fragen. Wie ist es möglich, dass spirituelle Energien negativ oder böse sein können?«

»Alles ist spirituell, Jimmy, alles ist Geist«, erklärte er lehrerhaft. »Alles besteht aus Partikeln, aus Einheiten von Gottesbewusstsein. Man denke nur an manche Leute, die sich ›Energieheiler‹ nennen – als gäbe es irgendetwas anderes, womit man heilen könnte. Alles ist Energie. Und die Absicht verleiht ihr Richtung. Crowley hat auch gesagt, dass alles absichtsvolle Tun Magie ist. Es ist alles Geist, alles Bewusstsein, alles Gott.«

Ich dachte eine Weile über seine Worte nach und merkte, dass ich sie auf einer tieferen Ebene zu verstehen begann. Ich dachte an all meine Erfahrungen, all das, was ich durch meine Abenteuer gelernt hatte, und sie erschienen mir im Kontext dessen, was wir hier taten, noch sinnvoller. Ich dachte an die Welt im Ganzen und warum es so schwer zu sein scheint, Frieden aufrechtzuerhalten. Wäre es möglich, dass diese Energien zum Hass und zur Negativität beitragen, die wir in der heutigen Welt erleben?

Gleichzeitig erinnerte ich mich daran, dass in *Ein Kurs in Wundern* steht, alles sei entweder ein Ruf nach Liebe oder ein Akt der Liebe.

Phil spürte wohl, was ich dachte und fühlte. Er fuhr in milderem Ton fort: »Wenn wir die Namen singen, öffnen wir uns selbst dafür, dass die Gnade in uns und durch uns fließen kann. Dieses Feld der Gnade wirkt wie ein Lichtstrahl, der die Portale beleuchtet, durch die diese Energien nach Hause finden. Dies ist die Zeit der Prophezeiungen, Jimmy. Die Dimensionen verschmelzen miteinander und die Tore öffnen sich wie nie zuvor. Es ist der perfekte Zeitpunkt, um den Weg nach Hause zu erleuchten. Selbst im Erbe des heiligen Franziskus sind große alchemistische Geheimnisse verborgen, heißt es. Was hältst du davon?«

»Ich kann mir das kaum vorstellen, aber sprich weiter.«

»Warum kannst du dir das nicht vorstellen? Meinst du nicht, es wäre möglich, dass der heilige Franziskus einige dieser Codes und Geheimnisse kannte, und sei es durch seine eigene, in seinen Meditationen und spirituellen Praktiken erfahrene innere Schau?«

»Ich will jetzt eigentlich nicht in eine Diskussion über den heiligen Franziskus einsteigen. Mich interessiert eher, mehr über die Henoch'sche Magie zu erfahren.«

»Bitte«, erwiderte Phil mit einem leichten Unterton der Enttäuschung, weil ich nicht mit ihm in den Ring steigen wollte. »Das Henoch'sche System ist äußerst komplex und raffiniert. Es gibt viele andere magische Systeme, die mit dem, was wir hier tun, in gewisser Weise zusammenhängen.

Ich könnte dir eine ganze Liste aufzählen, aber das würde dich wahrscheinlich überfordern. Ich will nur einige erwähnen.«

Es interessierte mich schon, aber ich war mir der Zeit und der Tatsache bewusst, dass wir noch viel vor uns hatten.

Phil bemerkte meine Ungeduld. »Wir gehen gleich hinein. Ich will nur meinen Gedanken zu Ende führen. Einige der anderen Formen von Magie, die hierzu einen Bezug haben, sind: der *Kleine Schlüssel Salomos,* das *Heptameron,* das *Necronomicon* und die *Heilige Magie von Abra Melin.* Dann gibt es noch die *Grimoires,* alte Zauberbücher, manche von ihnen ausdrücklich für den Gebrauch von katholischen Priestern verfasst.«

»Katholische Priester?«, staunte ich und war wieder mehr bei der Sache.

»Ja, aber darauf können wir jetzt nicht weiter eingehen. Ein anderes Mal. Wie du schon sagtest: Die Zeit drängt.«

»Ja, aber warum erzählst du mir das alles? Was ist hinsichtlich dieser fehlplatzierten Energien die größte Gefahr, die uns droht?«

»Nun, das Erste, was mir einfällt, ist das elektromagnetische Gleichgewicht des Planeten«, antwortete Phil. »Vor allem zu diesem kritischen Zeitpunkt. Es verändert sich so viel wie noch nie in der uns bekannten Geschichte. Ich meine die Veränderungen, in denen wir mittendrin stecken. Ich erzähle dir später mehr davon. Wir sollten jetzt vielleicht hineingehen.«

»Aber was hat das elektromagnetische Gleichgewicht des Planeten mit den magischen Systemen zu tun?«

Doch Phil war schon aufgestanden und losgegangen. Ich lief hinter ihm her und wir stellten uns in die Schlange, die zum Haupteingang führte.

»Kannst du mir etwas über die Geschichte von Notre-Dame erzählen?«, bat ich, während wir uns langsam vorarbeiteten.

»Das ist ein weites Feld, ich weiß gar nicht, wo ich anfangen soll. Die meisten Historiker meinen, dass es auf dieser Insel schon seit Jahrhunderten, wenn nicht Jahrtausenden heidnische Heiligtümer oder Tempel gab. Als die Christen kamen, errichteten sie im vierten Jahrhundert hier eine große Basilika mit fünf Schiffen, die den alten Basiliken Roms nachempfunden waren. Sie war dem heiligen Stephan gewidmet, und die Westfassade befand sich etwa vierzig Meter westlich der heutigen Kathedrale. Diese Basilika stand dann jahrhundertelang da, bis im zwölften Jahrhundert unter der Herrschaft von Ludwig dem Siebten mit einer größeren Kathedrale im gotischen Stil begonnen wurde. Zur Grundsteinlegung 1163 reiste sogar der Papst an. Die erste Bauphase war etwa 1270 abgeschlossen. Während der Revolution wurde sie in großen Teilen zerstört, vor allem die Statuen der Königsgalerie. Die einzige Statue, die verschont wurde, war eine aus dem fünfzehnten Jahrhundert von der Jungfrau Maria. Schließlich ist diese Kirche ihr gewidmet. Anfang des neunzehnten Jahrhunderts wurde Notre-Dame dann wieder hergerichtet und der katholischen Kirche übergeben. Sie ist ein echtes Juwel gotischer Baukunst mit ihren Spitzbogen und ihrem Strebewerk. Man kann wohl sagen, dass sie auf eine lange, ereignisreiche Geschichte zurückblickt.«

Wir waren an der Tür angelangt und erlebten den nun schon vertrauten Übergang von der Helligkeit des Tages in die Dunkelheit des Kirchenschiffs. Die Gerüche und Klänge und das Gefühl der Geschichtsträchtigkeit einer der berühmtesten Kathedralen Europas umfingen alle meine

Sinne. Die meisten Besucher schienen mehr daran interessiert, Fotos zu schießen und sich zu unterhalten, als die Heiligkeit des Ortes wahrzunehmen. Es stimmte mich traurig, wie diese großartigen Bauwerke, die einst dem Gebet und der Andacht gewidmet waren, heutzutage benutzt werden. Niemand verlangte nach Stille, also gab es keine.

Wenn nur die Wände sprechen könnten ... Und dann erinnerte ich mich, dass sie tatsächlich Bände sprachen! Phil hatte mir erklärt, dass Notre-Dame eigentlich ein in Stein gehauener alchemistischer Text ist, und die Reliefs, auf die er mich hinwies, schienen das zu bestätigen. Insgesamt fühlte sich die Atmosphäre eher wie in einem Museum an als wie in einer Kirche, und doch rührte es an etwas Tiefes, lange Vergessenes in uns.

»Komm mit.« Phil führte mich in eine hintere Ecke der riesigen Halle. »Hier können wir singen, hier sind nicht so viele Leute.«

Die Ecke war zwar etwas abgelegen, trotzdem hatten wir das Bedürfnis, uns etwas zur Wand zu wenden, um keine Aufmerksamkeit zu erregen. Wir schlossen die Augen, atmeten ein paarmal tief und begannen mit unserem *»Elohim Zebaoth, En Sof; Elohim Zebaoth, En Sof; Elohim Zebaoth, En Sof ...«*

Nach unserem Gebet schien es, als ob etwas in dem riesigen Gebäude mit uns ausatmete. Wir öffneten beide unsere Augen und fragten uns, was wir als Nächstes tun sollten. Ein Teil von mir wollte sich nicht bewegen, sondern nur still dasitzen und hoffen, dass nichts passierte. Wir hatten schon Merkwürdiges und Wundervolles erlebt, lichte und dunkle Engel und finstere Geister. Die Frage, ob all das real war, schwebte immer wieder durch meinen Sinn, aber sie hielt sich nicht mehr so hartnäckig. Etwas geschah mit uns und um uns herum. Ich wusste nicht genau, was, aber ich leugnete es nicht mehr.

Ich schaute hinüber zum Ausgang, wo eine alte Nonne auf einem Stuhl saß und ein Körbchen auf dem Schoß hielt, mit dem sie wohl um Spenden für irgendeine Einrichtung bat, die ihr am Herzen lag. Sie nickte immer wieder und lächelte, wenn die Leute an ihr vorübergingen, und allein ihre Anmut schien etliche von ihnen zu bewegen, sich wohltätig zu erweisen. Ich war mir nicht sicher, aber mir war, als schaute sie zu mir herüber und lächelte mich an. Ein Schauer lief mir die Wirbelsäule hinab. Ich erinnerte mich an die Basilika von Sacré-Coeur, an den seltsamen Mann in Schwarz, der wohl von einem Geist der Kirche besessen war, den wir durch die Macht des Tetragrammatons zu uns gezogen hatten.

War diese Nonne wirklich sie selbst oder lebte in ihr auch ein heimatloser Geist, der sich nicht ins Licht traute? Vielleicht konnte er das Licht nicht finden und brauchte Hilfe. Ich dachte an Schiffe, die auf hoher See ohne den Lichtstrahl des Leuchtturms verloren wären. Vielleicht war genau das die Funktion der heiligen Namen: Leuchttürme, die umherirrende Schiffe in den sicheren Hafen lotsten.

Ich erinnerte mich, dass Phil mir erzählt hatte, wir seien alle in gewisser Weise von dem besessen, was wir für wahr halten und woran wir glauben. Ich versuchte, das Gefühl abzuschütteln, nachdem die Nonne ihre Aufmerksamkeit wieder den vorübergehenden Touristen zugewandt hatte. Meine Fantasie spielte mir sicher Streiche. Schließlich entschied ich mich, ein wenig umherzuwandern, nickte Phil kurz zu und ging langsam in Richtung Altar.

Ich war schon an drei Seitenaltären vorübergegangen, als ich bemerkte, dass ich zwanghaft geradeaus blickte, in der Hoffnung, dass ich so weniger Gefahr lief, irgendwelche metaphysischen Anomalitäten wahrzunehmen. Ich wusste nicht genau, ob ich für heute einfach genug hatte oder ob mich etwas in eine andere Richtung zog – vielleicht in den hinteren Teil der Kirche, vielleicht um dort den wahren Grund für unser Hiersein zu entdecken. Wie auch immer, ich fühlte mich hin und her gezogen zwischen dem Impuls, nach vorne zu gehen, und dem Drang, mich nach hinten davonzumachen.

Als ich beim Hauptaltar angelangt war, staunte ich über die feinen Reliefs, die in die lange Abtrennung zum Taberna-kel eingearbeitet waren. In dem alten Holz waren Heilige mit Szenen aus dem Leben Jesu und anderen Hinweisen auf hei-lige Lehren der Kirche aneinandergereiht. Manche Gesichter der Figuren schienen aus dem Holz direkt in meine Seele zu schauen, und wieder ertappte ich mich bei dem Gedan-ken, dass dort etwas nur darauf wartete, mir seine äthe-rischen Hände entgegenzustrecken, um mich zu berühren und mir eine Botschaft zu übermitteln. Ich blieb eine Weile dort, beinahe hoffend, dass sich etwas mit mir in Verbindung setzen würde, irgendein Wesen, dem ich helfen könnte, sein schweres Schicksal der Gefangenschaft hinter sich zu lassen. Doch nichts tauchte auf. Was auch immer in dieser Kathed-rale auf uns wartete, hier war es nicht.

Also schlenderte ich, mich durch Touristengruppen drän-gelnd, zurück zum hinteren Teil der Kirche. Bei einem Altar hinter einem Eisengitter fiel mir eine Statue des hei-ligen Georg ins Auge, der mit erhobenem Schwert bereit war, den Drachen zu töten. Etliche Touristen standen davor und betrachteten die anderen Gemälde und Statuen, doch ich fühlte mich vor allem von der kräftigen Statur des heili-gen Georg angezogen. Sein Gesichtsausdruck war entschlos-sen und furchtlos und sein Blick faszinierte mich. Während sich die Menge an mir vorbeischob, starrte ich ihm weiter in die Augen, bis sein Gesicht fast lebendig wurde. Mir war nicht mehr klar, ob dies noch wirklich geschah oder ob mein stierender Blick anfing, Wirkung zu zeigen. Auf jeden Fall spürte ich keinen Impuls in mir, mich abzuwenden. Also blieb ich stehen, atmete lang und tief und wartete ab, was passieren würde.

Erst jetzt bemerkte ich, dass die Wand hinter der Statue von Schilden mit Templerkreuzen erfüllt war, die dem erhobenen Schwert des heiligen Georg solche Macht verliehen, dass es jeden Drachen erschlagen könnte oder, wie Phil zu sagen pflegte, jeglichen Rest unseres »drachenhaften, reptilischen« Gehirns. Als dieser Gedanke in mir auftauchte, durchfuhr ein so heftiger Schmerz meine Brust, dass ich mindestens zehn Zentimeter zurückzuckte und nach dem Gitter greifen musste, um mich zu halten. Der Schmerz verschwand und kehrte wieder, sodass ich einen Moment lang dachte, ich hätte einen Herzanfall oder etwas dergleichen. Sekunden später durchfuhr es mich ein drittes Mal so heftig, dass ich in die Knie ging und sicher zu Boden gegangen wäre, wenn ich mich nicht festgehalten hätte. Von hinten hätte man meine Bewegung für religiöse Hingabe halten können, doch mein Gesichtsausdruck hätte mich sicher verraten. Zum Glück blieb es bei diesen drei Stößen, aber ich kniete vorsichtshalber noch eine Weile länger.

Mein Herz raste. Als ich mich wieder sicherer fühlte, zog ich mich hoch und lehnte mich gegen das Gitter. Die ganze Zeit wandte ich meinen Blick jedoch nicht von dem heiligen Georg und den Templerkreuzen ab. Ich erwartete, dass etwas geschehen würde, ein Wort oder ein Satz, der in meinem Geist auftauchen und mir erklären würde, was hier vor sich ging, aber ich nahm nichts wahr. Ich erinnerte mich an den

Namen, den wir zuvor gesungen hatten, und so beschloss ich, ihn erneut zu wiederholen, bis sich etwas ergeben würde. *»Elohim Zebaoth, En Sof; Elohim Zebaoth, En Sof; Elohim Zebaoth, En Sof...«*

Während ich vor mich hin murmelte, spürte ich, wie sich etwas in mir aufbaute. Es schien in meinem Magen zu beginnen, strahlte dann aus bis in meine Brust und stieg weiter in meinen Hals und Kopf. Es war eine schwere Energie, nicht unangenehm, aber auch nicht so, dass ich sie behalten wollte. Ich wiederholte den Namen, wissend, dass die Energie, die ich in der Statue spürte, irgendwie mit dem zusammenhing, was ich fühlte. Ich hatte erneut den Eindruck, in eine Art Netz oder Gewebe eingebunden zu sein. Das Gewicht schien mich nach hinten zu Boden zu ziehen, sodass ich schon dachte, ich müsse einmal mehr in die Knie gehen, doch plötzlich endete es.

Ich schaute wieder auf die Statue. Sie schien sich verändert zu haben, ohne dass ich sagen könnte, wie. Ich wusste, dass es logisch nicht möglich war, aber das Gesicht des heiligen Georg mutete gelassener an und sein Schwert weniger scharf. Ich schob mich vom Gitter weg und wartete einen Augenblick, ob der Schmerz zurückkehrte. Doch nichts geschah. Also trat ich einen Schritt zurück und ging langsam weiter.

Ich wanderte ein Stück mit einer Gruppe japanischer Touristen und ließ sie dann hinter mir, als sie an einem großen Gemälde in einer Seitenkapelle anhielten. Ich war schon kurz vor dem Ausgang. Nun entdeckte ich Phil, der mich dort erwartete. Er lächelte mir zu und ich signalisierte ihm, dass ich auch zum Gehen bereit war. Mein Gesichtsausdruck muss ihm noch mehr vermittelt haben, denn sein Lächeln verschwand und machte einem Ausdruck der Besorgnis Platz.

Ich setzte meine Kappe auf und merkte, wie froh ich war, Notre-Dame hinter mir lassen zu können.

Kurz vor der Tür stand ich plötzlich neben der Nonne. Sie zog ihren Korb beiseite, als wollte sie andeuten, dass sie von mir keine Spende wollte, doch ihr Blick hielt mich fest, während sie mich anlächelte.

»Thank you«, sagte sie auf Englisch, »thank you.«

Ich hielt eine Sekunde inne, dann trat ich durch die Tür ins Freie.

13

El

»Was um alles in der Welt ist da passiert?«, fragte ich Phil, nachdem wir draußen waren und ich ihm von meinen Erlebnissen mit dem heiligen Georg und der seltsamen Energie erzählt hatte. Vor allem hatte mich zum Schluss die Begegnung mit der Nonne erstaunt. Es schien, als wäre sie sich vollkommen bewusst gewesen, was in einem Teil der Kirche geschehen war, den sie gar nicht einsehen konnte.

»Erzähl mir mehr von dem Schmerz, den du gespürt hast«, erwiderte Phil. »Du sagtest, er tauchte in dem Augenblick auf, wo du daran dachtest, wie der heilige Georg den Drachen tötete.«

»Ja, ich dachte an den Mythos und dann an die ganz ähnliche Geschichte von Erzengel Michael, wie er den Satan, den Teufel, mit dem Schwert erschlug. In dem Augenblick traf es mich.«

»Traf dich was? Hast du unmittelbar vorher irgendwas gesehen und gefühlt? Oder vielleicht gehört?«

»Das war ja das Merkwürdige. Nein, ich habe nichts gesehen oder gehört. Das klingt vielleicht seltsam, aber das Seltsame scheint hier ja zur Normalität zu werden. Jetzt kommt es einem schon ungewöhnlich vor, dass nichts Außergewöhnliches passiert. Als ich das Wort ›Teufel‹ dachte und der Schmerzstoß durch mein Herz fuhr, vermutete ich schon, ich hätte mit einem erbosten Geist Kontakt aufgenommen, der vielleicht im Altar steckte. Doch das war wohl nicht der Fall. Aber den Schmerz habe ich mir ganz sicher nicht eingebildet.«

Wir ließen den bevölkerten Platz hinter uns und gingen eine Straße mit Geschäften und Restaurants entlang. Hier wurden die Millionen von Touristen abgefüttert, die hier jedes Jahr eintrudelten. Der Nieselregen, der uns fast den ganzen Tag begleitet hatte, hörte einen Augenblick lang auf. Phil nahm sein Notizbuch hervor und schrieb sich ein paar Stichworte auf.

»Ich wünschte, ich könnte dir sagen, was da passiert ist«, meinte er schließlich. »Doch solange du mir nicht genauer mitteilen kannst, was du gedacht oder gefühlt hast, kann ich auch nicht mehr damit anfangen als du. Ich weiß von den starken Parallelen zwischen dem heiligen Georg und Erzengel Michael. Ein großer Teil der Legenden um den heiligen Georg stammt aus der sogenannten *Legenda Aurea,* der *Goldenen Legende,* welche die Kreuzritter aus dem Heiligen Land mitbrachten.«

»Siehst du da eine Verbindung mit den Templern?«

»Schon möglich. Schließlich schützte sich Georg mit dem Zeichen des Kreuzes. Auf der anderen Seite haben wir hier den Erzengel Michael, den Prinzen des Lichts, der die Kräfte des Guten gegen die Mächte des Dunklen und Bösen anführt.«

»Gilt Michael nicht auch als ›Guter Engel des Todes‹?«, fragte ich.

»Ganz richtig, im Gegensatz zu Samuel, dem ›Bösen Engel des Todes‹. Michael ist auch der oberste Kommandant der Heerscharen Gottes, weshalb das *Elohim Zebaoth* hier sehr wohl angemessen war. In manchen Kreisen wird er auch *Sabazios* genannt, das bedeutet ›Himmelsvater‹. Fällt dir die

Ähnlichkeit zu *Zebaoth* auf? Ich erinnere mich auch, dass die Juden Michael als Advokaten oder Fürsprecher ansehen, was merkwürdig erscheint angesichts der jüdischen Haltung zu dieser Art von Intervention. Manche meinen, Michael sei Moses' Lehrer gewesen. Im *Buch der Jubiläen* wird erzählt, Michael habe Moses auf dem Berg Sinai unterwiesen und ihm die Gesetzestafeln übergeben. Michael nannte Satan die ›primitive Schlange‹. Verstehst du nun die Verbindung mit dem Drachen des heiligen Georg? Dies ist der eigentliche Gegner, den es zu überwinden gilt. Die Sache mit der Nonne am Ausgang ist eigentlich der interessanteste Teil der Geschichte.«

»Das finde ich auch. Was meinst du dazu?«

»Du sagtest, du hattest den Eindruck, ihr Dank an dich hatte mit dem zu tun, was du hinten in der Kathedrale erlebt hast, stimmt's? Meinst du wirklich, sie wusste, was passiert ist?«

»Ich bin mir beinahe sicher!« Das kam mit mehr Nachdruck heraus, als ich beabsichtigt hatte. »Sie zog auch ihren Korb zurück. Ich hatte sowieso kein Kleingeld dabei, das ich ihr hätte geben können. Und sie sprach Englisch mit mir. Erkannte sie, dass ich kein Franzose bin, oder spricht sie mit jedem Englisch?«

»Nun, ehrlich gesagt siehst du eher nach Chicago aus als nach Paris. Aber im Ernst: Ich glaube auch, dass ihre Worte genau auf dich gemünzt waren.«

»Ja, ich meine, sie wusste, was vor sich ging. Vielleicht hatte sie sogar etwas damit zu tun, obwohl ich mir nicht vorstellen kann, wie.«

»Ich bin sicher, im Lauf dieses Prozesses wird noch klar, welche Rolle sie gespielt hat«, meinte Phil. »Ich habe allerdings eine Theorie. Ich kann mir nicht helfen, aber mir scheint, Rabbi Eleazar hat mit alldem zu tun. Hast du schon mal von der Idee des *Ibbur* gehört?«

»Ich glaube schon. Der Geist eines großen Lehrers kann sich demzufolge mit einer anderen Person verbinden, richtig?«

»Genau. Die Seele des großen Weisen – in diesem Fall von Rabbi Eleazar – hat sich mit dir verbunden, zumindest für diese kleine Reise durch Paris. So was passiert in der Regel, wenn eine Situation mehr Weisheit und Glauben erfordert. Ich habe schon den Eindruck, dass diese Abenteuer für deinen Glauben und dein Vertrauen eine gewisse Prüfung waren, meinst du nicht? Was du in Notre-Dame und vielleicht auch an einigen anderen Orten wahrgenommen hast, war meiner Ansicht nach ein *Dibbuk,* ein böser Geist. In der jüdischen Volkserzählung *Der Kuss des Meisters* wird jemand im Traum vom Geist des großen Kabbalisten Simeon bar Jochai besucht. Diese Person hat keine Erfahrungen mit den tieferen Lehren der Thora. Klingt das vertraut? Rabbi Eleazars Seele hat sich mit der deinen in gewisser Weise verbunden, um uns zu helfen. Er ist dir im Traum erschienen. Eigentlich hat er uns auf diese Reise geschickt, und ich bin nur da, um hier und da ein bisschen was zu erklären.«

»Warum sollte ein Mann, der nach einem Leben voller Sünde erlöst wurde, mir helfen wollen, vor allem bei so einem merkwürdigen Abenteuer?«, fragte ich.

»Zu manchen der Dinge, die du erlebst, gab es in seinem Leben vielleicht Parallelen, verstehst du? Du warst von der Statue des heiligen Georg fasziniert. Er tötete den Drachen, der ein Symbol für unser sündiges, niederes Selbst oder unser unterdrücktes reptilisches Bewusstsein ist. Wozu auch immer du dort in Kontakt getreten bist: Es fand in dir und im Leben von Rabbi Eleazar einen Widerhall. Erinnere dich: Er hat uns gelehrt, dass es keine Sünde gibt, die nicht vergeben werden könnte, und keine Seele, die nicht erlösbar wäre.«

»Ich kapier das alles nicht ganz. Es klingt so verrückt.«

»In gewisser Hinsicht mag es verrückt erscheinen, aber wir haben die sogenannte vernünftige Welt schon lange hinter uns gelassen. Ich weiß nur: Dein Traum lässt vermuten, dass es eine innere Seelenverbindung zwischen euch beiden gibt. Das ist eine große Gabe. Was du durch diese Verbindung mit Eleazar erfährst, ist wie ein reinigendes Feuer, und das dient nicht nur *deinem* Wohl. Ich bin überzeugt, dass alles, was uns beiden hier widerfährt, *vielen* zugute kommen wird, vielleicht sogar der ganzen Welt. Und das alles wird ausgelöst durch die Meditation auf die heiligen Namen.«

»Was ist mit der Nonne?«, fragte ich.

»Ich vermute, sie ist spirituell so gut eingestimmt, dass sie genau wahrnahm, was passierte ... und was notwendig war. Sie dankte dir dafür, dass du es möglich gemacht hast. Wer weiß schon, was alles genau dahintersteckte oder was es letztlich bewirken wird. Auf jeden Fall hast du etwas sehr Kraftvolles in dir erlöst. Sie hat es bemerkt und dir dafür gedankt.«

Schweigend gingen wir zur Metro und stiegen wieder in die Eingeweide von Paris hinab. Ich versuchte, nicht nur das von mir Erlebte, sondern auch Phils Erklärungen zu verarbeiten. Meine Angst war zwar weitgehend verschwunden, aber ich hatte immer noch Vorbehalte. Wenn es wirklich stimmte, dass sich die Seele von Rabbi Eleazar irgendwie mit meiner Seele verbunden hatte und wir die gleichen Erfahrungen und Lehren durchlebten, dann ergab einiges mehr Sinn. Phil hatte erklärt, dass Eleazar erst nach seinem Tod zum Rabbi erklärt wurde, weil sein Leben selbst die Lehre war. Sein Name bedeutete »Gott kann helfen«. Er lehrte uns, dass niemand von der heilenden Gnade Gottes ausgenommen ist.

»Eleazar bat um göttliche Gnade«, fuhr Phil fort. »Er bat die Sonne, den Mond, die Sterne ..., vor allem den Himmel, sich seiner zu erbarmen, aber es hieß, er müsse zuerst sich selbst vergeben, bevor ihm irgendjemand anderes vergeben könne. Wirklich eine wertvolle Lektion!«

Ich sann darüber nach, was die Anwendung dieser Lektion auf die moderne Welt bedeutet. In vieler Hinsicht scheint die Menschheit die Chance zur heilenden Umkehr bereits verpasst zu haben. Doch von Eleazars Beispiel können wir lernen, dass es nie zu spät ist. Vielleicht ist die Menschheit bereit, die gleiche Lektion zu lernen, und schafft es dadurch, die Erde zu erhalten, statt sie zu zerstören.

An der Haltestelle Louvre Rivoli stiegen wir aus und kehrten ans Tageslicht zurück. Es nieselte wieder, doch wir blieben trotzdem stehen und bewunderten den Anblick des riesigen Louvre, des berühmtesten Museums der Welt. In seinen schier unendlichen Gängen und Räumen werden einige der größten Kunstwerke der Welt aufbewahrt, und es überraschte mich nicht, dass uns unser Abenteuer auch hierher brachte.

»Ich dachte mir schon, dass wir irgendwann hierher kommen würden.«

»Wir gehen nicht in den Louvre«, erwiderte Phil. »Wir gehen in die Kirche, die ihm gegenüber steht: Saint-Germain l'Auxerrois, die Kirche des Louvre ..., die Zentrale der Häretik.«

»Zentrale der Häretik?«

»Ja, in dieser Kirche gab es einst eine erstaunliche Sammlung von Reliquien und mehr oder weniger verschleierten Bezügen auf bestimmte Wahrheiten, die die katholische Kirche lieber verschweigen möchte. Drinnen erzähle ich dir mehr.« Er grinste, und ich ahnte, dass uns etwas bevorstand.

Bevor wir eintraten, hielten wir an und betrachteten den Bau. Ich konnte schon von außen etwas spüren. Riesige Bogen kennzeichneten den Eingang, und das Bleiglasfenster an der Stirnseite verhieß Großartiges. Phil deutete an der Außenfassade auf eine Statue der heiligen Maria Magdalena mit lang fließendem Haar und drei Brotlaiben im Arm.

Die Zentrale der Häretik, dachte ich, in der Tat. »Erzähl mir mehr von diesem Ort«, bat ich Phil.

»Als der Louvre noch Palast war, bevor der Königshof nach Versailles verlegt wurde, diente Saint-Germain l'Auxerrois als königliche Palastkirche. Die erste Kirche wurde hier im siebten Jahrhundert errichtet, aber ich bin sicher, dass der Ort schon lange vorher als heilig verehrt wurde. Im zwölften Jahrhundert wurde hier dann Saint-Germain-le-Rond gebaut. Die heutige Kirche ist eine interessante Mischung aus romanischen, gotischen und Renaissance-Elementen. Von der ursprünglichen Kirche ist nur noch der Glockenturm, die ›Marie‹, übrig geblieben. Das meiste, was du hier siehst, stammt aus dem dreizehnten Jahrhundert. Am 23. August 1572, am Bartholomäustag, läuteten die Glocken zu dem Massaker an Tausenden von protestantischen Hugenotten, die zur Hochzeit von Henri de Navarre mit Marguerite de Valois eingeladen waren.«

»Sie haben Tausende von Menschen unter dem Vorwand einer Hochzeit in die Falle gelockt und ermordet?«

»Ja, so war es«, bestätigte Phil bedrückt.

»Welch ein trauriger Ort.«

»Paris ist voll von traurigen Orten. Dies ist einer der Gründe, weshalb wir hier sind.«

Wir traten ein und mich durchlief sofort eine Welle tiefster Abneigung. Ich wollte dort nicht sein! Allerdings war mir nicht klar, ob es an Phils Geschichte lag oder ob ich wirklich eine Gefahr spürte. Das Wissen um die einstigen Geschehnisse an diesem Ort erfüllte mich mit Abscheu. Mir war, als hallten von den Wänden immer noch die Erinnerungen an das Schreckensgeschrei. Ich schloss kurz die Augen, um mich an das Dämmerlicht zu gewöhnen und die überwältigenden Gefühle in mir etwas auf Abstand zu halten.

In der Kirche waren kaum Touristen, sodass wir leicht eine Bank im hinteren Bereich fanden, wo wir in Ruhe unser Ritual durchführen konnten. Wir setzten uns, Phil griff nach seinem Notizbuch.

»Der heilige Name, den wir hier singen werden, ist einfach *El. El* leitet sich von einem Wortstamm ab, der ›Macht‹ und ›Stärke‹ bedeutet. Es steht meistens für Gott, wie du schon weißt, doch es kann auch in Bezug auf Engel oder Menschen angewendet werden, dann bedeutet es einfach ›Macht‹. *El* wird zweihundertfünfzig Mal im *Tanach* und etwa zweihundert Mal im Alten Testament erwähnt. Weißt du, Jimmy, wenn Moses heute das Alte Testament veröffentlicht haben wollte, müsste er es wahrscheinlich im Eigenverlag herausbringen. Er...«

»Phil, kannst du bitte beim Thema bleiben?«

»Okay, entschuldige. Bei den Kanaanitern war *El* der Vater-Gott. Es wird oft mit anderen Worten verbunden, wie *El Echad,* der ›Einzige Gott‹, oder *El De'ot,* der ›Gott des Wissens‹. Du erinnerst dich vielleicht an unsere Erfahrung in Saint-Roch. Du siehst an diesen Beispielen, dass *El* zwar ein einfaches Wort ist, aber von tiefer Bedeutung. *El* ist der Schlüssel zum himmlischen Tor, durch das die absolute Gnade in die Welt fließen kann. *El* ist die eigentliche Essenz Gottes. Deswegen verwenden wir diesen Namen hier.«

Wir schlossen die Augen und begannen: »*El, En Sof; El, En Sof; El, En Sof...*«

Wie zuvor spürte ich nacheinander den zwölf Gelenken in meinen Fingern nach und sprach dabei die heiligen Worte. Der Name Gottes hallte von der nahen Wand wider wie die Stimmen längst vergessener Seelen, die hier jahrhundertelang gebetet hatten. Ich spürte, wie sich die Energie langsam aufbaute, und als unser gebet verklungen war, widerhallte die Stille mit gleicher Macht wie die Worte. Wir blieben noch einen Moment lang sitzen, bevor ich meinen Erkundungen nachging.

»Ich muss zugeben, dass mir dieser Ort ein bisschen unheimlich ist«, flüsterte ich Phil zu. »Ich glaube, die Geschichten, die du mir erzählt hast, haben ganz schön Eindruck auf mich gemacht.«

»Du hast das jetzt schon so oft gemacht. Trotzdem ist nichts wirklich Schlimmes passiert, oder? Denke einfach daran, dein Herz offen zu halten. Der Name, dein Glaube und deine Liebe schützen dich. Dir kann nichts geschehen.«

Phil sprach sein Schutzgebet, wie er es an den anderen Orten ebenfalls getan hatte. Ich glaubte seinen Worten, aber sie konnten meine Besorgnis nicht wirklich auflösen. Ich erhob mich und wanderte langsam umher, wie ich es heute schon so oft getan hatte, hoffend, dass ich wieder über eine so wohlmeinende Seele wie jene der Nonne in Notre-Dame stolpern würde. Ich hatte keine besondere Vorstellung davon, welche Art von Erfahrung ich mir wünschte, aber ich fürchtete mich, auf eine Horde von körperlosen, verirrten Seelen zu stoßen, die den Ort ihrer entsetzlichen Abschlachtung nicht verlassen konnten. Wie mochte es wohl gewesen sein, auf eine der höchst angesehenen Hochzeiten Frankreichs eingeladen worden zu sein: Alle Gäste trugen ihre besten Kleider, und völlig unerwartet wurden sie gefangen und hingemetzelt, weil sie einem anderen Glauben anhingen ... Mein Unwohlsein nahm immer mehr zu, und als ich am hinteren Ende des Kirchenschiffs angekommen war, wollte ich nur noch ins Freie hinaus.

Doch dann nahm etwas meine Aufmerksamkeit gefangen: Auf den Trennwänden zwischen den Seitenaltären fielen mir Dutzende von Templerkreuzen auf, und bei einem Altar schienen sie sich besonders zu häufen. Ich trat näher und bemerkte, dass die Nische weitgehend leer war, bis auf ein altes Tabernakel mit einer Tür, auf der zwei kleine Templerkreuze eingraviert waren. Ich erinnerte mich, dass Phil mir nahegelegt hatte, immer den Zeichen zu folgen, und trat noch näher. Dabei entdeckte ich über dem Tabernakel ein wundervolles vierteiliges Glasfenster, das mir ganz klar bestätigte, dass ich am richtigen Ort war. Im zentralen Fenster waren Jesus und Maria abgebildet (nach meinem Dafürhalten war es Maria Magdalena). Beide trugen goldene Kronen und waren von Engeln flankiert. Das Interessanteste daran war, dass die ganze Szene von Dutzenden von Yods umgeben waren – dem hebräischen Buchstaben, der diese Reise verursacht hatte. All diese Zeichen so dicht beieinander zu sehen, ließ mir keinen Zweifel mehr, dass ich die Energiequelle gefunden hatte, die ich suchte.

Die Tür des Tabernakels übte eine starke Anziehungskraft auf mich aus. Es gab ein Absperrseil; die Seitenkapelle war offensichtlich nicht zu betreten. Doch je länger ich dort stand, desto mehr gewann ich die Gewissheit, dass ich die Regeln überschreiten musste. Ich schaute mich um, um mich zu vergewissern, dass niemand zusah. Ich schien völlig allein zu sein. Ich stieg über das Seil und ging die wenigen Schritte bis zum Altar. Meine Hände zitterten leicht, als ich sie nach dem Tabernakel ausstreckte, aber irgendwie war ich mir sicher: Was immer ich suchte lag hinter dieser Tür. Zu meiner Überraschung war sie nicht verschlossen.

Ich lehnte mich etwas vor, um hineinzusehen. Das Tabernakel schien leer zu sein, aber es war zu dunkel darinnen, als dass ich mir vom bloßen Augenschein hätte sicher sein können. Ich würde mit der Hand hineingreifen müssen. Der Gedanke war furchterregend. Dort die Hand hineinzustrecken bedeutete, meiner Intuition völlig zu vertrauen. Aber vielleicht führte mich meine Intuition ja in eine Gefahr? Auf dieser kleinen Reise mit Phil hatte ich mich mehrmals in der Reichweite von Gefahr gefühlt, aber bis jetzt hatte ich sie erfolgreich vermieden. Möglicherweise ging diese Geschichte hier anders aus. Ich fürchtete mich und war gleichzeitig höchst gespannt.

Ich holte tief Luft und streckte langsam meine Finger in das Tabernakel, als könnte darin eine Schlange lauern, die meinem Leben ein plötzliches Ende setzte. Zentimeterweise verschwand meine Hand in der Dunkelheit und ich begann umherzutasten. Auf dem Boden des ansonsten leeren Tabernakels berührte ich etwas Raues, vielleicht ein Pergament oder ein Stück Stoff. Ich versuchte, es zu fassen, als mich eine laute Stimme aufschreckte.

»Excusez-moi!«

Ich schaute mich um und sah einen Aufpasser auf mich zukommen, der drohend einen Schrubber schwang.

»Que faites-vous?«

Ich zog schnell meine Hand aus dem Tabernakel und wich zurück. »I'm sorry. I was just ...«, entschuldigte ich mich und wollte zu einer ungeschickten Erklärung ansetzen.

»Sortez!«, unterbrach er mich schreiend und stürmte, wild den Schrubber schwingend, auf mich zu. Doch in seinem Eifer, mich zu verjagen, stolperte er über das Seil und fiel zu Boden.

Ich nutzte die Chance und bevor er wieder auf die Beine kam, war ich an ihm vorbei und rannte in Richtung Tür.

»Sortez!«, schrie er wieder.

Der Aufruhr lockte Phil aus einer Seitenkapelle, sodass ich ihn am Arm packen und mitziehen konnte.

»Los komm, schnell raus!«, rief ich ihm zu.

In Sekunden waren wir aus der Tür und rannten über den Place de Louvre. Erst als wir außer Sichtweite der Kirche waren, hielten wir an und schnappten nach Luft.

»Was ist passiert?«, fragte Phil.

»Ich erzähle es dir gleich, aber vorher muss ich nachschauen, was ich hier habe.« Ich öffnete meine Faust und blickte auf ein winziges Stück Papier, das vom Alter ganz abgenutzt und halb verwittert wirkte.

»Was ist das?«, fragte Phil.

Ich erzählte ihm von dem Tabernakel und der Tür mit den zwei Templerkreuzen und wie ich gerade hineingegriffen hatte, als der Wächter mich überraschte. »Ich weiß nicht, was das ist, aber ich habe das Gefühl, wir waren nur in der Kirche, um dies hier zu finden.«

Wir betrachteten das Papier genauer. Es standen nur zwei französische Wörter darauf.

»Ich verstehe nicht, was das bedeutet.«

»Aber ich!«, rief Phil begeistert. »Da steht *Medal Extraordinaire*, das bedeutet ›Wunderbare Medaille‹. Ich weiß genau, was das bedeutet.« Sein Gesichtsausdruck sagte mehr als tausend Worte.

Wunderbare Medaille? Mir war, als käme ich nach Hause.

14

Jahwe Zebaoth

Als ich vierzehn Jahre alt war, gab mir Mrs. Meyer ein Geschenk, das mein Leben in vieler Hinsicht veränderte. Sie war die Mutter einer Klassenkameradin und Freundin von mir, und sie hatte wohl etwas in mir bemerkt: eine gewisse Neigung zur mystischen Seite der Religion, zu etwas, das über die Rituale und Dogmen hinausging, an die sich die meisten Leute in Notlagen klammern. Meine Freundin erzählte mir, ihre Mutter wolle mich gerne mal kennenlernen und lade mich deshalb ein. Nach einem ungefähr einstündigen Gespräch über Heilige und andere religiöse Themen griff sie etwas, das neben ihr lag, und legte es in meine Hand: eine Wunderbare Medaille.

»Ich glaube, vor ein paar Jahren haben mir meine Eltern auch eine zur Kommunion geschenkt«, sagte ich. »Aber ich habe nie so richtig verstanden, was sie bedeutet.«

»Sie ist ein Zeichen der Verehrung der Gesegneten Mutter«, erklärte Mrs. Meyer. »Jeder große Heilige hat sie besonders verehrt, und wenn du ihrem Beispiel folgen willst, solltest du das Gleiche tun.«

»Meinen Sie, ich soll dem Beispiel der Heiligen folgen?«, fragte ich ungläubig. Die Idee erschien mir abwegig und unvorstellbar.

Sie lächelte. »Ich meine nicht, dass du ihrem Beispiel nacheifern wirst. Ich meine vielmehr, dass du ein Vorbild sein wirst. Wenn du dich dafür entscheidest, kannst du selbst zum Heiligen werden. Ich sehe in deinen Augen die Glaubenstreue und die Hingabe. Aber wenn du reinen Herzens bleiben willst, brauchst du ihre Hilfe. Die Medaille wird dir dabei helfen. Sie ist ein Zeichen dafür, dass du dich in ihre Obhut begibst, und wenn du einmal unter ihren Fittichen bist, lässt sie dich nie wieder los. Behalte die Medaille einfach immer nahe bei dir, und alles wird sich finden.«

Ich habe dieses Gespräch nie vergessen. Ich habe das Medaillon sofort an einer Kette befestigt, die ich um den Hals trug, und es jahrelang getragen. Leider habe ich es dann irgendwann verloren, genauso wie die unverfälschte Begeisterung, die Mrs. Meyer in mir förderte. Doch tief in mir war alles noch da. Es brauchte nur hervorgelockt zu werden, vielleicht durch ein altes Stückchen Pergament.

»Dieses Stück Papier ändert alles«, erklärte Phil in seiner dramatischen Art und holte mich aus meinen Träumen zurück. Wir befanden uns auf dem Weg zur Metro.

»Was heißt das? Was ändert es?«

»Zunächst mal ändert es unser nächstes Ziel. Ich habe zehn Orte ausgewählt, die mir bedeutend erschienen und die mir meine Intuition gewiesen hat. Als neunten Ort hatte ich jetzt etwas anderes vor, aber das Auftauchen dieses Papiers sagt mir, dass wir doch zu einem Ort gehen sollen, den ich ursprünglich erwogen, aber dann wieder verworfen hatte.«

»Wohin gehen wir dann jetzt?«

»Bevor ich es dir verrate, will ich dir etwas anderes erzählen. Findest du es nicht auch merkwürdig, dass es in Saint-Germain so viele Symbole und Hinweise gab? Aus meiner

Sicht ist das ein Zeichen, dass wir dieses Stück Papier finden sollten. Die Frage ist nur: Wer hat es dorthin getan? Und warum? Lag es nur da, damit wir es finden, um an den nächsten Ort geführt zu werden? Ich sagte dir ja schon, dass wir auf dieser Reise Verbündete haben, die uns helfen. Sicher, das Pergament wirkt alt, aber wir können es nicht wirklich beurteilen. Und die Worte *Medal Extraordinaire* ... Soviel ich weiß, können sie nur eines bedeuten, und deshalb ändern wir jetzt unseren Plan.«

»Wir ändern den Plan?«

»Hast du je von der Wunderbaren Medaille gehört?«

»Aber sicher! Jeder Katholik kennt sie. Man hat sie früher wie Bonbons ausgeteilt.«

»Und wie viel weißt du über ihre Herkunft?«

»Ich wusste es mal, aber es ist schon eine Weile her.«

Phil und ich standen inzwischen auf dem Bahnsteig und warteten auf den Zug. Mittlerweile war es später Nachmittag. Uns umgaben so viele Menschen, dass wir uns an die Seite drängen mussten, um miteinander reden zu können.

»Hier in Paris lebte eine Nonne namens Catherine Labouré, die zu den ›Töchtern der christlichen Liebe‹ gehörte. Eines Nachts im Jahr 1830 wachte sie auf und hörte die Stimme eines Kindes, das sie in die Schwestern-Kapelle rief. Das Ganze ereignete sich ganz hier in der Nähe. Die heilige Mutter Maria erschien und erzählte ihr, dass sie mit einer besonderen Aufgabe betraut würde. Etwas später hatte Catherine eine weitere Vision, in der sie die Mutter Maria auf einer Erdkugel in einem ovalen Rahmen stehen sah. Um ihren Kopf erblickte sie einen Heiligenkranz, auf dem die Worte standen: ›Oh Maria, ohne Sünde empfangen, bitte für uns, die wir unsere Zuflucht zu dir nehmen.‹ Maria trug ihr auf, eine Medaille anfertigen zu lassen, auf der dieses Bild zu sehen sei: Alle Menschen, die sie tragen, würden großer Gnade teilhaftig werden. Zuerst wurde sie die ›Medaille der unbefleckten Empfängnis‹ genannt, später jedoch ›Wunderbare Medaille‹ oder ›Wundertätige Medaille‹.«[10]

»Das klingt alles vertraut.«

»Weißt du auch, was mit Catherine weiter geschah?«

»Ich glaube nicht. Was denn?«

»Niemand außer ihrer Oberin und ihrem Beichtvater wusste, dass sie es gewesen war, die die Wunderbare Medaille in die Welt gebracht hatte. Sie verbrachte den Rest ihres Lebens als gewöhnliche Krankenschwester und starb 1876. Erst danach wurde bekannt, was sie getan hatte. 1933 wurde ihr Leichnam exhumiert: Man entdeckte, dass nichts an ihr verwest war.«

»Daran erinnere ich mich. Sie ist eine von den Unverwesten. In Europa gibt es ja einige Heilige, deren Körper nicht verwesen und die in Kirchen und Kathedralen ausgestellt sind.«

»Richtig. Bei Catherine waren fast sechzig Jahre vergangen, und sie sah aus, als wäre sie gerade erst verstorben. Es galt als Wunder, als eine Gnade Marias. Seitdem ruht ihr Leichnam in einem gläsernen Sarg in einer Kapelle des Mutterhauses in der Rue du Bac. Wie gesagt, ich hatte eigentlich einen anderen Ort vorgesehen, doch angesichts deiner Entdeckung habe ich das Gefühl, wir sollten dorthin. Wir gehen zur ›Kapelle Unserer Lieben Frau von der Wunderbaren Medaille‹.«

Ich schaute auf das Papier in meiner Hand. Sollte es uns wirklich zu der Kirche führen, in welcher der unverwesbare Körper einer Heiligen lag? Und wenn ja, worin bestand die

[10] Siehe auch www.wunderbare-medaille.de (Anm. d. Red.).

213

Verbindung? Während ich darüber nachsann, traf der Zug ein. Wir drängten uns in den bereits ziemlich vollen Waggon und wurden in unterschiedliche Ecken gedrückt, wo wir uns nach Kräften an den Stangen festhielten, als der Zug ruckartig anfuhr. Immerhin brachte er uns zu unserem nächsten Schritt. Aber war es wirklich ein Schritt vorwärts? Ich stellte mir die Frage in diesem Zusammenhang zum ersten Mal. Plötzlich hatte ich das Bedürfnis nach einem Sinn, nach einer tieferen Bedeutung all dieser Erfahrungen. An jedem Ort, den wir besucht hatten, hatte ich die Macht der heiligen Namen tiefer schätzen gelernt. Doch es musste für all das noch einen tieferen Grund geben, und dieses Stück Papier schien uns dem näher zu bringen.

Noch einmal dachte ich an Mrs. Meyer und die Wunderbare Medaille, die sie mir geschenkt hatte. Sie war ein Schritt gewesen, der zu vielen anderen Offenbarungen und Gelegenheiten geführt hatte. Und alles diente wohl dazu, dass ich mich in diesem Augenblick hier in Paris aufhielt und von der Metro durchgeschüttelt wurde. Jenes Geschenk von Mrs. Meyer hatte mein Leben in wenigen Tagen verändert. Meine Gebete und meine Religiosität gewannen an Kraft, und mein Herz schien sich für eine tiefere, innige Verbindung mit dem Göttlichen zu öffnen. Diese Entwicklung hat sich mein ganzes Leben lang fortgesetzt. Durch Mrs. Meyer entdeckte ich einen heiligen Reichtum der Glaubenstreue und Gnade, der mir bis dahin unbekannt gewesen war. Mein spirituelles Leben bestand nicht mehr nur aus sonntäglichen Gottesdiensten, sondern ich fing an, täglich zur Messe zu gehen und jeden Morgen vor der Schule den Rosenkranz zu beten. Es war ein Impuls, der in meinem Leben immer mehr Kraft gewann.

Auch als ich Jahre später das Bedürfnis hatte, über den

engen Rahmen, in dem ich aufgewachsen war, hinauszuge-
hen, blieb ich mit dieser inneren Hingabe verbunden. Mir
erging es nie wie vielen meiner Bekannten, die sich von ihrer
religiösen Erziehung traumatisiert fühlten. In meinem Leben
war der Glaube eine beständige Quelle der Kraft gewesen,
wie eine geliebte Mutter, die vielleicht weit weg lebt, deren
Liebe und Unterstützung jedoch trotzdem wirksam sind.

In Saint-Placide stiegen wir aus. Nachdem wir wieder
den unterirdischen Bereich verlassen hatten und die Straße
erreichten, bemerkte ich, dass wir uns in einer wohlhabenden
Gegend befanden, in der es Designerläden und Delikatessen-
märkte gab. Wir gingen ein paar Blocks weit, bis wir in die
Rue du Bac einbogen. In geringer Entfernung sah ich Leute,
die vor einem großen, kirchenähnlichen Gebäude standen.
Ich bemerkte einen bärtigen jungen Franziskaner und identifizierte ihn als Mitglied einer aufstrebenden jungen Gemein-
schaft aus der Bronx, die sich »Franziskanischer Orden der
Versöhnung« nennen.

Ich hatte mehrfach von dem sehr einfachen, fundamen-
talen Ansatz des Ordens gelesen. Zum Beispiel sollten sich
seine Mitglieder nie das Gesichtshaar scheren, was mich
vermuten ließ, dass dieser Mann mit seinem gut über zehn
Zentimeter langen Bart schon seit einigen Jahren dabei sein
musste. Dieses Heiligtum, das eher traditionelle Katholiken ansprach – wie jene, bei denen ich aufgewachsen war
–, erhielt durch seine Anwesenheit eine eher konservative
Prägung. Erinnerungen durchströmten mich, als wir auf das
Gebäude zugingen, und ich umklammerte das Stück Papier
in meiner Hand, als wollte es mir jemand wegnehmen.

Wir folgten den Hinweisen nach links durch einen Durch-
gang und einen schmalen, offenen Gang, an dessen Ende uns
eine Tür wohl an den Ort der wahren Ereignisse führte. Zur

Rechten war ein kleiner Buchladen, in dem ältere Nonnen große Beutel voller Medaillen verkauften, die einzelne Besucher wahrscheinlich ihren heimatlichen Gebetskreisen und Gemeindemitgliedern mitbrachten.

»Schon komisch, dass das Schicksal uns hierher gebracht hat«, bemerkte Phil. »Als ich mir während meiner Vorbereitungen überlegte, wohin wir gehen würden, hatte ich zuerst an diese Kirche gedacht, den Gedanken aber, wie gesagt, dann wieder verworfen.«

»Warum?«

»Ich weiß nicht genau«, meinte er, als wir vor der Tür zur Kirche anhielten. »Damals schien es mir nicht zu passen, aber jetzt wirkt es absolut sinnvoll.«

Nach all den großen Kirchen und Kathedralen, die wir besucht hatten, war es erst ungewohnt, in so ein kleines Gotteshaus zu kommen. Vom Altar ging ein helles Licht aus, und auch wenn die Strahler dort vielleicht etwas heller als nötig waren, spürte ich, dass hier etwas besonders Ehrfurchtgebietendes war. Über dem Altar wurde in einer schönen Szene Catherines Marienerscheinung dargestellt, und die Engel um sie herum wirkten beinahe echt. Die Statue der Maria sollte Catherines Vision entsprechen: mit Heiligenschein, einem Kranz von zwölf Sternen und ausgebreiteten Armen. Steinerne Engel umstanden sie wie Hüter des heiligen Raums und der Brücke zwischen Himmel und Erde.

Was ich als Nächstes erblickte, verwirrte mich: Auf jeder Seite des Altars stand ein gläserner Sarg. Beide enthielten wohl die Körper einer Nonne. Phil hatte mir nur von einer unverwesbaren Heiligen erzählt, doch da war noch eine. Mit erstauntem Blick wandte ich mich zu ihm um.

»Ich weiß auch nicht«, erwiderte er. »Gehen wir nach vorne, vielleicht steht da etwas.«

Auf unserem Weg zum Seitenschiff überquerten wir den Mittelgang. Ich bemerkte, wie ich instinktiv niederkniete und mich bekreuzigte, als ich am Tabernakel vorbeikam. Als Kind hatte ich das so gelernt und viele Jahre praktiziert, doch schon seit vielen Jahren meinte ich, diese Sitte hinter mir gelassen zu haben. Als ich mich wieder erhob, lächelte Phil mir zu. Wahrscheinlich wunderte er sich, warum ich hier plötzlich wieder Gebräuchen folgte, die ich in all den anderen Kirchen nicht für nötig befunden hatte. Ich zuckte mit den Schultern, um ihm zu zeigen, dass mir mein Verhalten ebenso schleierhaft war.

In gewisser Weise erinnerte mich die Kirche an die Hingabe, die mir als Kind so wichtig gewesen war. Doch mit zunehmendem Alter waren das Beten des Rosenkranzes und die Wunderbare Medaille in den Hintergrund getreten. Viele Jahre lang war die Kirche meine ganze spirituelle Welt gewesen. Erst nach dem College entdeckte ich, dass es noch andere Wege und Möglichkeiten gab, meine Spiritualität zum Ausdruck zu bringen, bis ich dann Jahre später die Friedensgebete der zwölf wichtigsten Weltreligionen vertonte und damit meine Reichweite auf die Essenz des Friedens jedes spirituellen Wegs ausdehnte. Doch an Orten wie diesem – in Kirchen, wo die alten Praktiken noch gepflegt wurden und die Verehrung der Heiligen Mutter noch lebendig war – erwachte tief in mir etwas zum Leben, sodass ich ohne zu denken zu den Ausdrucksformen meiner Kindheit zurückkehrte.

Wir gingen zu dem Sarg auf der linken Seite des Altars, in dem der Körper einer Nonne in altertümlichem Habit lag. Eine Plakette identifizierte sie als »Saint Louise de Marillac«, wie Phil leise vorlas. Über ihr erhob sich ein leuchtendes Mosaik mit zwei betenden Engeln, die auf ihren Körper herabsahen, und einer Taube, die den Heiligen Geist symbolisierend auf die Mitte des Sarges deutete. »Ich glaube, sie war die Gründerin des Ordens.«

»Mitgründerin«, ergänzte eine weibliche Stimme mit starkem französischem Akzent. Wir wandten uns um und sahen, dass uns eine kleine Nonne jenseits der siebzig anlächelte. »Sie half dem heiligen Vinzenz von Paul bei der Gründung. Ihre Geschichte ist wirklich eindrucksvoll.«

»Könnten Sie uns mehr über sie erzählen?«, flüsterte ich.

»Nun, sie wurde 1591 geboren, unehelich, was ihr die Verachtung vieler eintrug. Sie wollte Nonne werden, aber sie wurde verheiratet und bekam einen Sohn namens Michel. Als ihr Mann starb, beschloss sie jedoch, ihr Leben dem Dienst am Nächsten zu widmen. Sie begegnete dem heiligen Vinzenz und besuchte gemeinsam mit ihm die Armen, bis sie mit ihm zusammen den Orden gründete. Sie war sehr heilig, deshalb liegt sie hier am Altar.«

»Aber ich wusste gar nicht, dass es hier noch eine unverwesbare Heilige gibt; ich dachte, die heilige Catherine sei die Einzige.«

»Das ist sie auch. Dies ist nicht die echte Louise, sondern nur ein wächsernes Abbild. Die heilige Catherine ist die Einzige, deren Körper den Verwüstungen der Zeit widerstanden hat.«

Wir waren beide überrascht. Der Körper unter dem Glas wirkte so natürlich. Man hätte leicht glauben können, dass sich das Wunder zweimal ereignet hatte.

»Was bedeutet das?«, fragte ich die Nonne. »Es muss einen Grund dafür geben, dass Catherines Körper nicht normal verwest.«

»Es gibt auch einen Grund«, erwiderte sie. »Gnade. Die Gnade Unserer Lieben Frau hat sie vollkommen erfüllt, als

Lohn für ihre Demut und ihre Dienste. Catherine war ein perfektes Beispiel für alles, wofür die Heilige Mutter steht. Sie zog keine Aufmerksamkeit auf sich, sondern nur auf die Schönheit und Heiligkeit dessen, was ihr offenbart worden war. Und obwohl sie starb, blieb ihr Körper unversehrt und ihre Seele frei. Kommen Sie, ich zeige Ihnen etwas.«

Wir gingen ihr nach, am Altar vorüber, wo sie kurz niederkniete und sich bekreuzigte, bevor sie ihren Weg fortsetzte. Vor dem Sarg der heiligen Catherine kniete und bekreuzigte ich mich ebenfalls, und Phil tat es mir nach. Catherine war in die gleiche Art von Habit gekleidet, die sie zu Lebzeiten getragen hatte, aber ich wusste nicht, ob es immer noch dasselbe Kleidungsstück war. Ich vermutete es, denn es war die ganze Zeit unter der Erde oder in diesem Glaskasten von den Elementen getrennt gewesen.

»Kommen Sie näher, damit ich leise sprechen kann«, flüsterte die Nonne. Wir rückten näher an sie und an den Sarg heran. »Alles sieht ganz normal aus, aber eines ist ungewöhnlich. Sehen Sie das?«

Ich schaute auf den unter dem Glas liegenden Körper und hatte Schwierigkeiten, irgendetwas zu sehen, das *nicht* ungewöhnlich war. Catherines Brusttuch schien so sauber und gestärkt zu sein wie am Tag, als sie die Gelübde ablegte, und das berühmte Symbol, das auf der Rückseite aller Wunderbaren Medaillen abgebildet ist, war in Gold auf der Rückwand des Sarges eingeprägt. In ihren Händen, die direkt nach oben wiesen, hielt sie einen schwarzen Rosenkranz, als wäre sie mitten im Gebet. Sosehr wir auch suchten, nichts schien nicht hierher zu passen.

»Suchen Sie nicht nach etwas Fehlendem«, half uns die Nonne, »sondern nach etwas, das in Fülle da ist.«

Ich versuchte, mich an ihren Rat zu halten, aber vor dem

Hintergrund der merkwürdigen Umstände der ganzen Situation kam mir nichts besonders außergewöhnlich vor.

»Der Rosenkranz«, bemerkte Phil schließlich. »Sie hat zwei Rosenkränze: einen in der Hand und den zweiten neben sich.«

In der Tat, er hatte recht. An ihrer Seite lag ein Rosenkranz, wie er üblicherweise zum Habit einer Nonne gehört, und in den Händen hielt sie noch einen.

»Sehr gut«, bestätigte die Nonne. »Sobald Sie herausgefunden haben, warum sie zwei Rosenkränze hat, können Sie das Mysterium begreifen.«

»Das Mysterium?«, fragte ich.

»Das Mysterium der Medaille und der Unversehrtheit von Catherines Körper. Da besteht eine Verbindung. Sobald man das eine versteht, versteht man auch das andere.« Und nach diesen Worten ging sie lächelnd fort.

Ich schaute Phil an. »War das ein Zufall, dass sie von dem Mysterium der Medaille sprach?«

»Es gibt keine Zufälle«, erwiderte er, ohne den Blick von Catherines blassem, so lebendig wirkendem Körper zu wenden. »Wir wurden hierher geführt, weil auf einem kleinen Stück Pergament *Medal Extraordinaire* stand. Jetzt erfahren wir, dass es ein Geheimnis um die zwei Rosenkränze gibt. Eins ist sicher: Ein Zufall ist das nicht!«

»Hast du eine Idee, was es bedeutet?«

Phil schwieg eine Weile und betrachtete aufmerksam jedes Detail des Körpers, der Rosenkränze und des ganzen Beiwerks. Wie Suchscheinwerfer wanderte sein Blick über alles, doch dann seufzte er tief und entspannte sich. »Nein, ich weiß nicht, was es bedeutet. Noch nicht. Aber ich bin davon überzeugt, dass wir hierher geführt wurden und dass dies alles dazugehört. Ich schlage vor, wir setzen uns irgendwohin und singen den nächsten Namen. Das hat noch jedes Mal etwas in Gang gesetzt, wie eine Kettenreaktion, die uns an den richtigen Ort oder zur richtigen Erfahrung bringt. Ich bin sicher, so wird es uns hier auch ergehen.«

»Aber hier ist es anders als an den anderen Orten«, erwiderte ich. »Dies ist keine gotische Kathedrale voller Templersymbole und dergleichen. Diese Kapelle ist relativ neu. Ich kann mir nicht vorstellen, dass sie auf die gleiche Weise aufgeladen ist wie die anderen.«

»Vielleicht hast du recht, aber irgendetwas ist hier – zumindest etwas, das wir lernen können. In Saint-Germain l'Auxerrois wurdest du zu der Seitenkapelle mit dem Tabernakel mit den Templerkreuzen geführt, stimmt's?«

»Ja, das stimmt.«

»Das Tabernakel war zufällig offen und darin lag zufällig ein Stück Papier, auf dem *Medal Extraordinaire* steht. Ist das nicht ein bisschen viel des Guten, um ›einfach so zufällig‹ zu passieren?«

»Ich habe noch nicht darüber nachgedacht, aber jetzt, wo du es sagst ... Aber was bedeutet das?«

»Ich habe das Gefühl, es lag da für uns. Aber wer hat es hineingelegt?«

»Wer sollte es schon da hineinlegen?«, fragte ich zweifelnd. »Niemand weiß, dass wir hier sind, und selbst wenn: Wie konnte irgendjemand wissen, dass ich dort hineinschauen werde?«

»Sei nicht so naiv. Es ist kein Geheimnis, dass wir hier sind. Wir sind auf keinem Schritt dieser Reise allein gewesen. Wir haben uns auf teilweise recht dramatische Weise bemerkbar gemacht, nicht nur für andere Menschen.«

»Jetzt jagst du mir Angst ein!«

»So habe ich es nicht gemeint.« Phil nahm mich am Arm

und ging mit mir zur Seite. Zwei ältere Frauen versuchten, einen besseren Blick auf Catherines Körper zu bekommen, und wir hatten wahrscheinlich nicht mehr leise genug gesprochen. »Ich meine nur, dass wir nicht allein sind. Vielleicht wollte uns das Pergament das zeigen. Vielleicht sollte es uns daran erinnern, dass wir hier eine wichtige Arbeit erfüllen und dass wir weiter dranbleiben sollen.«

»Warum dann all die Geheimniskrämerei? Erst mit dem Papier, dann hier die Nonne. Was meinte sie mit den Rosenkränzen?«

»Sie sagte, wenn wir herausfänden, warum hier zwei Rosenkränze sind, dann würden wir auch verstehen, warum Catherines Körper unversehrt bleibt. Und ich glaube, ich weiß die Antwort, zumindest einen Teil davon.« Phil schob sich etwa einen halben Meter weiter nach links, sodass wir in den gläsernen Sarg schauen konnten. »Ein Rosenkranz liegt an ihrer Seite, aber achte mehr auf den in ihren Händen. Vielleicht geht es weniger um den Rosenkranz als um die Hände, die ihn halten. Sie sind in Gebetshaltung, aber sie weisen nach oben, als wollten sie auf etwas zeigen. Siehst du das?«

Phil hatte offenbar Witterung aufgenommen. Die Finger der Heiligen schienen tatsächlich nach oben zu zeigen, aber auf was? Direkt über dem Sarg erblickte ich eine strahlend weiße Statue der Heiligen Mutter. Catherines Finger wiesen direkt auf sie. Ich trat einen Schritt näher, um im Zusammenhang mit der Statue vielleicht ein weiteres Zeichen oder ein Symbol zu finden. Mir fiel nichts Besonderes auf, aber ich wurde das Gefühl nicht los, dass es etwas gab, das ich nicht bemerkte.

»Gehen wir noch mal auf die Seite«, meinte Phil und zog mich auf eine Bank. »Es ist Zeit, dass wir den Namen singen. Ich bin sicher, dass mehr passieren wird, wenn wir uns auf den Namen konzentriert haben, den ich ausgewählt habe.«

»Und welcher ist das?«

»Wir werden hier den heiligen Namen *Jahwe Zebaoth* tönen, das bedeutet ›Herr der himmlischen Heerscharen‹.«

»Also sind wir wieder beim Tetragrammaton. Werden wir noch etwas anderes singen, wie in Sacré-Coeur?«

»Nein, diesmal bleiben wir bei *Jahwe* und fügen nur *Zebaoth* hinzu.«

»Moment mal, du hast mir einen langen Vortrag darüber gehalten, dass man den heiligen Namen nicht aussprechen soll. Ich bin verwirrt. Was ist jetzt richtig?«

»Tu, was du für richtig hältst. Lassen wir uns vom Geist inspirieren, da dieser Ort so anders ist als die anderen. Es ist noch nicht mal hundert Jahre her, dass hier ein Wunder geschah. Die anderen Orte, die wir besucht haben, hatten eine sehr viel ältere Geschichte. Ich wollte zuerst ein anderes Wort als *Jahwe* vorschlagen, aber ich habe das Gefühl, dass ich auf einer Spur bin. Ich meine, wir sollten es so machen.«

»Hey, ich hatte von Anfang an nicht solche Probleme damit, und ich habe jetzt auch keine«, erwiderte ich. »Aber ich fühle mich nicht ganz bereit. Macht es dir etwas aus, wenn ich ein wenig umhergehe?«

»Ich wollte gerade vorschlagen, dass wir noch ein bisschen umherstreifen und uns an den perfekten Platz führen lassen. In dieser Kirche ist so enorm viel Energie; sie scheint uns fast von selbst in eine tiefe Erfahrung zu tragen. Wenn wir wissen, wo wir sein sollen, fangen wir einfach an zu singen.«

Ich konnte die starke Energie um mich herum spüren, als würde ich in ein Gefühl der Gnade eingehüllt, wie ich es noch nie erlebt hatte. Mein erster Impuls war, zurück zu Catherines Körper zu gehen und nach weiteren Hinweisen zu suchen, aber als ich in den Gang trat, hatte ich das merkwürdige Empfinden, nach hinten gezogen zu werden. Ich gab dem nach und wanderte in den hinteren Bereich der kleinen Kapelle. Dort stand ich neben der Tür und ließ die hereinkommenden und hinausgehenden Leute an mir vorüberziehen. Von dieser Position aus hatte ich eine gute Sicht auf den Altar und die zwei Särge, den einen mit dem Körper von Catherine, den anderen mit dem Wachsabbild der heiligen Louise.

Während ich da stand, kam mir eine unerwartete Idee in den Sinn: Ich erinnerte mich plötzlich an den Obelisken und die stereoskopische Sichtweise, die Phil mir beigebracht hatte. Ich hatte die Idee, mit einem weichen Fokus und leichtem Schielen in Richtung von Catherines Sarg und der Statue der Mutter Maria zu schauen. Ich hoffte, dass niemand auf mich achtete, denn es sah sicher merkwürdig aus. Ein bis zwei Minuten verstrichen. Ich wollte schon aufgeben, als ich plötzlich etwas Ungewöhnliches entdeckte: Die Statue der Mutter Maria hielt einen goldenen Globus mit einem kleinen Kreuz oben drauf in den Händen. Ich hatte plötzlich den Eindruck, dass sich die Erdkugel bewegte, als erhöbe sie sich aus Marias Händen. Einen Augenblick lang schloss ich meine Augen, um es zu überprüfen. Als ich sie wieder öffnete, kam mir alles ganz normal vor, aber nach wenigen Sekunden schien der Globus wieder nach oben zu schweben. Ich blieb bei meinem weichen Fokus und sah, wie sich der Erdball erst weiter erhob und dann langsam nach unten auf den Glassarg zufiel. Ich schaute zu und hielt den Blick bei. Der Globus schien auf Catherines Fingerspitzen zu landen. Ich blinzelte, doch die Vision blieb erhalten. Ich wollte nicht wegschauen, denn ich war sicher, dass mir hier eine Botschaft von großer Bedeutung übermittelt wurde.

Dann hörte ich innerlich eine leise weibliche Stimme. Zuerst war es nur ein flüsternd wiederholter Satz, doch er nahm an Intensität immer weiter zu, bis mein ganzes Sein von ihm erfüllt war: »Bete für die ganze Welt. Bete für die ganze Welt ...«

Ob das ihre Stimme war: die Stimme Marias, der Mutter Jesu? Ihr Klang stimmte mich ganz froh und meine Seele schien sich ähnlich von meinem Körper zu lösen, wie sich der Globus aus ihren Händen gelöst hatte.

»Verwende den Namen und bete für die ganze Welt.«

Inzwischen war ich von solcher Ekstase erfüllt, dass ich fürchtete, das Bewusstsein zu verlieren.

Ich spürte kaum, dass Phil meinen Arm berührte, und nahm nur schwach wahr, was er zu mir sagte: »Ich weiß nicht, was du gerade erlebst, aber ich glaube, es ist Zeit, dass wir den Namen für diesen Ort singen.«

Ich nickte – mehr war mir nicht möglich – und wir begannen: »*Jahwe Zebaoth, En Sof; Jahwe Zebaoth, En Sof; Jahwe Zebaoth, En Sof* ...«

Es fühlte sich an, als würde ein Schlüssel ins richtige Schloss geschoben; alles fand seinen richtigen Platz. Ich weiß nicht wie, aber der heilige Name löste etwas in dem Globus aus, der immer noch knapp über Catherines Fingerspitzen schwebte. Er fing an zu leuchten und ein golden-silbernes Licht auszustrahlen, das bald ihren ganzen Körper umgab. Es war, als ob es ihn einhüllte – anders kann ich es nicht beschreiben –, als ob die Energie sie in einem Zustand des Scheintods hielte. Zeigte sich mir das Wunder ihrer Unversehrtheit? War das der Grund, warum ihre Haut nach einhundertundzwanzig Jahren so heil war wie an jenem Tag, an dem sie starb?

Hinter ihr, auf der Rückseite des Sargs, spiegelte die Abbildung der Medaille, für die sie so berühmt war, das Licht des leuchtenden Globus wider, und plötzlich wusste ich, warum es uns dorthin gezogen hatte. Wir konnten nicht wissen, ob jemand das Stückchen Papier in dem Tabernakel deponiert hatte, damit wir es finden, oder ob die Worte keinerlei Bezug hatten zu dem, was wir jetzt erlebten. Aber sie hatten uns hierher geführt, zu der Kirche, in der ein erstaunliches Wunder stattfand. Heiligkeit und Gnade strömten vom Himmel durch diese Statue und tränkten den Körper dieser frommen Nonne mit einer überirdischen Energie, die den Gesetzen der Zeit trotzte. Es war wirklich eine Wunderbare Medaille, und durch den heiligen Namen wurde mir die Gnade zuteil, es direkt wahrnehmen zu dürfen.

»Es ist so wundervoll«, murmelte ich vor mich hin.

»Ich habe dich nicht verstanden«, flüsterte Phil. »Was hast du gesagt?«

Doch so gerne ich es ihm gesagt hätte – es war mir nicht möglich. Die Stimme versagte mir, ich konnte mich nur an die Ekstase und an die Gnade halten, die mich inzwischen vollkommen erfüllten. Tränen flossen mir über das Gesicht. Ich bemerkte kaum, dass die hilfreiche Nonne vorüberkam, mit der wir vorne am Altar gesprochen hatten. Sie schaute mich an und lächelte.

»Maintenant vous comprenez ..., jetzt verstehen Sie. Es ist schön, wenn jemand versteht, was hier passiert.«

15

Ehyeh Asher Ehyeh

Am frühen Abend kehrten wir in unser Apartment zurück. Ich hatte nur noch einen Wunsch: ganz still zu sitzen und nicht an die Ereignisse dieses verblüffenden Tages zu denken. Als wir die Treppe emporstiegen, gingen wir wieder an dem bizarren Gemälde von Rhett Butler und Scarlett O'Hara vorbei, an den grässlichen Porträts von Dämonen und schrecklichen Folterszenen.

Genau das, was ich brauche, dachte ich im Stillen. Der ganze Tag schien eine Mischung aus langsamer Qual und Augenblicken reiner Ekstase zu sein. Und jetzt durfte ich in Räume zurückkehren, die eher dem Wartezimmer der Hölle glichen als einer Frühstückspension.

»Was wollen wir heute Abend machen?«, fragte Phil, als hätte ich irgendein Interesse am Pariser Nachtleben. »Wie wäre es mit dem Moulin Rouge? Wäre doch eine tolle Sache, nach allem, was wir heute erlebt haben.«

»Ich müsste mir Streichhölzer in die Augen stecken, um sie offen zu halten.« Ich ließ mich auf das Sofa fallen. »Mach, was du willst, aber ich gehe heute nirgends mehr hin. Allein bei dem Gedanken, dass uns auf unserer Kabbala-Tour durch Paris noch eine Station bevorsteht, werde ich vollends erschöpft. Erzähl mir doch, wo es morgen hingeht.«

»Es soll eine Überraschung werden – das Sahnehäubchen!«, proklamierte Phil mit mehr Gestus, als ich ertragen konnte.

»Ich glaube, mir reicht es erst einmal mit Überraschungen. Wenn es keinen tiefen, esoterischen Grund dafür gibt, dass du es mir nicht sagen kannst, wäre ich dir sehr dankbar, wenn du mein Unbehagen erleichtern und es mir jetzt schon mitteilen könntest.«

»Na gut.« Phil setzte sich mir gegenüber in einen großen Sessel. »Morgen gehen wir zu einer der eindrucksvollsten Kirchen der Welt: zur Kathedrale von Chartres. Du hast wahrscheinlich von dem berühmten Labyrinth gehört, vielleicht auch von den bedeutenden Reliquien, die dort sind und die dich besonders interessieren könnten.«

Ich hatte mich begeistert aufgerichtet. »Natürlich, ich wollte schon immer mal nach Chartres! Das ist wundervoll! Allerdings ..., wie weit ist Chartres von Paris entfernt?«

»Oh, es sind nur achtzig Kilometer – keine große Sache. Ich dachte mir, wir frühstücken und verbringen dann den größten Teil des Tages dort. Das ist der Vorteil, dass wir heute so viel erledigt haben: Wir können uns jetzt Zeit lassen.«

»Erzähl mir etwas über die Kathedrale«, bat ich.

»Nun, ihr eigentlicher Name lautet Cathédrale Notre-Dame de Chartres, also Kathedrale Unserer Lieben Frau von Chartres. Sie wurde zu Ehren der heiligen Mutter Maria errichtet, und manche nennen sie auch den ›Sitz der Jungfrau Maria auf Erden‹. Der Platz war schon ein wichtiges marianisches Pilgerziel, bevor die Kathedrale errichtet wurde. Große Messen wurden dort abgehalten und viele Feste zu Ehren Marias.«

»In Frankreich muss man immer unterscheiden zwischen der Mutter Maria und Maria Magdalena.«

»Maria Magdalena schleicht sich immer ein, besonders in diesem Teil der Welt, offen oder verdeckt. An alten Orten der Anbetung von Magdalena wurden oft Marienkirchen errichtet, weil sich die Kirche mit der ›anderen Maria‹ immer schwergetan hat. Nun ja, aufgrund ihrer Geschichte war es nur natürlich, dass seit 876 hier die *Sancta Camisia,* das Gewand von Unserer Lieben Frau, aufbewahrt wurde. Angeblich wurde es der Kathedrale von Karl dem Großen vermacht, der es auf einem Kreuzzug in Jerusalem als Geschenk erhalten haben soll. Das stimmt jedoch nicht; das sind nur Legenden. Tatsächlich wurde es der Kirche von einem Mann vermacht, der Karl der Kahle hieß. Man nimmt an, dass das Tuch aus Syrien stammt. Die Kohlenstoffdatierung verweist auf das erste Jahrhundert. Ist doch alles sehr interessant, findest du nicht auch?«

»Vor allem, dass es Karl der Kahle war«, meinte ich grinsend und rieb mir über meinen eigenen Schädel.

»Ich dachte mir schon, dass dir das gefallen würde. Und es gibt noch etwas Interessantes: 1194 brach ein Feuer aus, das fast die ganze Kirche zerstörte. Die Stadtbewohner waren völlig außer sich, wie du dir vorstellen kannst. Es schien unmöglich, dass das Mariengewand überlebt haben sollte. Damals galt es als eine der wichtigsten Reliquien der Christenheit. Die Leute wussten nicht, dass einige Priester das Heiligtum in die Krypta unter der Kirche gebracht hatten. Wir werden sie uns morgen anschauen. Drei Tage nach dem Brand, als alles etwas abgekühlt war, holten die Priester in feierlicher Prozession die Reliquie aus den Trümmern hervor. Kannst du dir vorstellen, was das ausgelöst haben muss? Die ganze Stadt trauerte um den Verlust ihres wertvollsten Besitzes, und drei Tage später kamen die Priester aus dem Rauch und Schutt hervor und trugen sie stolz vor sich her.«

»Ist es noch da, das Gewand?«

»Es ist alles noch da: das Gewand, die Krypta, Notre-Dame du Pilier und sogar die Schwarze Madonna. Deswe-

229

gen gehen wir morgen hin – wegen all dieser und weiterer Dinge, wie du noch sehen wirst.«

Ich erhob mich vom Sofa und begann umherzugehen. »Verstehst du, wie bedeutend das alles ist? Wir wurden durch scheinbare Zufälle zur Kapelle Unserer Lieben Frau von der Wunderbaren Medaille geführt, und ich glaube, ich habe dort gesehen, wie Maria den Körper der heiligen Catherine intakt hält. Jetzt gehen wir zu der Kathedrale, wo ihr Gewand aufbewahrt wird. Das kann kein Zufall sein. Ich habe das Gefühl, dass diese Reise im Wesentlichen von *ihr* geleitet wird, auf die eine oder andere Weise. Verstehst du, was ich meine?«

»Ich bin mir nicht sicher«, erwiderte Phil, »aber es ist durchaus möglich. Mithilfe verschiedener kabbalistischer Namen Gottes haben wir die Schlüssel zu unseren eigenen Seelen freigelegt, wissend, dass wir damit an den Orten, die wir besucht haben, anderen Formen fühlenden Bewusstseins zur Freiheit verhelfen würden. Irgendwie taucht sie bei dieser Geschichte immer wieder auf.«

»Maria galt immer als der vollkommene Spiegel der göttlichen Gnade, ähnlich wie der Mond die Sonne spiegelt. Es spricht also einiges dafür, dass sie zu einem großen Teil hinter dieser Reise steckt.«

»Ich glaube, du könntest recht haben.«

»Und was ist mit dem Namen?«, fragte ich nach. »Mir scheint, dass ein bestimmter noch fehlt.«

»Ich dachte mir schon, dass es dir auffallen würde. Der Name deines Moses-Codes: EHYEH ASHER EHYEH ..., ICH BIN DER ICH BIN. Ich habe ihn für Chartres aufgehoben, weil ich wusste, dass er die größte Wirkung haben würde, auch wenn ich erst jetzt zu begreifen anfange, wie mächtig er ist. Alles, was wir bis jetzt erlebt haben, hat uns an diesen Punkt geführt: direkt zurück zur Mutter.«

»Ich fühle mich damit sehr wohl«, bemerkte ich.

»Was meinst du damit?«

»Ich weiß nicht, wie viel ich dir davon erzählt habe, aber ich habe meine ganze Jugend lang den Rosenkranz gebetet, meine Wunderbare Medaille getragen und mich Mutter Maria anvertraut. Deshalb bin ich mit achtzehn Jahren zu den Franziskanern gegangen. Ich habe seitdem alle möglichen anderen Richtungen erkundet, aber meine Hingabe an Mutter Maria ist immer der Mittelpunkt meiner Spiritualität geblieben.«

»Gut zu hören«, meinte Phil, »daran solltest du dich halten, denn nach dem Verlauf dieses Tages zu urteilen, kann niemand wissen, was als Nächstes passiert.«

Ich war wieder in Jerusalem, aber es sah alles anders aus, als ich es in Erinnerung hatte. Die Leute gingen durch die Straßen und redeten miteinander oder hielten sich an den Händen, während der Duft von Weihrauch in der Luft lag. Ich brauchte einen Moment, um mich an meinen vorigen Besuch bei Rabbi Eleazar zu erinnern, wie ich mit ihm im Café saß und von der Mission erfuhr, die Phil und mir bevorstand. Seit diesem Gespräch hatten wir so viel erlebt, mehr, als ich mir je vorgestellt hatte. Ich hoffte, dass ich ihn wiederfinden würde und dass er mir mehr über unseren letzten Tag in Paris und die Bedeutung von alldem erläutern könnte.

Beim Gehen bemerkte ich eine Frau, die geradeaus starrte und auf ihrem Schoß einen Jungen hielt. Sie kam mir merkwürdig vor, und während ich noch schaute, sprang der Junge von ihrem Schoß und nahm mich an die Hand. Er zog mich gleichsam im Slalom rasch durch die Menschenmenge. Ich erkannte in ihm den Jungen aus meinem letzten Traum wieder, der mich zu der schwangeren Frau gebracht hatte. Heute schien er allerdings etwas jünger zu sein. Als wir schließlich anhielten, bemerkte ich, dass wir vor dem Café standen, in dem ich mich mit Rabbi Eleazar unterhalten hatte. Der Junge ließ meine Hand los und kletterte auf den Schoß einer anderen Frau. Sie hatte dunkle, olivfarbene Haut, doch auch sie saß ganz still und starrte vor sich hin.

Dann hörte ich eine vertraute Stimme: »Komm her, mein Sohn. Weißt du, wo du bist?«

Ich wandte mich um und erblickte Eleazar. Der Tisch, an dem er saß, sah ähnlich aus wie jener, an dem wir uns letztes Mal getroffen hatten, nur dass er höher war und das Tischtuch bunter. Ich ging zu ihm und setzte mich.

»Ich bin wieder in Jerusalem, stimmt's? Haben wir uns hier nicht auch das letzte Mal getroffen?«

Mit einer ausladenden Geste wies er um sich. »Schau dich um und sag mir, was du siehst.«

Erst jetzt bemerkte ich, dass vieles sehr anders war als beim letzten Mal. Die Leute hatten moderne Kleidung an, und auf den Tischen der Händler lagen Jeans, Handys, CDs und raubkopierte DVDs. »Offenbar sind wir im modernen Jerusalem, nicht im alten wie letzte Nacht.«

»Letzte Woche oder vor zweitausend Jahren ... Die Zeit spielt in dieser Welt eine geringe Rolle.« Eleazar nippte an seinem Tee. »Es ist der gleiche Ort, aber alles ist anders, wie du siehst. Doch du bist derselbe und ich bin derselbe. Und das heißt, Gott ist derselbe. Verstehst du?«

»Ich glaube schon. Zeit und Ort verändern sich, aber die Wahrheit und Gott sind konstant. Sie verändern sich nicht von einer Ära zur nächsten.«

Eleazar nickte und lächelte. »Sehr gut. Und was ist mit dieser Musik? Die macht einen ganz meschugge. Die heilige Musik meiner Tage erfüllte einen mit Sehnsucht: der Sehnsucht des Gefäßes der Seele nach Licht, der Sehnsucht nach der Rückkehr in einen Zustand von *Devekut,* der spirituellen Vereinigung mit dem Schöpfer.«

Erst jetzt fiel mir die Rap-Musik auf, die aus einem nahe gelegenen Fenster dröhnte. Eleazar hielt sich mit dramatischer Geste die Ohren zu und lächelte.

»Ich verstehe, was Ihr meint«, sagte ich. »Aber bitte erzählt mir mehr über die Sehnsucht der Seele nach dem Licht.«

»Da du danach fragst, mein Sohn: Dies ist die Lehre des verehrten Ari, gesegnet sei er. Er sprach von den ursprünglichen Gefäßen, welche die reine Kraft des spirituellen Lichts, das in sie floss, nicht halten konnten. Sie zerbrachen. Die Gefäße waren gemacht, um das Licht zu halten, aber sie konnten es nicht mehr. Vor dem Anfang war alles vom Licht des *En Sof* erfüllt.«

»Passiert das, wenn wir mehr Licht empfangen, als wir verarbeiten können?«, fragte ich. »Heutzutage scheinen das einige Leute zu erleben.«

»Dies ist sehr wichtig. Deshalb möchte ich, dass du versuchst, es zu verstehen.« Eleazar beugte sich über den Tisch näher zu mir. Sein Blick, mit dem er mir in die Augen schaute, war von einer Intensität, wie ich sie noch nie erlebt hatte. »Wenn das geschieht ..., wenn die Seele das Licht nicht mehr halten kann, wirkt das als Einschränkung, doch dadurch kann eine neue Schöpfung entstehen. Das hat mit dem Konzept des *Zimzum* zu tun – das bedeutet: ›Gott zog sich in sich selbst zurück‹, oder: ›Rückzug in sich selbst‹ –, gemäß dem eine Leere erschaffen wird, in die das ›Licht der Existenz‹ strömt. Die Frage ist: Bist du bereit, in deinem Leben – in deinem Herzen – Platz für eine neue Schöpfung zu schaffen? Darum geht es bei eurer Reise, wie du bald merken wirst.«

»Ja, Rabbi, ich glaube, dass ich das bin. Deswegen sind wir hier und deswegen sitze ich hier mit Euch.«

»Ja, aber zuerst müssen die Schleier entfernt werden, die das Licht verbergen.«

»Ist es das, was Phil und ich mit den Namen gemacht haben?«

»Ihr habt die Namen verwendet, um euch mit dem fort-währenden Augenblick der Schöpfung zu verbinden«, ant-wortete er und lehnte sich wieder nach hinten. »Die Namen sind mathematische Programme. Du kannst es dir so vorstel-len: Wenn du Informationen aus diesen Dingen holen willst ..., diese Dinge, die man erfunden hat, die so viel können ...«

»Meint Ihr Computer?«

»Ja, genau. Wenn du da Informationen herausholen willst, brauchst du zuerst *was?* Was ist nötig, um überhaupt damit anzufangen?

»Ein Passwort?«

»Richtig. Die Namen sind genauso: Passwörter. Sie sind Schlüssel zu inneren Türen in euch ..., himmlische Türen. Sie öffnen eure Herzen und lassen euer Licht leuchten. Sie bieten Zugang zu den heiligsten Kammern des Herzens: zur Intel-ligenz des Herzens. Sie öffnen eure Zukunft und eure Ver-gangenheit und lassen beide im gegenwärtigen Augenblick verschmelzen.«

»Und wenn wir endlich unsere Herzen auf diese Weise geöffnet haben, was finden wir dann?«

»Was ihr findet? Ah, das ist also die große Frage. Ich kann dir nur sagen, dass dies ein ganz besonderer Augenblick ist, mein Sohn. Jetzt ist die Zeit der Wiederherstellung der Welt, *Tikkun ha-Olam.* Selbst nichtmystische Juden erkennen im

Konzept von *Tikkun ha-Olam* die Wiederherstellung des Herzens und der Seele in einen ursprünglichen Zustand der Einheit und Harmonie, die wir vor der Erschaffung der Welt kannten, vor dem großen Fall. Die Schöpfung, eure Welt, ist zurzeit in einem beschädigten Zustand, einem unvollkommenen Zustand, und deswegen sind besondere Seelen gekommen, um die Menschheit wiederherzustellen und neu zu beleben.«

»Und das göttliche Weibliche spielt bei alldem eine ganz besondere Rolle«, fügte ich hinzu. »Auf unserer Reise taucht immer wieder Maria auf, sowohl die Mutter Maria als auch Maria Magdalena. Bin ich damit auf der richtigen Spur? Geht es vor allem darum, dass das göttliche Weibliche diese Welt wieder ins Gleichgewicht bringt?«

»Du bist näher dran, als du ahnst.« Er lächelte. »Sie wird den Kopf der Schlange zertreten: der Schlange der egozentrischen Welt, die zu herrschen scheint. Sie ist die *Shekinah,* die aus dem Exil zurückkehrt. Und wenn sie es tut, dann werden alle Schatten verschwinden und eine neue, herrliche Welt wird hervortreten. Weißt du, worauf ich anspiele?«

Mir trat sofort eine Szene aus der Offenbarung des Johannes vor mein inneres Auge: An einer Stelle der Apokalypse wird eine Frau beschrieben, mit Sonne und Mond zu ihren Füßen[11] und einer Krone von zwölf Sternen um den Kopf, die das Kind hält, den Sohn, der über die künftige Welt herrschen wird. »Ich glaube schon. Es ist eines der Zeichen für das Ende der Zeit. Meint Ihr, dass sie das Ende der Welt signalisiert?«

»Ich sage nur, dass du ganz dicht dran bist«, erwiderte

---

[11] Vergleiche das Zitat der betreffenden Bibelstelle in diesem Kapitel S. 251: »... eine Frau, mit der Sonne bekleidet, und der Mond unter ihren Füßen ...« (Anm. d. Red.)

Eleazar. »Folge weiter den Zeichen und lass dich von den heiligen Namen leiten. Du wirst bald erkennen, dass dies alles viel tiefer geht, als du ahnst. Es gibt sie immer noch, die unsichtbare Thora. Sie wird dir zeigen, wie sich Anfang und Ende verbinden.«

Ich erwachte und hörte aus dem Nebenzimmer Musik – eine Art Jazz-Rock-Mischung, über die ich zu dieser frühen Morgenstunde mäßig begeistert war. Ich schaute auf die Uhr: 7.30 Uhr. Ich nahm an, dass mich Phil auf diese Art in Gang bringen wollte. Ich schwang die Beine über die Bettkante und machte mich auf den Weg ins Badezimmer.

»Wie findest du das?«, fragte mich Phil begeistert, als ich kurz darauf ins Wohnzimmer kam. »Ich habe hier ein paar CDs entdeckt. Gute Art, in Schwung zu kommen, wenn man schon in Paris ist.« Er schien dem letzten Tag unseres Abenteuers sehr fröhlich entgegenzusehen. So wie ich mich fühlte, brauchte ich allerdings erst eine Tasse starken Kaffee und vielleicht einen weiteren Besuch im Crêpes-Laden, bevor ich seine Begeisterung teilen konnte.

»Mir ist das gerade ein bisschen zu viel. Vielleicht kannst du es zumindest einen Tick leiser stellen?«

Phil schaltete die Anlage aus. »Ich wollte nur nicht, dass du zu lange schläfst, wenn Chartres auf uns wartet. Ich habe ein gutes Gefühl für diesen Tag. Wie geht es dir?«

Ich überlegte, ob ich Phil von diesem letzten Traum mit Eleazar erzählen sollte, aber ich beschloss, abzuwarten, wie sich alles entwickeln würde. Es war schon so viel geschehen und ich wusste, dass alles so kommen würde, wie es sollte, egal was ich tat. »Von mir aus können wir uns aufmachen«, erklärte ich. »Hast du herausgefunden, wann die Züge fahren?«

»Es fährt jede Stunde einer vom Bahnhof Montparnasse. Ich bin ganz deiner Meinung: Wir sollten keine Zeit verschwenden. Alles wird sich fügen. Ich bin schon sehr neugierig, wie das aussehen wird.«

Der Zug rollte durch eine ländliche Gegend. Der Sonne gelang es, durch die dunklen Wolken zu brechen. Die Aussicht, nicht wie gestern den ganzen Tag durch den Regen laufen zu müssen, war sehr angenehm. Endlich waren die Elemente auf unserer Seite. Vielleicht war es ein Zeichen. Vielleicht würden wir ganz andere Möglichkeiten erkennen und lernen, wie die verschiedenen Namen Gottes ein kohärentes Ganzes bilden.

Das war die Wahrheit – egal, wie man es nennt: Gott ist eins und wir sind eins in Gott. Wir hatten mit den verschiedensten Energien gerungen und waren von ihnen gesegnet worden, doch letztlich lief alles auf das Gleiche hinaus: auf mich! Ich erkannte, dass ich in diesem ›mich‹ nicht mein persönliches Selbst wahrnahm, sondern die Wahrheit in jedem von uns. Wer immer wir sind, was immer wir erleben: Unsere Leben sind inniglich mit der Gnade Gottes verknüpft. Unser Prozess hier in Paris war eine Reise in den Kern dessen, was wir wirklich sind. Mental betrachtet mag diese Lektion simpel erscheinen, doch im Herzen erfahren, kann sie die ganze Welt verändern.

Der Zug fuhr um eine Kurve, danach tauchte in der Landschaft die Silhouette einer kleinen Stadt auf. Die beiden hohen Türme, die über die Dächer und Bäume ragten, wirkten auf mich wie Engelsflügel, die alle Einwohner von Chartres schützend überspannen. Seit über tausend Jahren wacht die Kathedrale über die wachsende und sich verändernde Stadt. Nur sie ist gleich geblieben. Eine Konstanz, die in der heutigen Zeit selten geworden ist.

»Es ist bloß ein kurzer Weg vom Bahnhof zur Kathedrale«, meinte Phil, als wir der Station näher kamen. »Ich schlage vor, wir gehen dorthin und fangen gleich an. Wenn wir am Ende Zeit übrig haben, können wir uns immer noch weiter umsehen.«

»Was erwartest du hier?«, fragte ich und hoffte zumindest auf eine Vermutung.

»Das kann man nicht wissen«, antwortete er, ohne den Blick vom Fenster zu wenden. »Gestern haben wir dazu beigetragen, Energiekanäle und Portale in uns und in den Gebäuden zu öffnen, die vielleicht jahrhundertelang geschlossen waren. Das muss eine Wirkung haben; wie sie geartet ist, können wir allerdings nicht wissen. Ich will nicht geheimnisvoll wirken, aber es ist alles auf Chartres und den Namen EHYEH ASHER EHYEH hinausgelaufen. Erzähle mir, was du über diesen Namen herausgefunden hast.«

Die Frage überraschte mich, vor allem, da wir jeden Moment aussteigen mussten. Das muss eine Bedeutung haben, dachte ich, wandte mich nach innen und ließ mehr mein Herz sprechen als meinen Verstand. »Moses stellte eine der wichtigsten Fragen der Menschheitsgeschichte. Er fragte Gott nach einem Namen, aber nicht nach irgendeinem. Der Name, den Gott übermittelte, half Moses, die göttliche Gegenwart zu begreifen. Die Israeliten kannten bis dahin keinen Namen für Gott, außer durch die Benennung einzelner Qualitäten oder Ausdrücken von Ehrfurcht. Gott war immer auf einer gewissen Distanz. Moses erkannte, dass das EHYEH ASHER

EHYEH, das ICH BIN DER ICH BIN, einen Schlüssel enthielt, mit dem man Wunder vollbringen konnte, nicht nur damals, sondern immer und überall. Moses forderte die Freiheit, nach der sich die Israeliten so sehnten, und mit dem heiligen Namen Gottes auf den Lippen konnte ihn nichts und niemand aufhalten. Diese Lehre ist dreitausendfünfhundert Jahre lang übersehen worden, aber jetzt, meine ich, wird es für uns alle Zeit, zu erkennen, dass wir nicht anders sind als Moses und dass auch wir Wunder vollbringen können. Der Name Gottes ist unser Name, und in diesem Sinne sind wir letztlich eins mit Gott. Die Lehre aus dem Moses-Code ist, dass wir von der Wahrheit nicht getrennt sein können – es sei denn in unserem Denken. Wenn wir die Idee der Getrenntheit loslassen, ereignen sich überall Wunder.«

»Und die anderen göttlichen Namen? Wie hängen sie damit zusammen?«

»Jeder durch die Namen repräsentierte Aspekt Gottes ist ein Aspekt von uns. Sie sind Lehren, die uns daran erinnern, wer wir sind, wenn wir mit dem Göttlichen in uns in Einklang sind. Wenn wir im Ego leben, denn leben wir im Gegensatz zu diesen Qualitäten Gottes, aber wenn wir aus unserer Seele heraus leben, dann können wir damit in tiefe Resonanz treten. Ich glaube, dass die großen Mystiker und Retter das immer gewusst und gelebt haben, wie zum Beispiel Jesus, der das *ICH BIN* so gekonnt eingesetzt hat. Jetzt ist es Zeit, dass wir das Gleiche tun: aus einem voll erwachten Herzen heraus leben, aus einer Seele, die sich ganz selbst erkannt hat. Das ist die eigentliche Quelle unseres Lebens und unseres höchsten Seins.« Die Worte waren mir so schnell über die Lippen gekommen, dass ich selbst kaum mitdenken konnte. Ich musste einmal tief Luft holen, um zu merken, wie wahr sich alles anfühlte, was ich gesagt hatte.

»Okay.« Phil lächelte mich an. »Das bedeutet, wir können los.«

Ich merkte erst jetzt, dass der Zug angehalten hatte und die Leute zum Ausgang drängten. »War das okay, was ich eben gesagt habe?«

Phil drehte sich zu mir um. »Da hast nicht nur du gesprochen, sondern auch Eleazar.«

»Wie meinst du das?«

»Ich sage es dir ja die ganze Zeit: Eleazar hat sich irgendwie mit deinem Bewusstsein verbunden, jedenfalls für diese Tage hier. Ich habe es gestern schon gemerkt, als du mir von deinem ersten Traum erzählt hast.«

»Meinem *ersten* Traum?«

»Ja, dem ersten. Den zweiten hattest du heute Nacht. Ich weiß ihn schon, ich habe es wieder beobachtet, wie die Nacht zuvor. Er zeigt mir, dass wir bereit sind. In vieler Hinsicht hat alles zu diesem Moment hingeführt. Ich weiß nicht, was hier geschehen soll, aber ich weiß, dass alles perfekt sein wird.«

Ein Pfiff ertönte, wir mussten uns beeilen. Wir schnappten unsere Rucksäcke und stiegen aus dem Zug.

»Das ist ja nicht zu fassen!«, rief ich, als wir aus dem Bahnhofsgebäude traten. Innerhalb weniger Minuten hatte sich der blaue Himmel wieder zugezogen, und aus dunklen Wolken begann es zu tropfen. Der Wind hatte aufgefrischt und verstärkte sich sogar, als wir die schmale Straße entlanggingen. Wir mussten uns richtig dagegenlehnen, damit unsere Regenschirme nicht entzweigerissen würden.

»Unglaublich«, fuhr ich fort. »Es sah doch ganz nach einem schönen Tag aus. Wo ist das jetzt plötzlich hergekommen?«

Ich schaute zu Phil, doch er antwortete nicht. Sein Gesicht drückte eine gewisse Besorgnis aus. Der plötzliche

Wetterumschwung schien ihn nicht so zu überraschen wie mich, doch ich hatte den Eindruck, dass er ihn als ein Zeichen oder Omen betrachtete, das ihm nicht lieb war.

»Gibt es etwas, das du mir verschweigst?«, fragte ich, während wir uns in Richtung Kathedrale vorwärtsarbeiteten.

»Nein, ich verschweige dir nichts.« Endlich schaute er mich an. »Ich muss allerdings zugeben, dass mich dieser plötzliche Wechsel etwas beunruhigt. Vielleicht ist es nur das Wetter, vielleicht aber auch mehr. Ich bin ebenfalls verblüfft, wie schnell sich der Himmel zugezogen hat, wo wir doch fast die ganze Zeit durch Sonnenschein gefahren sind. Die Wetterprognose für heute war auch bestens. Nun ja, gehen wir zur Kathedrale und erfüllen wir, wozu wir hier sind.«

»Und das wäre?«

»Den letzten Namen singen und schauen, was dann passiert. Das Gleiche wie gestern. Ich möchte vermeiden, dass wir uns in etwas hineinsteigern, das vielleicht nicht wirklich hier ist – wenn du verstehst, was ich meine. Ich möchte spüren, was da ist, und dann unsere Aufgabe erfüllen.«

Zuerst sah ich die Türme und dann das ganze Ehrfurcht gebietende Gebäude. Selbst aus ein paar Hundert Metern Entfernung bot es einen eindrucksvollen Anblick. So viel war hier geschehen: Geburten und Tode, Kriege und Feierlichkeiten; Päpste und Bauern waren über diese Straßen hinweggegangen. Und jetzt standen wir hier und klammerten uns an den letzten Namen, als wäre er eine Reliquie.

Zumindest ist er als solche nicht allein hier, dachte ich. Eine der berühmtesten Reliquien der Christenheit lag nicht weit vor uns.

»Ich möchte da drüben neben der Kathedrale in den Laden

gehen«, meinte Phil. »Die verkaufen unter anderem Karten für die Führungen. Wenn wir in die Krypta wollen, müssen wir an einer Führung teilnehmen. Ich habe das Gefühl, dass wir das tun sollten.«

»Wird dort das Mariengewand aufbewahrt?«, fragte ich.

»Nein, das ist in der Hauptkirche. Wir können danach dorthin gehen.«

»Das Labyrinth ist auch dort, stimmt's?«, fragte ich, als wir auf den Laden zugingen. »Ich habe von Leuten gehört, die nur hierher kommen, um das Labyrinth …«

»Das ist richtig«, unterbrach mich Phil. »Leider ist es meistens mit Stühlen überstellt. Es ist nicht leicht, jemanden zu finden, der sie wegräumen darf. Offenbar verstehen sie nicht, was es bedeutet, ein Labyrinth zu gehen.«

»Hat es damit zu tun, weshalb wir hier sind?«

»Vielleicht. Chartres bietet so viele Möglichkeiten. Wir müssen einfach sehen, was uns anspringt.«

»Das war nur so eine Redewendung, oder?«

Phil grinste. »Ja sicher, ich glaube, wir müssen nicht befürchten, dass uns hier etwas anspringt. Nicht heute …« Er ging in den Laden und ich folgte ihm.

Wie erwartet war das Geschäft voller Souvenirs und Touristengeschenke. Ich schaute mich um, während Phil mit der Frau am Verkaufstresen französisch radebrechte. Letztlich einigten sie sich doch darauf, englisch zu sprechen.

»Wir haben Glück«, meinte er, als er zurückkehrte. »In wenigen Minuten fängt eine Führung an, bei der außer uns nur *eine* Person teilnimmt, eine Französin. Das bedeutet, die Führung wird abwechselnd auf Englisch und Französisch gehalten.«

»Kein Problem. Wann kommen wir zu dem Gewand?« Ich fühlte mich wie ein Kind, das es nicht mehr abwarten kann.

Phil warf mir einen vielsagenden Blick zu: Warte es ab und entspanne dich, schien er zu sagen.

Ich atmete tief durch und wartete auf unsere Führerin.

Die Frau steckte einen altmodischen Schlüssel in ein noch älter wirkendes Schloss. Jahrhundertealter Rost und Dreck verlangten ihr einige Kraft ab, doch Sekunden später schwang die große Tür zur Krypta auf. Sie griff um die Ecke, und die elektrische Beleuchtung erhellte die dunklen Steinwände. Ich dachte an die Zeiten, in denen es noch keine Elektrizität gab. Ob damals wohl jeder Besucher eine Fackel in die Hand bekam? Solche Gedanken gingen mir durch den Sinn, als wir vier eintraten: Phil, die französische Touristin, die Führerin und ich. Dann schloss Letztere die Tür, die uns mit einem dumpfen Schlag von der modernen Welt trennte. Damit hörte das Geschnatter meiner Gedanken plötzlich auf und ich war mit meiner ganzen Aufmerksamkeit bei dem Abenteuer, in dem wir uns befanden.

»Die Kathedrale von Chartres, wie wir sie heute sehen, wurde 1220 vollendet, aber erst 1223 offiziell geweiht, am 8. September, dem Geburtstag Unserer Lieben Frau«, begann unsere Führerin zuerst auf Französisch und dann auf Englisch zu erzählen. »Sie ist ein hervorragendes Beispiel für die strahlende Schönheit der Gotik. Diese Gegend der Beauce mit ihren alten Wäldern gilt schon seit sehr langer Zeit als heiliger Ort, schon vor den Druiden. Später auf unserer Runde werden wir noch zur ›Madonna unter der Erde‹ kommen.«

Das weckte mein Interesse. »Madonna unter der Erde?«, wiederholte ich fragend.

»Ja, die *Virgin Paritura*, die Jungfrau, die kurz vor der

243

Geburt steht. Aber darf ich bitte fortfahren …? An diesem Ort standen mindestens drei frühere Kathedralen, bevor diese errichtet wurde. Das Mittelalter war eine grausame Zeit, und jede von ihnen fiel irgendeiner Plage jener Zeiten zum Opfer, bis der örtliche Bischof beschloss, die herrlichste Kirche Europas zu bauen: jene, in der Sie jetzt stehen. Das Feuer von 1194, das von einem Blitz ausgelöst wurde, und auch die Französische Revolution bereiteten ihr fast ein Ende, aber mithilfe der Gnade Gottes steht sie heute noch.«

Wir gingen durch dunkle Gänge und kleine Kapellen, während unsere Führerin alle Details der Konstruktion und ihrer Geschichte vortrug. Sie redete von Druiden, alten Quellen, heilenden Wassern und Bildern von Jungfrauen und Kindern, aber da sie das meiste davon auf Französisch mitteilte, fiel es mir schwer, bei der Sache zu bleiben. Selbst Phil wirkte langsam unruhig und ungeduldig. Ich trödelte immer mehr hinter den anderen her, bis ich den Eindruck hatte, mich unauffällig davonmachen zu können.

Die alten Gänge waren nur schwach beleuchtet und die tiefen Schatten ließen harmlose Skulpturen dämonisch wirken. Durch einen Torbogen gelangte ich in einen kleinen Gang. Die Decke schien niedriger zu sein. Nach gut zehn Metern führte er durch einen zweiten Torbogen in einen anderen Raum, vielleicht eine Kapelle. Erstaunt sah ich, dass die ganze Decke mit Templerkreuzen, Bildern der Jungfrau und anderen merkwürdigen Symbolen verziert war. Dann spürte ich ein vertrautes Gefühl, als würde ich beobachtet oder als wäre etwas in der Krypta plötzlich erwacht.

Hinter dem Altar der Kapelle waren zwei Glasfenster. Auf dem ersten sah man die *Sancta Camisia,* das Mariengewand, und auf dem zweiten ein großes Templerkreuz. Ich wollte Phil holen, um es ihm zu zeigen, aber ich entschied mich dagegen. Ich wollte nicht unnötig Aufmerksamkeit darauf lenken, dass ich mich selbstständig gemacht hatte. Die Zeichen ließen keinen Zweifel daran, dass wir am rechten Ort waren und dass hier etwas auf uns wartete, vielleicht über uns, in der Hauptkirche.

»Hallo, wo sind Sie?« Es war die Stimme unserer Führerin, die offenbar meine Abwesenheit bemerkt hatte. Ich musste wieder zu den anderen zurück.

Als die Führung vorüber war, stand ich mit Phil vor einem der südlichen Eingänge zur Kathedrale. »Templerkreuze neben der *Sancta Camisia*«, betonte ich noch einmal, nachdem ich ihm von meiner Entdeckung erzählt hatte. »Das weist doch darauf hin, dass jemand die zwei verbunden hat oder zumindest eine wechselseitige Wirkung erkannte.«

»Was meinst du, was es bedeutet?«, fragte Phil.

»Ich habe keine Ahnung. Die Antwort muss da drinnen sein, also lass uns hineingehen.«

Wir betraten die Kathedrale durch die Westfront, durch das sogenannte Königsportal. Im Tympanon der rechten Tür befand sich eine eindrucksvolle Skulptur der Jungfrau mit dem Kind auf einem Thron der Weisheit, flankiert von Engeln. Phil erklärte mir, dass am Nordeingang die Krönung der Jungfrau sowie ihr Tod und ihre Himmelfahrt zu sehen seien. Dann deutete er auf das zweite Fenster des südlichen Umgangs, das weltweit als eines der großartigsten Beispiele für alte Glasfenster gilt: ›Notre-Dame de la Belle Verrière‹, die berühmte blaue Himmelskönigin. Vor einem roten Hintergrund sieht man in Blau Maria mit dem Kind auf dem Weisheitsthron. Das Fenster überlebte das Feuer von 1194 und hat im Lauf der Jahrhunderte Millionen von Menschen mit seinem alchemistischen blauen Licht fasziniert. Die Schönheit und Erhabenheit der Kathedrale überwältigte mich mehr als alles, was ich in Paris gesehen hatte, sogar noch mehr als Notre-Dame.

Phil deutete auf das Mittelschiff: Tatsächlich war das berühmte Labyrinth völlig mit Stühlen überstellt. Ich ging hin und stellte mich auf einen der Pfade, doch nach drei Schritten stand mir ein Stuhl im Weg. Erst fand ich es schade, doch dann erinnerte ich mich, dass es manchmal genauso schwierig sein kann, den Weg ins Labyrinth zu finden wie den Weg hinaus. Schließlich waren wir hier, um unsere Mission mit dem heiligen Namen zu erfüllen. Wir mussten nur noch den richtigen Platz finden, den Namen tönen und abwarten. Was dann geschehen würde, konnte niemand wissen.

Eine der Seitenkapellen zur Rechten im nördlichen Umgang erregte meine Aufmerksamkeit, weil dort eine größere Gruppe von Menschen kniete und betete oder fotografierte. Ich fragte mich, ob dort vielleicht die berühmte Reliquie aufbewahrt wurde, das Stück vom Gewand der Muttergottes. Ich ging hinüber und Phil folgte mir auf den Fersen, doch wir mussten feststellen, dass es sich dort um etwas ganz anderes, jedoch mindestens ebenso Interessantes handelte.

»Ah, die Schwarze Madonna auf der Säule«, bemerkte Phil.

»Kannst du mir etwas über die Schwarze Madonna erzählen?«, fragte ich. »Ich habe davon gelesen, aber ich habe es nie ganz verstanden.«

Neben uns stand eine junge Frau mit langen roten Haaren. Sie musste unser Gespräch mitbekommen haben. »Man meint immer, es sei eine Statue der Mutter Maria«, mischte sie sich mit starkem französischem Akzent ein, »aber wir hier haben eine andere Meinung. Die Farbe Schwarz bezieht sich auf jene, die in den Hintergrund, in den Schatten gedrängt wurde: Maria Magdalena. Wie Sie sicher wissen, hat die frühe Kirche ihre Beziehung zu Jesus nie richtig verstanden, und das hat wenig damit zu tun, ob sie nun seine Frau war oder nicht. Zumindest war sie eine seiner Vertrauten, vielleicht stand sie ihm sogar am nächsten von allen. Manche nennen sie auch heute noch ›den Apostel der Apostel‹. Aber die Kirche gönnte ihr das Licht nicht, also machte man sie zur Hure und Sünderin – was überhaupt nicht wahr war. Die meisten Menschen wissen nicht, dass der Papst vor ein paar Jahren sogar öffentlich bekannt gegeben hat, dass es keine Verbindung zwischen Maria Magdalena und der ehebrecherischen Frau gibt. Hier in Frankreich haben wir sie jedenfalls nie vergessen, höchstens verborgen. Hier sehen Sie die Maske, die sie zweitausend Jahre getragen hat: die Maske der Dunkelheit.«

»Gibt es eine Verbindung zu den Templern?«, fragte ich.

»Die Templer?« Sie schien überrascht, dass ich danach fragte. Doch das Staunen war ganz meinerseits, als sie antwortete. »Seltsam, dass Sie mich danach fragen. Doch es gibt eine. Es heißt, dass der heilige Bernard de Clairvaux eine starke Beziehung zur Schwarzen Madonna hatte. Und der Historiker Ean Begg meint sogar, dass es bei den Templern einen esoterischen Zweig gab, der die Magdalena in ihrer Schattenform verehrte. Zumindest waren die Templer hier in Frankreich sehr mächtig. Die Verbindung war insofern kaum zu vermeiden, und in Anbetracht ihrer eher unorthodoxen Ansätze war sie vielleicht sogar sehr tief. Beantwortet das Ihre Frage?«

Ohne meine Antwort abzuwarten, ging sie fort. Phil und ich schauten einander an.

»Ist das gerade wirklich passiert oder habe ich mir das nur eingebildet?«, flüsterte ich.

»Vielleicht sollten wir hier besser nicht solche Fragen stellen«, erwiderte er. »Manches Geheimnis bleibt besser ungelüftet.«

»Einverstanden. Lassen wir es erst einmal dabei.«

»Hast du je vom Konzept des *Theotokos* gehört?«, fragte mich Phil.

»Ich glaube, ja. Das ist die Doktrin, dass Maria die Muttergottes ist.«

»Genau. Sie wurde auf dem Konzil von Ephesus im Jahr 431 erklärt. Aber du weißt vielleicht nicht, dass die erste Stufe des alchemistischen Prozesses *Negrido* genannt wird, die ›schwarze Stufe‹. Es geht hier darum, das Licht in der dunklen Materie freizusetzen – was die Alchemisten die *Materia Prima* nennen. Es heißt, durch die Rückkehr der *Shekinah* würde die Materie endlich von ihren Fesseln befreit. Sie ist der Freiheitsengel, die Gesamtsumme aller heiligen Namen. Sie ist Maria, die Mutter der Welt. So kann ich das Konzept am besten beschreiben.«

Die dunkle Madonna hielt das Christuskind auf dem Arm, und beide waren in kostbare, juwelenbesetzte Gewänder gehüllt. Auf ihren Köpfen saßen Kronen, und beide hielten eine Hand mit ausgestrecktem Finger erhoben, wie in der segnenden Geste von Johannes dem Täufer. Beide schienen zum Himmel zu weisen oder vielleicht auf die Zahl Eins, was wohl wahrscheinlicher war.

»Meinst du, wir sollten den letzten heiligen Namen hier singen?«, fragte ich.

»Nein, lass uns noch ein bisschen weitergehen, ich will dir noch etwas zeigen.«

Ich schaute in die Richtung, in die er wies, und sah eine größere Menschenansammlung an einem anderen Seitenaltar stehen. Wir gingen dorthin und mein Herz begann, sich auf vertraute und willkommene Weise zu regen. Es erinnerte mich an das Gefühl, das ich bei der Nonne in der Kirche Mariä Himmelfahrt hatte, und an die Seligkeit, die ich in der Kapelle der Wunderbaren Medaille erfuhr, als ich sah, wie das himmlische Licht den Körper der heiligen Catherine einhüllte. Je näher wir dem Seitenaltar kamen, desto stärker wurde das Gefühl, und ich ahnte schon, was uns dort erwartete.

Phil wandte sich zu mir um. »Die Kapelle von Saint-Piat und das Gewand der heiligen Mutter Maria.«

Das Stück Stoff war in einem kleinen Glaskasten eingeschlossen, der in einem kirchenartig gearbeiteten Reliquiar mit zwei goldenen Engeln an jeder Seite stand. Es sah überhaupt nicht aus, als wäre es zweitausend Jahre alt. Das Ganze stand auf einem Steinaltar. Innerhalb weniger Sekunden entdeckte ich dort eine Gravur, die in direktem Bezug zur Reliquie zu stehen schien.

Ich zupfte Phil am Ärmel. »Siehst du das? Ein Templerkreuz, direkt unter dem Schrein.«

»Ja, richtig, das habe ich noch gar nicht bemerkt.«

»Überall, wo wir hinkommen ... Wie Brotkrümel, die uns irgendwohin leiten sollen.«

»Ich glaube, sie haben uns genau hierher geführt«, meinte Phil, »zu Unsrer Lieben Frau von Chartres. Und zum letzten Namen, den wir singen werden. Dieses Abenteuer begann mit dem Moses-Code, dem ICH BIN DER ICH BIN, und jetzt endet es hier mit EHYEH ASHER EHYEH. Überall, wo wir hingekommen sind, haben wir Zeichen und Symbole gefunden, die uns zeigten, dass wir am richtigen Ort sind. Ich weiß nicht, wie es dir geht, aber für mich fühlt sich dieser hier nicht nur nach dem letzten, sondern auch nach dem wichtigsten davon an.«

»Meinst du, wir sollten unseren Gesang hier bei der *Sancta Camisia* machen?«

Phil schaute sich um. »Ja, ich denke schon. Wenn wir nach dort drüben gehen, sind wir vielleicht weniger im Getümmel.«

Wir fanden einen Platz an der Wand. Ich stellte mich mit dem Gesicht zu ihr hin, den Kopf an den kalten Stein gelehnt. Phil stand ein wenig neben mir, nahe genug, dass ich ihn gut hören konnte. Ich nahm drei tiefe Atemzüge. Ich spürte, dass sich unsere Reise ihrem Höhepunkt näherte, auch wenn ich keine Vorstellung davon hatte, was das bedeutete. Würde ich endlich begreifen, warum Phil es als so wichtig empfand, die heiligen Namen auf diese Weise zu verwenden? Würde ich zur Ruhe kommen, wissend, dass ich getan hatte, was ich konnte, um diese Geschichte zu verstehen, die mit einem einfachen Komma begann und zu so viel mehr geführt hatte? So viele Fäden schienen hier zusammenzulaufen. Ich hoffte nur, das Gewebe sehen zu können, das sie bildeten, und zu begreifen, wozu das alles diente.

Phil begann zu sprechen. »Wir werden den ersten Namen aktivieren, den Gott Moses am brennenden Dornbusch durch den Engel des Lichts übermittelte. Dieser Name weist darauf hin, dass wir eins sind mit Gott und der ganzen Schöpfung. Er enthält auch das Geheimnis, wie wir in unserem Leben und in der Welt Wunder bewirken können. Wenn wir verstehen, dass Gott uns jetzt, in diesem und in jedem anderen Moment voll und ganz annimmt, dann fließt alles mit Leichtigkeit und Anmut. Ist dir schon aufgefallen, dass EHYEH ähnlich klingt wie *Ah, Yeah*[12]? Das ist ein Teil des Geheimnisses, das du gelüftet hast: Wenn wir Ja sagen, verbinden wir

---

[12] Amerikanischer Slang-Ausdruck für »Oh ja!«. (Anm. d. Übers.)

uns mit der vollen kreativen Kraft des Universums. Das ist die Lehre von EHYEH ASHER EHYEH. Das ist die Lehre des Moses-Codes und das ist die Lehre, die wir heute lernen.«

Wir begannen mit unserem letzten Gesang: »*Ehyeh Asher Ehyeh, En Sof; Ehyeh Asher Ehyeh, En Sof; Ehyeh Asher Ehyeh, En Sof...*«

Meine Stirn drückte gegen die Wand, doch als ich versuchte, mich aufzurichten, schien mich etwas dort zu halten. Ich strengte mich an, mit meinen Händen einen Gegendruck zu erzeugen, doch wie sehr ich mich auch bemühte, ich konnte mich nicht bewegen. Die Geräusche aus der Kathedrale verblassten. Ich merkte, dass jemand hinter mir stand, aber es war nicht Phil. Ich hatte aus den Augenwinkeln bemerkt, dass er in Richtung *Sancta Camisia* davongegangen war. Ich fühlte immer noch diese Anwesenheit hinter mir, sogar den Hauch eines Atems in meinem Nacken. Ich wollte mich umwenden, um die Illusion aufzulösen, aber ich war wie gelähmt. Plötzlich hörte ich, wie sich Lippen öffneten, als wollte jemand zu sprechen anfangen, und dann kamen Worte:

»Es erschien ein großes Zeichen am Himmel: eine Frau, mit der Sonne bekleidet, und der Mond unter ihren Füßen und auf ihrem Haupt eine Krone von zwölf Sternen. Und sie war schwanger und schrie in Kindsnöten und hatte große Qual bei der Geburt.«[13]

Ich erinnerte mich an den ersten Traum vor zwei Tagen. Die Szene tauchte vor meinem inneren Auge auf, als sähe ich einen Film. Jedes Detail war präsent, und obwohl ich mir meines gegen die Wand gelehnten Körpers voll bewusst war, war ich auch in der Erinnerung ganz anwesend. Ich schaute

---

[13] Offenbarung des Johannes 12,1–2 (Anm. d. Red.).

vor mich und sah wieder die Schwangere in den Wehen, umgeben von den besorgten Frauen. Die Gebärende schrie vor Schmerzen, und ich fühlte, wie ich an sie herantrat, wie ich es zuvor getan hatte.

Eine der Frauen sprach mich an. »Bitte, helfen Sie uns. Sie wird sonst sterben, und das Kind auch. Bitte, helfen Sie ihr, zu leben!«

Dann schaute mir die Schwangere tief in die Augen und sagte: »Du weißt, was zu tun ist. Es ist Zeit, aber ich kann es nicht ohne deine Hilfe.«

»Aber warum *ich?* Warum muss ich hier sein, damit du gebären kannst?«

»Du scheinst nur ein Mann zu sein«, erwiderte sie, »aber es gibt so viele andere. Sie sind alle mit dir hier. Jeder der Namen repräsentiert nicht nur einen der Aspekte Gottes, sondern auch der Menschheit. Deswegen hast du sie hierher gebracht, all die Namen, die ihr gesungen habt, weil sie die ganze Welt hierher bringen. Und wenn alle anwesend sind und mit mir die Energie halten, dann kann ich dieses Kind in die Welt bringen.«

»Wer ist das Kind?«, fragte ich. »Ist es wirklich ein Kind, oder sprechen wir hier von etwas viel Esoterischerem?«

Sie konnte mir nicht antworten, weil eine Wehe durch ihren Körper fuhr.

»Tun Sie, was Sie tun können«, flehte die Frau neben ihr. »Es ist schon fast zu spät.«

Ich brachte mein Gesicht nahe an den Bauch der werdenden Mutter, wie ich es schon zuvor gemacht hatte, und begann, den letzten heiligen Namen zu singen.»*Ehyeh Asher Ehyeh, En Sof; Ehyeh Asher Ehyeh, En Sof; Ehyeh Asher Ehyeh, En Sof*...«

Meine Augen waren geschlossen. Ich hörte die Geräusche

der Frauen und ihr herzzerreißendes Weinen. Dann öffnete ich die Augen und merkte, dass ich nicht mehr in dem Raum war: Wieder befand ich mich in den Straßen des alten Jerusalem. Verwundert begann ich, durch die Straßen zu laufen, um Eleazar zu finden. Ich entdeckte eine steinerne Treppe und wusste, dass sie auf die Stadtmauer führte. So schnell ich konnte, lief ich hinauf. Oben angekommen, über der Menge und dem Lärm des Marktes, schützte ich meine Augen mit der Hand vor der Sonne und suchte nach dem Café.

»Wonach suchst du, mein Sohn?«

Als ich mich umwandte, erblickte ich den Rabbi links neben mir. »Rabbi, was passiert mit mir?« Nach meinem Lauf durch die Gassen und die Treppe hinauf brauchte ich eine Weile, um wieder zu Atem zu kommen. »Es beginnt, einen Sinn zu ergeben, und doch ergibt es überhaupt keinen Sinn.«

»Ja sicher, aber was ergibt in einer Welt scheinbarer Paradoxien schon einen Sinn? Die Wahrheit ist vielleicht das Flüchtigste von allem. Du fühlst die Wahrheit und du kennst die Wahrheit, aber der Geist allein kann ihre volle Bedeutung nicht erfassen. Es ist wie Wasser, das immer nach seiner Quelle sucht. Je mehr wir es festzuhalten versuchen, desto mehr verlieren wir seine Essenz. Aber was für uns verloren ist, ist nicht für die Welt verloren. Es wird woanders neues Wachstum nähren, was sonst vielleicht nicht möglich gewesen wäre. Verstehst du, was ich sage? Es gibt keine Fehler. Selbst wenn es so scheint, als bewegten wir uns rückwärts: Ein gewisser *Aspekt* von uns bewegt sich immer vorwärts.«

»Hier hat sich so vieles um Aspekte gedreht«, bemerkte ich. »Aspekte Gottes und Aspekte der Menschheit. Ich erkenne jetzt, dass alles das Gleiche ist. Die Namen, die wir verwendet haben, beziehen sich nicht nur auf Gott. Sie beziehen sich auf Gottes Präsenz in uns allen. Darum ging es sicherlich in den Träumen. Die gebärende Frau sagte, die heiligen Namen stünden für die ganze Menschheit. War das von Anfang an das Ziel unserer Reise?«

»Das Ziel für dich war, deine Rolle bei der Wiederherstellung der Welt zu spielen, angefangen mit dir selbst. Jeder von uns hat eine Rolle zu spielen. Dies war die deine. Phil hat dir von Anfang an gesagt, dass es bei der Anwendung der Macht der heiligen Namen um niemand anderes geht als um dich. Es ging immer um deine persönliche Beziehung zu Gott – oder wie immer du den Allmächtigen nennen möchtest –, selbst wenn es um die ganze Welt zu gehen scheint. Wir haben besondere Gebete der Vereinigung. Sie heißen *Yihudim*. Was ihr beide getan habt, war ganz ähnlich: eine Heiligung des Namens. Ich freue mich, dass du anfängst, zu verstehen.«

»Ich beginne, eine Menge zu verstehen. Alles, was ich erfahren und gelernt habe, führte zu ihr: zur Heiligen Mutter.«

»Und wer ist die Heilige Mutter?«

»Die Mutter von uns allen, überall und in allen ihren Formen. Mutter Maria und Maria Magdalena, Ameratsu, Kuan Yin und Demeter. Der weibliche Aspekt Gottes – die *Shekinah*.«

»Ja, die göttliche Gegenwart in der Welt. Und was versucht sie uns zu sagen?«

»Ich glaube, sie ist dabei, eine neue Welt zu gebären. Sie liegt in Wehen, und es ist schwer. Sie braucht unsere Hilfe, sonst wird die Welt sehr leiden. Bei dieser ganzen Reise scheint es darum zu gehen, bei der Geburt einer neuen Welt zu helfen – der kommenden Welt, wenn man es so nennen will.«

»Und wo wird diese neue Welt geboren?«, fragte mich der Rabbi.

»Wo sie geboren wird? In jedem von uns, meine ich.«

»Ja, das stimmt, aber es gibt einen weiteren Aspekt, wie du sagst, und er umgibt dich in diesem Augenblick. Also frage ich dich noch einmal: Wo wird diese neue Welt geboren?«

Ich schaute mich um und sah Menschen und kleine Fuhrwerke vorüberziehen. Am Straßenrand verkauften Händler alle möglichen Früchte, Räucherwerk und Gewürze. Menschen aller Hautfarben und Rassen schienen darunter zu sein. In diesem Augenblick begriff ich. Alles ergab einen Sinn. Ich erkannte plötzlich, was schon die ganze Zeit vor meinen Augen lag: »Sie wird hier in Jerusalem gebären«, antwortete ich. »Deswegen komme ich immer wieder hierher.«

»In der Offenbarung eurer Bibel, da gibt es doch eine Beschreibung von einer Frau, die gebiert, oder? Sie ist gekleidet in die Sonne, hat den Mond unter ihren Füßen und einen Kranz von zwölf Sternen um den Kopf. Ich glaube, du hast sie schon gesehen, oder?«

»Ich glaube, ich habe sie gehört«, erwiderte ich, »direkt nachdem Phil und ich den letzten Namen gesungen haben, hörte ich eine Stimme, welche die Verse aus der Offenbarung zitierte. Aber was bedeutet das?«

»Du weißt bereits, was es bedeutet. Du hast es selbst gesagt: Die Geburt findet hier in Jerusalem statt, der Stadt des Friedens. Die Frage lautet daher: Wer ist die Frau? Die Antwort ist ...«

Auf der Suche nach der Antwort durchforschte ich in meinem Geist all die Erfahrungen mit Phil, all die Wesen, denen wir begegnet waren, all die Lektionen, die wir gelernt hatten. Wir hatten die hebräischen Namen Gottes in uns aktiviert und damit Tore geöffnet, und jetzt war es Zeit, dass sie sich zusammenfügten zu einer bedeutungsvollen Botschaft, zu einem Ganzen, das ich verstehen und anderen mitteilen konnte – zu etwas Sinnvollem für die ganze Welt. Ich war wieder in Jerusalem, einer Stadt, die ich schon oft besucht hatte und in der einige der kraftvollsten Friedensstifter lebten, die ich kannte. Aber wer war die Frau, die hier gebar, und warum sollte sie ...? »Israel!«, rief ich aus, sowie der Gedanke in mir auftauchte. »Die Frau ist Israel, und Jerusalem ist das Herz von Israel. Stimmt das?«

»Das Herz des spirituellen Israel schlägt in der ganzen Versammlung oder Ecclesia dieses Heiligen Landes. Du meinst, Israel sei die Frau, auf die sich die Verse in der Offenbarung beziehen? Wenn das stimmt, was ist dann die Bedeutung der letzten beiden Tage und der Namen Gottes, die ihr verwendet habt?«

»Nun ..., die Namen repräsentieren Qualitäten oder Aspekte Gottes, und wir sind alle eins in Gott, also bedeutet die Integration der Namen die Aktivierung *unseres* höchsten Potenzials. Das war schon immer die Vision von Jerusalem und Israel: dass dies der Ort ist, wo endlich dauerhafter Frieden einkehrt. Also ist Israel die Mutter und Jerusalem das Kind. Kapiere ich es endlich?«

»Wenn die *Shekinah* aus ihrem Exil in den niederen Welten zurückkehrt«, fügte Eleazar hinzu, »und wenn der Kopf der Schlange von ihrem Fuß zertreten wird, dann wird auch ihr weißes Strahlen zurückkehren, und es wird Frieden herrschen. Es ist die Hochzeit der Braut und des Bräutigams in Jerusalem, der Stadt des Friedens. Du weißt ja, was das Wort *Jerusalem* bedeutet, oder? Und bist du überzeugt, dass dies die Zeit ist, und dies der Ort?«

Ich wollte nicht vorschnell antworten, als hinge alles davon ab, was ich jetzt sagte. Aber es fühlte sich so richtig an, so perfekt, und ich wusste, dass alles auf diese eine Erkenntnis hinauslief.

»Ja, das glaube ich. Ich bin schon oft in Israel gewesen und hatte immer das Gefühl, dass es der entscheidende Punkt für echten, dauerhaften Frieden ist, trotz aller Gewalt und allem Hass. Es fühlte sich immer so an, als läge er nur knapp unter der Oberfläche, als brauchte er nur den richtigen Auslöser, um zum Leben zu erwachen.«

Eleazar lächelte. »Und jetzt hast du deinen Katalysator. Jetzt verstehst du, warum die Namen Gottes so wichtig sind. Sie sind die Namen von uns allen. Wir tragen die heiligen Namen Gottes in uns – seien sie hebräisch, arabisch oder in Sanskrit. Sie zeigen uns, dass wir wesensgemäß göttliche Geschöpfe sind, egal woher wir sind oder wen oder was wir anbeten. Und hier wird es geschehen. Immer mehr Menschen werden sich von ihren Schatten lösen und ins Heilige Land zurückkehren, in diese Stadt, und sie werden ihr Licht einer Flamme hinzufügen, die bereits hell leuchtet. Und wenn sie so stark geworden ist, dass ihr Licht nicht mehr überschattet werden kann, dann wird hier Frieden herrschen – hier und in der ganzen Welt.«

»Gibt es sonst etwas, das ich lernen sollte, Rabbi? Nun da wir an den zehnten Ort gekommen sind – bleibt jetzt noch etwas zu tun?«

»Nur eines«, sagte er und legte mir sanft die Hand auf die Schulter. »Zu lieben. Hier geht es nicht um den Verstand oder den Intellekt. Hier geht es darum, das Herz für die Liebe zu öffnen, die unser Fundament ist. Es geht auch darum, sich der Fülle von Gottes Liebe und Gnade zu öffnen, die unser Geburtsrecht ist, da wir vollkommene Kinder Gottes sind. Wenn du das tust, wird sich alles, was du gelernt hast, von selbst entwickeln. Du wirst nichts tun müssen, außer mit Staunen zusehen.«

Ich schloss meine Augen, um es so innig wie möglich zu

spüren. »Ich staune. Ich staune, dass es so einfach ist und so schön.«

»Was ist so einfach?«

Meine Augen waren immer noch geschlossen. Die Frage schreckte mich auf.

»Jimmy, was ist so einfach?«

Ich öffnete meine Augen und realisierte, dass ich in der Kathedrale stand, und Phil war neben mir. Seine Hand lag auf meiner Schulter, und sein Gesicht zeigte Besorgnis.

»Einfach?«, fragte ich und schüttelte ein wenig den Kopf, um wieder zurückzukehren. »Wie lange stehe ich hier schon?«

»Wir haben den letzten Namen gesungen und dann bin ich ungefähr eine Minute lang meiner Wege gegangen, bis ich bemerkte, dass du mit dir selbst sprachst. Da dachte ich mir, ich bleibe besser in der Nähe. Jetzt wurdest du allmählich ein bisschen laut, also hielt ich es für besser, etwas zu unternehmen.«

»Ich habe mit mir selbst gesprochen?«, fragte ich, immer noch ein wenig zittrig. »Nein, ich war bei Eleazar in Jerusalem, und jetzt verstehe ich, worum dies alles geht.«

»Erzähl es mir.«

Wir gingen in den hinteren Bereich der Kathedrale und setzten uns dort auf die Stühle. Ich erzählte ihm, wie ich dem Rabbi begegnet war und was ich mit ihm besprochen hatte. Dann berichtete ich von meinen Erkenntnissen in Bezug auf Israel und insbesondere die Bedeutung von Jerusalem. Phil schien zu mögen, was ich mitteilte, und nickte immer wieder mit dem Kopf.

»Was hältst du davon?«, fragte ich, als ich fertig war.

»Ich habe das schon die ganze Zeit vermutet. Alles hat uns zurück zur Mutter geführt, von Anfang an. Und warum auch nicht? Darum geht es schließlich in dieser Zeit. Natürlich läuft alles auf Jerusalem hinaus, eine Stadt, die du schon so lange kennst und liebst und die dich immer wieder ruft.«

»Das ist also die Antwort auf den Code«, bemerkte ich. »Sie war es, das göttliche Weibliche. Sie hat uns auf diese Reise geführt.«

»Die nur an einen Ort führen konnte«, vollendete Phil meinen Gedanken. »Sie konnte nur zurück ins Herz führen. Und was das betrifft: Hast du eigentlich bemerkt, wo wir sitzen?«

Ich blickte mich um, aber ich sah nichts Außergewöhnliches.

»Schau nach unten«, sagte Phil.

Da bemerkte ich, dass unsere Stühle mitten auf dem Labyrinth standen, genau auf seinem Zentrum, dem Herzen der ganzen Kathedrale, die Maria gewidmet war, der Mutter des Universums. Jede Drehung und Wendung unserer Reise hatte uns hierher geführt, zum Zentrum von allem, was heilig ist. Es war der perfekte Schluss für zwei der eindrucksvollsten Tage meines Lebens.

»Und wie geht es jetzt weiter?«

Phil lächelte. »Jetzt leben wir es. Wir wussten von Anfang an, dass es um nichts anderes ging als darum, unsere Herzen einer größeren Wahrheit und damit einer höheren Liebe zu öffnen. Jetzt, da wir das erreicht haben, wollen wir es mit anderen teilen. So werden sich die Bestimmung Jerusalems und die Wiederherstellung der Welt erfüllen, indem jeder von uns die heiligen Namen im Alltag lebt. Wusstest du übrigens, dass das Labyrinth auch ›der Weg nach Jerusalem‹« genannt wird?«

Ich griff seinen Arm und erhob mich. »Das wollte ich noch hören! Ich glaube, ich begreife endlich, worum es hier ging.«

von Phil Gruber

»Es war meine Bestimmung,
an einer großen Erfahrung teilzuhaben.«
aus *Morgenlandfahrt* von Hermann Hesse

Als mich James Twyman fragte, ob ich mich Anfang
April 2008 mit ihm in der Schweiz treffen wolle, hatte ich
keine Ahnung, dass für uns ein Abenteuer bereit lag, das zur
Inspiration für dieses Buch wurde. Ich erholte mich gerade
im Haus meiner Schwester von einem Anfall von Depression und war mir nicht sicher, ob eine solche Reise gerade
das Richtige für mich war. Aber James wollte mich gerne zur
Unterstützung und als Freund da haben, also willigte ich nur
zu gerne ein. Wie er zu Anfang beschreibt, wollte er nach
einer Konfrontation mit einer Frau aus dem Publikum bei
der Premiere des Films *Der Moses-Code* dringend mehr über
das Yod lernen. Diese Einladung konnte ich nicht ablehnen.

Die Rolle als Friedenstroubadour war James wie auf
den Leib geschnitten. Er ist seit vielen Jahren eng mit mir
befreundet und ich fand immer, dass die Idee, die zwölf
Friedensgebete der großen Weltreligionen zu vertonen, nur
auf ihn gewartet hatte. Die Führer der verschiedenen Religionen hatten sie 1986 bei einem Treffen im italienischen
Assisi gebetet. Jimmy trug die Musik dazu bereits in sich,
und durch ihn fanden die Gebete ihre Stimme. Seine Lehren
und seine Musik haben das Lied und den Weg von Tausenden von Menschen in aller Welt erhellt, und seine unermüd-
liche Arbeit als Friedensstifter sowie seine Liebe haben ihnen
ihre Bestimmung nähergebracht.

Aus Rücksicht auf den Umfang dieses Buches konnten wir nicht alle Wunder dokumentieren, die uns in unserer Zeit in Paris widerfahren sind. Für mich waren diese Tage ein in der Sprache der Vögel, der Bäume und der Steine geschriebener Liebesbrief. Es war ein Abenteuer, wie man es nur selten im Leben erfährt – und Frühling in Paris! Vielleicht ist es Zeit, dass sich das Yod einen Aleph-Zweig wachsen lässt, damit das Verborgene aus dem Versteck kommen kann und Anfang und Ende endlich vereint werden können. Wer hat doch gesagt: *Je näher der Quelle, desto reiner das Wasser ...*?

Jenseits der Schleier der negativen Existenz, im Haus der Kostbarkeiten, gibt es eine Thora, die es noch zu offenbaren gilt. Ich hoffe, wir sind alle bereit, bei der Entschleierung mitzuhelfen. Danke, Jimmy!

»Wehe dem, der annimmt, dass diese Thora nur gewöhnliche Dinge und weltliche Geschichten enthielte; wenn dem so wäre, dann könnte auch in der heutigen Zeit eine Thora geschrieben werden, mit interessanteren Geschichten ... Die Erzählungen sind ihr Kleid; die aus ihnen hervorgehende Moral ist ihr Körper; der verborgene geheimnisvolle Sinn endlich ist die Seele der Thora! Die Toren halten die Erzählungen selbst schon für den Körper der Thora und dringen nicht tiefer ein. Die Verständigen sehen auch noch auf das, was dieses Kleid umschließt. Die wirklich Weisen aber blicken ganz allein auf die Seele der Thora, ihr wahres Sein; und in der Messianischen Zeit wird die ›obere Seele‹ der Thora offenbart da stehen.«

(Buch Sohar III,152. Englische Version zitiert nach Louis Ginzberg, *On Jewish Law and Lore*.)

Bibliografie

Bardon, Franz: *Der Schlüssel zur wahren Kabbala*, Rüggeberg Verlag, 2008

Bar-Lev, Rabbi Yechiel: *Song of the Soul: Introduction to Kaballa*. Israel: Petach Tikva, 1994.

Berg, Dr. Philip S.: *Kabbalah for the Layman: A Guide to Cosmic Consciousness*, Bd. I. Jerusalem: Research Center of Kabbalah, 1988.

Berg, Yehuda: *Die Macht der Kabbala*, Arkana Goldmann Verlag, 2003

Blumenthal, David R.: *Understanding Jewish Mysticism*. New York: Ktav, 1978.

Carroll, Lewis: *Alice hinter den Spiegeln*, Inseltaschenbücher, 2008

Crowley, Aleister: *Magick: Liber Aba: Book 4*. York Beach, MA: Weiser Books, 1980.

DuQuette, Lon Milo: *Enochian Vision Magick: An Introduction and Practical Guide to the Magick of Dr. John Dee and Edward Kelley*. San Francisco: Weiser, 2008.

Eco, Umberto: *Das Foucaultsche Pendel,* Taschenbuch Verlag, 1992

Eisen, William: *The Universal Language of Cabalah.* Camarillo, CA: De Vorss & Co., 1989.

Fulcanelli: *Le Mystère des Cathédrales.* Übers. Mary Sworder. Las Vegas: Brotherhood of Life, 1990.

Gikatilla, Joseph: *Sha'are Orah: Gates of Light.* San Francisco: HarperCollins, 1994.

Ginzberg, Louis: *On Jewish Law and Lore.* Philadelphia: Jewish Publications Society of America, 1962.

Grant, Kenneth: *Outside the Circles of Time.* London: Starfire Ltd., 2007.

Hieronimus, J. Zohara Meyerhoff: *Kabbalistic Teachings of the Female Prophets: The Seven Holy Women of Ancient Israel.* Rochester, VT: Inner Traditions, 2008.

Hesse, Hermann: *Die Morgenlandfahrt,* Suhrkamp 1976

Hurtak, Dr. J.J.: *Die Schlüssel des Enoch,* The Academy For Future Science & Zentrum der Einheit Schweibenalp, 1990

Hurtak, Dr. J.J.: *Die Zweiundsiebzig Lebendigen Göttlichen Namen des Allerhöchsten,* The Academy For Future Science, 1997.

The Kabbalah Unveiled. Übers. S. L. MacGregor Mathers. London: Kegan Paul, Trench, Trubner, 1926.

Kaplan, Aryeh: *Handbook of Jewish Thought.* New York: Moznaim, 1979.

Kaplan, Aryeh: *Meditation und Kabbalah,* New York: Samuel Weiser, 1978.

Kaplan, Aryeh: *The Bahir.* (Hrsg. und Übers.) New York: Samuel Weiser, 1979.

Leet, Leonora: *Renewing the Covenant: A Kabbalistic Guide to Jewish Spirituality.* Rochester, VT: Inner Traditions, 1999.

Leet, Leonora: *The Secret Doctrine of Kabbalah.* Rochester, VT: Inner Traditions, 1999.

Maimonides, Moses: *Führer der Unschlüssigen,* Meiner Verlag, 2007

Markale, Jean: *Cathedral of the Black Madonna: The Druids and the Mysteries of Chartres.* Rochester, VT: Inner Traditions, 2004.

Munk, Michael L.: *The Wisdom in the Hebrew Alphabet.* Brooklyn: Mesorah Publications Ltd., 1983.

Patai, Raphael: *The Hebrew Goddess.* 3. erw. Aufl. Detroit: Wayne State University Press, 1990.

Patai, Raphael: *The Jewish Alchemists*. Princeton, NJ: Princeton University Press, 1994.

Querido, René M.: *The Golden Age of Chartres: The Teachings of a Mystery School and the Eternal Feminine*. Fair Oaks, CA: Rudolph Steiner College Press, 2008.

Rahn, Otto: *Kreuzzug gegen den Gral*, Zeitenwende, 2002

Scholem, Gershom: *Ursprung und Anfänge der Kabbala*. Gruyter, 2001

Scholem, Gershom: *Die jüdische Mystik in ihren Hauptströmungen*, Suhrkamp Verlag, Neuauflage 2009

Scholem, Gershom: *Die Kabbala und ihre Symbolik,* Suhrkamp, 2009

Schwartz, Howard: *Reimagining the Bible*. New York: Oxford University Press, 1998.

Smith, Edward Reaugh: *The Burning Bush*. Fair Oaks, CA: Rudolph Steiner College Press, 1997.

Suarès, Carlo: *The Cipher of Genesis: Using the Qabalistic Code to Interpret the First Book of the Bible and the Teachings of Jesus.* Einführung von Gregg Braden. Boston, MA: Weiser Books, 2005.

Suarès, Carlo: *The Sepher Yetsira*. Übers. Micheline und Vincent Stuart. Boulder: Shambhala, 1976.

Szekely, Edmond Bordeaux (Hrsg. und Übers.): *Das Evangelium der Essener,* Bruno Martin Verlag, 1996

Tyson, Donald: *Tetragrammaton: The Secret to Evoking Angelic Powers and the Key to the Apocalypse.* St. Paul, MN: Llewellyn Publications, 1995.

Waite, A. E.: *The Holy Kabbalah.* New Hyde Park, NY: University Books, 1969.

Wasserman, James: *The Templars and the Assassins: The Militia of Heaven.* Rochester, VT: Destiny Books, 2001.

The Zohar. Pritzker Edition. Übersetzt und kommentiert von Daniel C. Matt. Stanford, CA: Stanford University Press, 2003.

Von James

Vor allem möchte ich Phil Gruber danken: für seine Erkenntnisse, seine Weisheit und seine Bereitschaft, sich auf dieses große Abenteuer einzulassen! Dank auch an meine liebe Freundin Aurora Pagonis, die uns sehr unterstützt hat. Sie war bei einem großen Teil der Reise dabei, wurde aber nicht mit in die Geschichte aufgenommen. Danke, dass du dich immer wieder auf so selbstlose Weise einbringst! Ich möchte auch Swami Swaroopananda für seine Hilfe und seine Unterstützung danken sowie allen im Paradise Island Sivananda Yoga Ashram. Bitte ladet mich immer wieder ein! Und schließlich danke ich allen Mitarbeitern von Hay House, vor allem Reid Tracy und Jill Kramer: Eure Unterstützung bedeutet mir unendlich viel.

Von Phil

Ich möchte all den großen Lehrern, Weisen, Kabbalisten und Merkubalim danken; Rabbi Isaac Luria, dem »Ari«, sowie dem ganzen Kreis von Safed, Abba, Aaron Berekiah ben Moses, Chaim und Shmuel Vital, Moses de Leon, Schomo Alkabetz, Abulafia, Shalom Sharabi, Shimon bar Yohai, Moses Cordovero, Akiva, Ben Azzai, Israel Baal-Shem Tov, Nahmanides, Moses Maimonides, Nachman, Abraham ben Mordechai Azulai, Ashlag, Joseph Caro, Moses Luzzato und vielen anderen.

Mein besonderer Dank geht an Laurie Rosenfield vom Spiritual Center in Toronto für ihre Liebe, Unterstützung, Weisheit und Ermutigung; Howard Schwartz, Jean Markale, meinen alten Lehrer Fulcanelli, Drs. J.J. und Desiree Hurtak, Freunde von A.F.F.S. weltweit, Lon Milo Duquette, James Wasserman, Linda Russell, Roland Trandafir, wo immer ihr seid, Wikipedia, Donald Tyson, Helene of Montmartre, Bergs Karen, Philip S., Yehuda und Michael. Auch an alle an den Kabbalah Centers East und West; an die Beloved Community; Ministers of Spiritual Peacemaking; Lenore; A.D.; an meine geliebte Frau Sharmiila; an meine Mutter Estelle, die immer noch von dem, was ich sage, kein Wort versteht; an meine Schwester Paula; an alle meine Lehrer, die vergangenen, die gegenwärtigen und die zukünftigen; und an Madonna, die den Jahrtausendwechsel »On a Ray of Light« (das heißt: auf einem Lichtstrahl) überquert hat.

James F. Twyman
Bestseller-Autor von mehreren Büchern, darunter *Der Moses-Code, Abgesandte der Liebe, Boten des Lichts* und *Wahrer Frieden kommt von innen.* Er ist international als »Friedenstroubadour« bekannt und hat die Reputation, Millionen von Menschen zu Friedensgebeten zu vereinen, um Krisen in aller Welt positiv zu beeinflussen. Mit seinem Friedenskonzert war er schon in Ländern wie Irak, Nordirland, Südafrika, Bosnien, Kroatien und Serbien zu Gast – häufig während großer Konflikte. Er ist auch vor den Vereinten Nationen, im Pentagon und an anderen Orten aufgetreten. James ist Produzent und Mitautor des Feature-Films *Indigo* und Regisseur von *Indigo Evolution* und *Der Moses-Code.* Er ist Mitglied des Ordens der Franziskaner und Kodirektor der World Community of Saint Francis.
www.themosescode.com und *www.jamestwyman.com*

Phil Gruber
Leidenschaft, ein sprühender Geist und eine freundliche Art machen ihn zu einem vielgeliebten und international anerkannten Vortragsredner. Er spricht über eine ganze Bandbreite von Themen und ist auch schon vor den Vereinten Nationen aufgetreten. Phil lebt in Melbourne, Australien, mit seiner Frau Sharmiila.
www.philgruber.com

James F. Twyman
Der Moses-Code

Der Schlüssel zur Manifestation
gebunden, 176 Seiten € 12,95
ISBN 978-3-86728-075-4

»Der Moses-Code« zeigt uns einen klaren Weg, wie
man das Gesetz der Anziehung im Alltag anwenden kann. Twyman legt dar, wie in der uns allen
bekannten Geschichte vom brennenden Dornbusch
ein Geheimnis liegt, welches uns ermöglicht, alles zu
manifestieren, was wir wollen: Reichtum, Beziehungen, Gesundheit, aber auch Frieden, Liebe und
Freude, die innigsten Wünsche unserer Seele. Der
Moses-Code enthält jedoch nicht nur den Schlüssel für eine Welt voller Frieden und Mitgefühl, er
ist auch ein direkter Weg zur Erleuchtung, zu der
zutiefst erfahrenen Erkenntnis, dass wir Eins sind
mit Gott – und dass wir praktisch nichts dafür tun
müssen.

James F. Twyman
Der Moses-Code
Frequency Meditation
CD 78 min € 19,50

ISBN 978-3-86728-076-1

Die bezaubernden Melodien und die gefühlvolle
Stimme von James Twyman laden dich ein, dich
auf den Wunder wirkenden Gottesnamen einzu-
stimmen, der Moses am brennenden Dornbusch
offenbart wurde: „ICH BIN, DER ICH BIN ..."
Dabei entstehen innere Freiräume, in denen du zu
dir selbst und in deine Mitte finden kannst.
Erstmalig werden hier auch zwei Meditationen mit
den machtvollen Klängen und Frequenzen veröffentlicht, die der Klangheiler Jonathan Goldman
gemäß der alten kabbalistischen Numerologie für
den Namen Gottes entdeckte.